The Culture of Surveillance: Watching as a Way of Life

監視文化の誕生

社会に監視される時代から、
ひとびとが進んで監視する時代へ

デイヴィッド・ライアン David Lyon 田畑暁生 訳

青土社

監視文化の誕生

目次

監視文化の誕生

社会に監視される時代から、ひとびとが進んで監視する時代へ

序章　「監視文化」の形成

ビッグブラザーを超えて

　監視について書かれた本を何であれ手にとれば、その大半に「ビッグブラザー」か「オーウェル的未来」への言及がある。一九四八年に書かれたジョージ・オーウェルの古典的ディストピア（反ユートピア）小説『一九八四年』は、半世紀以上にもわたって、「監視が何をもたらすのか」についての一般人の感覚を形成し、浸透してきた。「いかなる瞬間であっても、自分が観察されているのかどうかを知ることはできなかった」とオーウェルは書く。さらに続いて、オセアニアの住人たちの日常生活は、「立てる物音はすべて聴かれ、暗闇を除き、一挙手一投足が精査されているという前提が、習慣から本能となってしまった」[注1]。

　市民の視界が、「ビッグブラザーがあなたを見ている」という警告に占拠され、日常の実践もそうした威嚇を反映している「オセアニア」のような場所では、こうした「習慣から本能になる」ということが監視の文化を物語っているだろう。

しかし「監視文化」を考える際に、『一九八四年』は脇にどけましょうというのが、本書の提案である。オーウェルの作品に意味がないということではない。依然としてある種の真実を語っている。二〇世紀の独裁体制を生き抜いてきた多くの人には、その描写は痛いほどリアルに感じられるだろう。自由民主主義を標榜する体制が管理国家へと頽落していくのを読むと、読者は、品位や寛容、人間性のある世界を望むだろう。私が言いたいのはただ、「今日の監視を表す比喩としては、ビッグブラザーはふさわしくない」ということなのである。全体主義の暴君が、飢えた鼠や軍靴で犠牲者をいたぶるといった表現に固執するのは、監視の世界で現実に起きていることから目を反らすことにしかならない。残虐な君主が酷いことをしている状況も一部にはあり、それを嘆くことは全く正当だが、今日大部分の人々にとっての「監視経験」はそのようなものではない。だからこそ、ビッグブラザーを超えていくことが必要なのである。

一九九〇年代初め、私は著書『電子の眼』で、オーウェルから学ぶことが多いとしても、おそらく彼は、一方で新たなコンピュータ技術が、他方で「消費主義」が、二〇世紀末の監視を作り出すのに果たした役割を推測することはできなかったろう、と書いた。しかし、監視の状況はその時からさらに変化したということを、私は認めざるを得ない。二一世紀に入ってから経験したことは、「監視される人々」の参加に大きく依っている。本書の副題でも示唆したように、観察されることだけでなく観察自体が生活様式となったのだ。オーウェルの小説の登場人物たちは、いつ見られているのか、なぜ見られているのかが定かでない中で、びくつきながら辛く生きている。しかし今日の監視を可能にしているのは、私たちがウェブ上のクリックであったり、メッセージや写真のやりとりであったりするのだ。かつてないほど、普通の人々が、監視に貢献している。利用者自らが作り出すコンテンツ（UGC = User-generated Content）が、日々観察されるデータを生みだしている。このように「監視文化」が形作られている。

「監視文化」[注2]という概念で私は、人類学者が研究対象にするような物事を想定している。例えば、慣習やふるまい、物の見方、世界の解釈の仕方などだ。焦点を当てたいのは、国際諜報機関の蛸のような触手や、捜査ネットワークや、企業マーケティングの微妙でそそる呼び声《シレーン》よりむしろ、日常生活の中の監視である。その意味で「監視文化」は、監視がいかに想像され経験されるか、散歩やドライブ、メッセージのチェック、買い物や音楽鑑賞といった日常行為がいかに監視によって影響を受け、逆に監視に影響を与えているか、といったことに関わる。さらに、監視に親しんでいる人や、監視に慣れた人が、いかに監視を開始しそれに関与しているのか、といったことも。

したがって本書の中心は、文学的・芸術的な意味で、監視思想の文化を追究するものではない。映画、歌、小説、テレビドラマ、美術などの創造的想像の世界から生まれた監視世界について、追究する余裕はあまりない。但し、毎日の生活における監視の、より「人類学」的な世界を描き出す限りにおいて、こうした文化にも注意を払う。大衆文化の作品は重要だ。その多くは監視文化についての鋭い洞察を含んでおり、役に立つ。こうした文学、音楽、映像、アート等については既に多く書かれているが、「生活様式」という点での文化に光を当てることにも有益である。[注3]既に述べたように、今日の監視の現実を把握するにはオーウェルを超えるべきというのが本書の主張だが、どのように超えるのかを示唆する必要性を感じている。もちろんそれは、本書全体にちりばめられているのだが、特に一つだけ言いたいことがある。

今日の監視の世界は、カリフォルニアの有名なシリコンバレーと関係している。デジタル世界のインキュベイター（孵化器）であり、世界中で親しい名前となっているだろう。したがって、オーウェルの衣鉢を受け継ぐ代表的な物語が、舞台をシリコンバレーに置いていることは驚くには当たらない。二〇一三年に書かれた小説『ザ・サークル』では、このタイトルは、主人公のメイが勤める（そして反抗する）ハイテク企業の名前というだけにとどまらない。生活のすべてが徐々に、デジタル世界の中に包囲され、サイバースペース内に閉じられていくことを示すメタファーともなっている。メイはジングへの投稿によってランク付けされ、ガラス張りの恵まれた環境の中で常に「トゥルーユー」IDとシーチェンジカメラを着用する。疑問を抱く瞬間はあっても、彼女はすぐさま「ザ・サークル」の象徴となり「セレブ」となる。彼女は十分に透明になる。

『ザ・サークル』の著者のデイヴ・エガーズは、スローガンの更新といった形で、慎重にオーウェルに言及している。消費者の快楽と、労働者の自由さを特徴とする現代のソフトな監視社会では、オーウェルの「自由は隷属である」というスローガンは、「共有《シェア》はケアである」に取って代わられる。ピーター・マークスが冷静に論じているように、『ザ・サークル』はビッグブラザーの子供というよりビッグデータの子供と言える。[注4] ポイントはここである。デジタル環境の中での今日の監視文化は、日々あらゆる瞬間に無数の機械から発せられるいわゆる「データ排出」およびそこから価値を引き出そうとする貪欲でグローバルな努力と、切り離すことはできない。人々が認識しているのは概して、彼らをつなぎとめ、楽しませ、更新させ、情報を伝えるインターネットの「娯楽の力」である。人々はオンライン上では、観察される微妙なやり方で応答するだけでなく、監視テクノロジーを彼らの目的のために利用している。かくして新たな「監視文化」が生まれているのだ。

要するに本書は、二一世紀の監視にまつわる二つの異なった問題をつなげている。一つは、監視が毎日の生活に入り込んでいるという真実であり、私たちは外側でそれに接触しているだけではなく、様々な文脈において内側からも関わっているのである。監視は時として安全性や利便性を増幅するための手段として歓迎され、時として不適切あるいは行き過ぎであるとして疑問を呈されたり抵抗されたりする。さらには、システムや機器が提供する愉快な、もしくは人を安心させる可能性として、監視に関与することもあるだろう。他者や自分自身を観察する可能性は、かつてないほど高まっている。ソーシャルメディア上での監視は、必然ではなくソフトなものと思われがちだが、実際には社会—文化の大転換に関わっている。観察が、生活の一部となったのだ。

他方、現在流通しつつある「大量、高速、多様な」データ（ビッグデータと呼ばれる）への関心は、これまでにないほど高まった。政府や公安・警察部門だけでなく、企業、保健関係、交通機関、都市計画者などの関心を惹いている。こうしたデータには経済的な価値があり、商品として取り引きされ、何十億ドルもの関連市場が育っているが、それればかりではなく、統治や、他人をコントロールする手段としても、価値を有している。生活様式としての「観察」は、他の様々な現実とほどけないほどに結びつき、もはや監視は、現代における主要な倫理的・政治的課題と比べても、周縁的でもなければマイナーな問題でもないのである。

かくして、人々がソーシャルメディアやゲームのような—またはゲーム化された—オンラインの文脈や自己追跡の中で、日常的に、無邪気に行っている「デジタルな生活」と、収集・分類・分析されるデータのために、人生のチャンスが時として悪い影響を受けてしまう人々の間には、緊張関係がある。コメンテーターの中には、ある人々にとって監視は明らかに楽しく元気を出させるものであり、これは意味ある文化現象として評価すべきと指摘する人もいる。他方、監視活動は恐るべき権力の手に握られており、今日のモニタリングや追跡が持つ、人間性や自由を否定する側面に監視研究の焦点を当てるべきだ、とする論者もいる。

　生活様式としての監視の性質は多くの点で、以前の監視文化とは異なっている。例えば昔の監視は、限定された地域の中の、緊密な人間関係の中で行われていた。しかし今日の監視には、追跡可能な数量化されたデータが含まれ、経済的（金銭的）次元を持ち、遠隔で取得され脱領域化している。固体《ソリッド》というより流動《リキッド》しているが、連結と活動のパターンを有している。また、深くアンビヴァレントである。例えばオンラインでの消費者は、明らかにかつてないほど監視されているのに、自分が自由に選択していると思っている。彼ら自身も関与している社会的監視を、しばしば好意的に提示しようとさえするのだ。

　今日の監視にまつわる想像と実践を、あくまで深刻に受け止めるべきだと私は強調するが、同時に、監視活動を直ちに、インターネット企業や公安機関と結びつけることはできない、と私は主張する。しばしば同じデータが、私たちの間を流れるだけでなく、公的部門や民間部門に流れていく。こうしたデータを意味付けるための手法もまた同じである。ソーシャルメディアの監視を行っている人は、大組織による戦略から学んでいるし、逆もまたあるだろう。ある領域で行われている対象やテクノロジーに親しむことが、別の領域でも常態となるかもしれない。異なる文化的な文脈が、人々の監視経験の解釈を形成するのを、手助けするだろう。[注5]

「利用者の作る監視」に向けて

他人を監視するという行為は、はるかに昔から存在する。ただ人類の長い歴史において、監視活動は一部の人や組織が行う、マイナーな領域だった。今日でも多くの監視は、警察や公安機関、企業などが行う特別な行為である。しかし同時に、普通の人が監視を行うようにもなった。両親が監視装置を使って子供を見張ったり、ソーシャルメディアを使って友人を観察したり、健康やフィットネスのために自分自身をモニタリングしたりする。別の機器を使った同種の「観察」が行われ、日々新たな性質を付け加えている。かくして観察は、生活様式となった。

「監視」(Surveillance)という言葉には、手ごわい側面がある。起源はフランス語のSurveillerで、見張るという意味である。問題は、厳密に定義した場合、何が含まれ何が含まれないかだ。後でも述べるように、通常監視という言葉は、影響の行使や権利付与やマネジメントといった目的のために、個人のデータを収集・分析する行為や経験を指す。ゲイリー・マルクスが慧眼にも見抜いたように、「監視テクノロジーは単に応用されるのではなく、主体や代理人、観客によって経験されるものだ。彼らが観察し、もしくは観察されるという感情を持ち、定義し、判断する」[注6]。

私自身による定義は、例えば「個人データとは何か」といった、さらなる問題を引きずっている。これについてはまたあとで考えるとして、ここでは範囲の広さについて注目したい。例えば企業が、あなたのソーシャルメディアでのプロフィールを見て、どのように説得すれば商品を買ってくれるかを考えるために、監視を行うかもしれない。あるいは政府の部署が、あなたの銀行記録を見て、あなたが公的扶助の対象となるかを判断するかもしれない。あるいは警察が、パレードのための最良のルートを決定するかもしれない。しかしそれだけではなく、普通の人々が他人のプロフィールをチェックしたり、自分自身についてチェックしたり（自己追跡と呼ばれる）しているかもしれない。

今日出現しつつある「監視文化」は、空前のものである。その特徴は、人々が積極的に監視に関わっていることであり、また自分や他人の監視を制限しようとしていることである。監視の開始、監視に対する交渉や抵抗に密接に関連して、監視についての様々な見方、外観、心性のパターンが出現してきた。政治家や一般人が「隠し事がないなら、恐れることはありません」「安全のために監視が必要です」といった「呪文」を口にするのを、聞いたことがない人はいるまい。よく聞くフレーズだが、後で見るように、これも本当は論争すべき点である。

普通の人々が、観察のための手段に親しむにつれ、監視文化が出現した。多くの人がソーシャルメディアなどを使って、他人の動向をチェックしている。同時にそれを可能にしているのが、文章やツイート、投稿や写真を人目にさらしている、「他人」の側の人である。他者、とりわけ不透明な大組織（たとえば航空会社や公安組織）に知られることを心配しながらも、監視に関わっている人もいる。

監視文化の見かけが、何ほどかランダムで、予期されない、不可避のものであるという印象を与えないように、本書は、監視文化を発展させたのが、商業的に可能なシステムであるということも、強調しておきたい。あなたがソーシャルメディアで、同種の人々のことばかり検索して関心や生活様式を探っていると、企業側でも広告をカスタマイズし、そのプロフィールをパーソナライズする。もちろん、利用者が間抜けというわけではない。設計者の意図しない方法で、例えばより人間的で、公正で、民主的なやり方でシステムを使いこなす人もいるだろう。[注7] しかし大事なことは、監視文化の重要な側面は商業的プラットフォームに埋め込まれた可能性を反映している、ということである。出現しつつある監視文化への人々の反応は様々だろう。例えば、ある人に見られないように、監視を遮断するという手段を取る人もいるだろう。しかし多くの人は、監視の様々な側面を知りながらも、それと折り合いをつけていくのではないか。別の言い方をすると、好むと好まざるとにかかわらず、かつての「監視国家」、あるいは「監視社会」が言われた時と比べて、監視により利害を持ってしまっているのではないか。「監視国家」や「監視社会」は、個人や組織に対していかに監視がなされるかを表した言葉だが、「監視文化」はそれを超えている。組織的な監視が行われていることを認めつつも、私たち自身が監視に関連して行っている多様な役割に焦点を当てようとする言葉だ。

したがって監視文化は「利用者の作る監視」だと特徴づけることができる。「利用者の作るコンテンツ」というWeb2.0と同様のテクノロジー（技術的なアフォーダンス）が、利用者によるコンテンツの配信を可能にするのと同時に、監視という形態を作り出すのだ。一方で利用者が、スマホ等のデバイスや、ツイッターといったサービスを利用するほど、組織的な監視のためのデータが集まる。他方で利用者自身が、チェックやフォロー、「いいね」や「おすすめ」のような評価活動といった、監視的な行動を取っている。そうすることで、オンライン・コミュニケーションを行っているだけにとどまらず、こうしたプラットフォームが勧めるような交際のあり方を実践しているのだ。

かくして本書は、今日の監視世界の、ある種のリアルライフの地図（グーグルマップのようにすべてをカバーしてはいないが）なのである。特に本書が焦点を当てるのは、人々が好むと好まざると、あるいは意識するしないにかかわらず、日常の中で行っている「利用者が作る監視」行動についてである。例えば監視によって、どのような感情が喚起するのか。デイヴ・エガーズ『ザ・サークル』の評価にも一章分をあてているが、[注8]これは今日の監視文化のもたらす感情を感知する一つの方法である。ポリスの「見つめていたい」（Every breath you take）を聴いたり、ドナースマルク監督の映画『善き人のためのソナタ』やテレビシリーズ「ブラック・ミラー」を見たりするのと同じように。

スノーデンと監視文化

監視文化が監視一般の重要問題に関わる最近の例を一つ挙げよう。NSA（米国家安全保障局）のような諜報機関が、「紛れもない監視」を行っていたことが、幻滅した内部告発者であるエドワード・スノーデンが明らかにした二〇一三年の文書によって注目を集めた。このことは、「監視社会」や「監視国家」といった、旧来の（今でも流通しているが）概念で理解すべきではない。[注9]それは間違いではないが、適切とも言えないのだ。

「監視国家」や「監視社会」は、監視の主体が果たしているより積極的な役割に、より焦点を当てた概念によって、補完されなくてはならない。私たちの生活も、監視の結果も、大いに変わってきているのであるから。監視文化の多様な側面で起きていることに注目すれば、スノーデン、ひいては監視一般に対する反応が、なぜ多様であったのかを理解する手助けになるだろう。怒りを露わにし、政治行動を始める者もあれば、政府が犯罪やテロリズムへの対策として行っていることに敬意を表する者もあれば、消費者としての快適な暮らしにかまけて無関心を決め込む者もあった。しかしこの後見ていくように、今日の監視システムの簇生の中で、消費者や市民が、自分たちの役割をどれほど考えているのか、というのは重大な問題である。

監視文化が可視的になってきたのは、二一世紀への転換期、とりわけ二〇〇一年九月一一日の同時多発テロや、ソーシャルメディアの出現の後であろう。九・一一テロへの対応としての、軍隊、国家、企業の連携による組織的な監視が明らかとなった。さらにその直後、ソーシャルメディアの爆発的な普及が、個人データから価値を引き出そうとする「経営的・企業的監視」とでも言うべき監視文化の影を作り出すことに貢献した。さらに二〇一三年、スノーデンがNSAの内部文書のコピーを流出させ、監視文化の実態がさらに明らかとなった。歴史家はおそらく、監視文化の最初の徴候を二〇世紀末に見出すだろうが、監視文化はその後さらに大規模となり、その外形も明確になりつつある。

監視文化という言葉には、他にどんな意味が含まれているだろうか？　レイモンド・ウィリアムズは文化を、「生活のあらゆる様式」と定義した。[注10]本書は、監視が生活様式全体の一部となったありさまを研究するので、「文化」という言葉を選んだ。監視はもはや、私たちの生活の外部にあるのではない。好むと好まざるとに関わらず、一般の市民は日々、新たなやり方で監視に向き合い、交渉し、抵抗し、関与している。ひいては、監視を始めたり、監視を望んだりする人もいる。監視はもはや、近代の制度的な側面や、社会的規律や管理のテクノロジーによる増幅といった様式を離れて、新たなやり方で「内部化」されている。人々の思考様式や、日常的な行動にまで、影響を及ぼしている。
ただ、「生活様式としての監視文化」という言い方では、あたかもすべての人が同じように監視に関わっているという印象を与えるかもしれない。これから見ていくように、それは真実からほど遠い。監視文化は多くの顔を持つ複雑な代物で、流動的であるばかりか予測不能でさえある。ウィリアムズの文化概念は、どのような文化にも「支配的な要素」があるとしながらも、それ以外の要素もあると示唆することで、こうした文化の複雑さを説明している。ウィリアムズは、「残滓的」(residual) 文化を、衰えつつあるが依然として何らかの役割は果たしているものとし、また、「勃興的」(emergent) 文化を、支配的な文化になる可能性も有しつつ、それに対抗したり、代替したりする可能性もあるものとしている。注11
本書で議論する「監視文化」は、支配的な政治的・経済的監視の日常的な側面に重点を置く。エドワード・スノーデンによる文書暴露は、興味深いことに、「残滓的」文化とも、「勃興的」文化とも見られている。忠実で愛国的な公務員として内部告発をしたという点では「残滓的」文化であり、注目を集める効果的な暴露を狙ってジャーナリストと協力したという点では「勃興的」文化なのだ。スノーデンは確かに、いくつもの重要な議論を呼び起こした。企業や政府組織におけるデジタル権の問題、国境を越えてデータ (それも、生命や自由に関して明らかに影響を与えるような重大なデータ) を流す際の責任の問題などである。注12 しかし同時に、スノーデンによる暴露が明らかにしたのは、問題となっているデータの多くは私たち普通の人々が、インターネットや電話といった日常的な機器を使って生み出したものだ、ということである。
スノーデンによる暴露は、二〇一一年の「アラブの春」(西アジアおよび北アフリカにおける民主化運動）以来話題となった、オンラインでの政治活動についての議論を（短期間だが）再び活性化させた。[注13] こうした運動は、二〇一四年の九月から一二月にかけて、民主主義を制限しようとする中国政府に対して香港の人々が起こした「雨傘運動」という形で再び花開くことになる。[注14] 新しいメディアはどの程度、人々が過激な運動を前進させるのに役立ったのだろうか？ あるいはどの程度、民主主義を否定する抑圧の道具となったのだろうか？ これは本書全体を貫く大きな問題である。デジタル化によって監視が継続的に拡大し強化されるのであれば、同種のテクノロジーによってそれにどの程度歯止めをかけ、監視を別の目的へと向けさせることができるだろうか？

デジタルライフ：監視文化

「監視文化」を見るには、二〇世紀以降、とりわけ二一世紀以降に急成長した、「デジタルな近代《モダニティ》」とも呼ぶべきものとの関係で見ていくのが最良と言える。「近代」は、ここ約二五〇年の間に支配的となった、社会的・政治的・経済的・文化的な編成である。西洋の生みだした近代には、産業資本主義（industrial capitalism）や自由民主主義（liberal democracy）が含まれている。コミュニケーションのメディアは常に、文化の発展に刺激を与えてきたが、二一世紀にインターネット文化（特に監視文化）に道を開いたのは、二〇世紀のテレビ文化である。[注15]「監視文化」の起源や道筋、結果を探究することは、「スノーデン以降の世界」を効果的に文脈付ける方法となるだろう。

「デジタルな近代」はそれだけで自立して存在しているものではない。「規律」[注16]や「管理」を軽視し「パフォーマンス」[注17]を前面化するという、もう一つ別の重大な文化的シフトの中に包み込まれている。この動きはデジタル化によって引き起こされたものではない。むしろ、アイデンティティを仕事や生産よりも消費の世界に置くという変化と関係している。アイデンティティと服従、法律、義務といったものとの関係が薄れ、今日の文化潮流は自由や欲望を支持し、その満足へと向かっている。パフォーマンスをすることが、新たな強制となった。これは個人主義的なものだが、「場違いな行動」が特に恐れられる。「フェイスブックでの『いいね』を獲得せよ!」「何人のフォロワーがいるかチェックせよ!」。しかしパフォーマンス指向は、危険かつ不安定で、これから見ていくように、場面によっては政府や企業による「搾取」も行われる。[注18] 期待は急速に膨らみ、反面、リードタイムは縮む。関係は流動化する。そうした状況下で例えば、監視を規制しようとの考えが問われる。

監視文化の存在は、日々のデジタルメディアへの関与に新鮮な問題を提起する。後で論ずるが、「デジタル市民権」の可能性と課題についての、倫理的・政治的な側面についての問題である。「監視」と「市民権」の両方が現在、「デジタル」と「パフォーマンス好み」の二つによって媒介されている。これを用意したものは何だろうか?

監視文化は「後期近代」の状況(簡単に言えば「デジタルな近代」)の産物である。とりわけ二〇世紀末から、速く強力な新技術によって可能となった政府や企業による監視が、日々の生活へと入り込んできた。情報インフラの拡張や、日常の人間関係でのデジタル依存の増大が、これを容易にした。あらゆる文化的なシフトは、重大なやり方で、社会的・経済的・政治的状況に影響を与える。今日の監視文化は、組織への依存、政治経済権力、安全リンケージ、ソーシャルメディアへの関与を通じて形成されている。こうした状況は、あなたがオンラインでつながっていたり、ポケットにケータイや財布を持っていることを前提としている。

まず「監視文化」を、以前の用語と比較してみよう。「監視国家」は戦争直後の、「オーウェル的」な時代にはよく機能した。もちろん今日でも、諜報機関の活動など、監視の重大な側面を捉えてはいる。そうは言っても監視国家は、望みのデータを手に入れるために、プロバイダや通信会社といった企業に依存せざるを得ない。[注19] 警察や公安機関は令状を使い、数十年間にわたってこうしたデータを利用してきたが、現在起きていることの規模の大きさは、その力学を変えてしまった。

変ったのは規模の大きさだけではない。例えばビッグデータによる「ソリューション」への渇望は、固定もモバイルも含め、コンピュータ、電話、カメラ、ドローン、あらゆる種類のセンサなどから発せられるデータの広く急速な拡大と、強く相関している。もちろんソーシャルメディアも情報源の一つだ。データは、常にオンになっているシステムやデバイスから継起的に獲得され、既存の監視ニーズや、新たに見出された監視目的のために蓄積される。こうした様式のデータ収集および分析は、伝統的な監視・プライバシー理解に、多くの疑問を提起する。

今日では、政府と企業の「ポスト・オーウェル」的な結合に、影響を受けない人はいない。同時に、こうしたデータの多くは、無数の一般市民の、日常的なオンライン行動から、まずは得られたものである。このことが意味するのは、利用者は自らの個人情報をオンラインのパブリックな領域に「シェア」することで、意識的に喜んでそうしているかどうかにかかわらず、かつてないほど自らの監視に「共謀」してしまっている。「監視文化」はこうした「共謀」「シェア」を位置づけるのに役立つだろう。もしこれが「国家による監視」であるならば、よく言われるオーウェル的なものとは随分と性質が違っている。

「監視国家」が不適切な概念とするなら、「監視社会」はどうなのか？　ＮＳＡやその「ファイヴ・アイズ」[注20]のパートナーが関与している「大量監視」についての物騒な発見が含まれるより広い文脈を示すのには役立つかもしれない。「監視社会」はもともと、監視がかつて行われていた場所（政府、公安、職場など）から、日常の多くの局面へと溢れ出したことを示すために生み出された言葉である。とはいえ重点は、いかに外部からの日常生活の監視が増大しているかという所にあった。したがって、[注21]市民が、消費者が、旅行者が、従業員が、自ら監視に関与していることに対しては、あまり注意を向けていなかったのである。

二〇世紀末からこのかた、監視は社会を組織する中心的な性質となり、情報インフラを発展させてきた。複雑さが増す中で何とかしのいでいくために、違いを分類するための新たなカテゴリーを作らなくてはならない。[注22]信頼できるのは誰か？[注23]すべての人がランク付けされ、いずれかの計算されたカテゴリーに入れられる。飛行機に乗せるべきでないのは誰か？　どのような集団が、より「乗せるべきでない」のか、決めるための基準ができる。あらゆる種類の組織が人々を集団に分類し、人々は所属する集団によって違った待遇を受けることになる。

二一世紀の初頭に入ると、コンピュータが「第三の局面」に入ったことを示す証拠が現れる。メインフレームもパソコンも時代遅れとなり、計算装置はもはや、多かれ少なかれ見えない形で、毎日の生活環境の中に埋め込まれている。これがいわゆるＩｏＴだが（この言葉はいささか誇張されている）、そこではスマートフォンを代表に様々なデバイスやモノが、利用者や別のデバイスと通信を行う。今や「ビッグデータ」は流行語《バズワード》となった。こうした事態が特定の方式で進むと、組織化の様式として監視への依存が強まる。今日の監視文化を形作っているのは、こうした状況と言える。

監視はまた巨大産業ともなっている。グローバル企業が監視に関わり、さらに政府とも密接に結びついている。かつてはこうした事態に疑いを持つ人もあったが、スノーデンの暴露によってすっかり白日のもとにさらされた。最初の衝撃は、ＮＳＡが、電話会社の顧客データにアクセスしている事実（ベライゾンについては二〇一三年六月の報道で知られた）だった。しばしば「ビッグ５」[注24]と呼ばれる、インターネット大企業五社（アップル、グーグル、マイクロソフト、アマゾン、フェイスブック）の顧客データも発掘されていた。こうした企業は顧客の大規模監視を行い、さらにそのデータを政府の公安部局と共有していたのだ。

その上こうした企業の性質が政治経済と結びつき、監視文化とも結びついている。ショシャナ・ズボフが論じているように、ビッグ５が支配しているのはもはやインターネット世界にとどまらず、経済の作動様式全体である。ビッグ５のビジネスモデルは人々の行動の予測や操作の方へと、舵を切っている。売上やシェアのために、ビッグデータ技術を使ってしばしば、顧客をクレジットスコアや、「人生全体の価値《ライフタイム・ヴァリュー》」（顧客が生まれてから死ぬまで、いくらくらいの価値を企業にもたらしてくれるか）へと還元している。グーグルのアプローチは明らかに、個人を「客観化」する実例となっている。このビジネスモデルは、顧客および従業員に対する「形式的な無関心」を示すものだと、ズボフは説明する。[注25] 力を振るっていようと、苦境に陥っていようと、個人的な状況は勘案されない。人間は代替可能、処理可能なものとなる。同時に、後で示すように、こうした企業側の予測や操作に対してどのように反応するかで、利用者の成功確率も変わってきてしまうのだ。

「管理の文化」[注26]は明らかに、二〇世紀の末から存在していた。それが九・一一以降、安全を理由に強化された監視へと変化したのだ。この監視拡大の大きな部分は、不振だったテクノロジー企業が、「国土の安全」[注27]という新しい産業分野を創造したことに由来する。安全化（securitization）には、リスクおよびそれをいかに操作するかに関する大量の情報を必要とし、それが伝統的なプライバシーへの要求を弱め、リスクがあるとされる行動への監視を強めた。「監視文化」の名のもと、監視は認められるべきであり、「私たち自身のためになる」という感覚が広まった。もちろん実際にはこれは、両義的なものである。

こうしたリスク感覚や、リスクを減らすための手段を取る必要性は、国家や国際社会といった大規模のレベルだけでなく、日常生活のレベルにまで入ってきた。健康や収入や時間管理のために、自分の行動を追跡する人が増えている。ほんの数年前ニューヨーク・タイムズ紙は、こうした行動をある種「ギーク（おたく）による記録中毒」[注28]的なものと見ていた。しかし現在では、依然多いのはギークとジョック（運動好き）であろうが、異常でも何でもなく当たり前のこととなった。ウェアラブル装置を身に付ける人も増え、「数値で表わされた自分」を話題にするのは普通だ。[注29]この世界で人々は、よりよい人生のために、デジタル化された「自分に関する知識」を求めている。しかし実際に彼らが目にするデータはごく一部分に過ぎず、データの大半は、ウェアラブル装置企業のデータベースの中に死蔵されたままだ。

ソーシャルメディアと監視の関係については、最も知られているだろう。スノーデンの暴露のうち人々を最も驚かせたのは、ソーシャルメディアで人々が行っていることが、企業にも政府にも筒抜けであった、という事実だろう。ホセ・ヴァン・ダイクは、これがいかに「データ主義」すなわち、「利用者が安心してデータを大企業に預けておけるという信念」と、結びついているかを指摘した。[注30]スノーデンはこの「データ主義」に大きな疑念をもたらした。最近の調査では、「企業や政府によって行動を追跡されること」は、アメリカ人が恐れるもののリストのトップに近くなっている。[注31]もしこうした知見が、日常のソーシャルメディア利用に影響を与えてないとしたら、驚きだろう。

スノーデンの暴露によってソーシャルメディア利用は変わった。[注32]例えば米国では、政府の監視プログラムに気付いている人の三四％（成人全体の三〇％）が、プライバシー設定を変える、ソーシャルメディア以外のコミュニケーションツールを使う、ある特定のアプリの使用を避けるなど、政府から自分の情報を隠すための手段を少なくとも一つはとった。それよりはわずかに少ないが、スノーデン事件後に、電話、電子メール、検索エンジンの使用方法を変えた人も、二五％にのぼった。政府の監視について知ることが、行動の変化につながっている。

監視文化の文脈についてもう一つ言いたいことがある。監視文化と、組織への依存、政治経済権力、安全保障リンケージ、ソーシャルメディア利用などとの関係について述べてきたが、監視文化には多数の局面があり、地域によっても違っているのだ。監視国家や監視社会とは違って監視文化という概念を使う核心には、監視されることや監視主体に対する積極的な参加や関与への着目がある。

しかし監視文化も、他の文化と同様に、社会的な流動性が増す中で、異なった発展を遂げ、おそらく予期しない形で変質もするだろう。[注33]歴史的、政治的な状況に応じて、違った形で「つぼみをつけ、開花」するだろう。私は主として北米と西欧を話題にするが、アジア、ラテンアメリカ、アフリカ、中東といった地域の読者も、その土地の状況に応じた監視文化について認識されるに違いない。さらに、性別、階級、民族といった変数によって、監視文化の現れ方も違っているだろう。

本書の特徴

本書の概要を紹介する前に言っておきたいことがある。今日では、監視を扱った文章や、発言、映画はおびただしく多い。三〇年前、私が監視について初めて書いた頃と比べて状況は一変している。監視の文化的次元について関心を寄せているものも少なくない。とはいえそうした論者も、例えば魅惑的で洞察に溢れた著作『プライバシーの島』を書いたクリステナ・ニッパート＝エングなども含めてだが、それを監視に関するより広い社会学の問題に結びつけてはいない。

これまでの仕事の中でも私は常に、文化的なものに言及するようにはしてきた。しかし、監視が持つ「現実のおよび潜在的な危険」について読者に緊急に知らせなくてはという切迫した気持ちに突き動かされていた私は、文化的なものが監視のマイナス面の形成に寄与しているにも関わらず、文化的な側面については紙面の多くを割いてこなかった。監視のマイナス面での影響には、プライバシーの侵害や、民主的な参加の空洞化、「社会的振り分け」などがある。[注34]「社会的振り分け」とは、監視が人々を分類し、異なる集団には異なる扱いがされるようになることに、焦点を当てた用語である。これが深いところで人々に機会や選択を分配し、公正さと不正とを差配する。もちろん私は、監視が本質的に悪だ、不吉だとまで言うつもりはない。本質としては善でも悪でもないが、かといって中立では決してないのだ。倫理的な評価が必要であり、また、権力関係も、良きにつけ悪しきにつけ、常に存在している。

しかしながらこの一〇年、Web2.0の高まりに従い、ソーシャルメディアやスマートフォンが社会の隅々にまで普及するといった形で、文化的なものが前面に出てきた。社会生活のこうした次元が、公共空間への監視カメラの設置といった従来型のものに加えて、人々の監視理解に加わっている。かつてないほど監視は日常生活に埋め込まれ、「UGC」（利用者自らが作り出すコンテンツ）や「モバイル・コミュニケーション」といった一見無害そうに見えるスローガンの下に、私生活の細部が「密告」されている。表に出ている部分は氷山の一角に過ぎない。

　本書では文化と政治経済を同時に扱い、深く監視を理解するのに文化がいかに重要かを示すだけではなく、文化をそれ自体独立したものとみなすことはできないことも示す。文化は監視の孤立した次元ではない。文化の想像力や実践が、監視の構造的、政治経済的側面に対して持つ役割が増大し、時にはそれらを変化させるにいたっていることを、認識しなくてはいけない。監視の政治経済的側面には、プライバシーの侵害や、不平等、不公正、不正義などが含まれていることもあるだろう。

　例えば、モバイルゲーム「アングリーバード」をプレイすることは、ストレス発散になると思われており、その単純さ、報酬、ユーモア、予測可能性などから大変な人気を獲得した。バスや路面電車で通勤している時に、ケータイを使ってこうしたゲームで遊ぶことは、文化的に「無害な楽しみ」と見られるかもしれない。しかしこのゲームのデザイナーたちは、利用者を単に無料の遊び手と見るよりは、潜在的な「買い手」と考えてそのように仕込もうとしている。これは「消費者」の監視だが、それにとどまらない。スノーデンが初期に暴露した中には、英国の諜報機関GCHQ（政府通信本部）がいかにアングリーバードのような「漏れやすいアプリ《リーキー・アプ》」を利用して、利用者の年齢、性別、位置、さらには性的指向のようなセンシティヴなデータを収集していたかを示す書類が含まれていた。[注35] この場合、「ストレスを発散するゲーム」の文化的論理が、まさに消費者の監視、市民の監視に利用されていたのである。

　監視文化に焦点を当てることで、今日の監視の複雑さが見えてくる。時に『一九八四年』の「ウィンストン・スミス対ビッグブラザー」の対立に帰せられることもある単純な前提への、警告ともなる。監視の文化的次元は、監視を維持しようとするテクノロジーに依存しながら、同時に、そうしたテクノロジーに挑戦し、それを形成するような機会も提供する。現代の日常生活にはデジタルの次元がある。ラジオ、テレビ、電話を使っていた前世代と比べて、スマホやネットの世代の人々は、それへの依存がより強まっている。監視文化の出現に着目すると、監視文化がいかに監視を常態化・日常化したかだけでなく、監視文化が監視批判や、「共通善」のためのテクノロジー要素の発達に貢献する可能性も見える。技術的な限界を見つけることや、政策を通じた規制を行うことも重要なのだが、日常レベルでの闘争は、毎日のデジタルな生活における、心のためにある。

本書の概要

　ここでは序章以外の本書の内容を、各章ごとに紹介していこう。第一章「文化の坩堝」では、以降の章で用いられる概念の手掛かりを提供している。監視文化についての説明を求める読者はこの章を飛ばしたいと思うかもしれない。物事の結びつきを知るために、後で第一章に戻ってくるという読み方もあるだろう。私も他の学者の「肩の上」に乗っている。誰の上に乗っているのかはすぐに明らかになる。

　たとえばジグムント・バウマンの「流動性《リキッド》」概念は、資本主義近代の変質を表している。他方、

「日常生活としての文化」を提示する人々は、より広い社会の中での私たちの役割を把握するために、解釈学的伝統の中で研究する必要性を説く。スノーデンによる暴露は、この両者の結びつきを実証している。政府機関がいかに市民の生活をこと細かく観察しているのかという衝撃は、いかに産業界がこうした監視に関与し、私たち自身のメタデータ[注36]がいかにこうした監視に燃料を注いでいるかという衝撃を伴っていた。

残念なことに、他の多くの「衝撃」と同じく、人々はこれが持つ深い影響を理解することなく、衝撃から回復してしまったように見える。エドワード・スノーデンという名前も多くの人にとっては曖昧なものとなり、公安機関による侵害が白日の下にさらされたという記憶も薄れて来ているように思える。しかしもし記憶をもう一度活性化できたら、デジタル環境や遂行圧力の只中で、大規模な「監視への反応」や、「監視感情の噴出」があったことも明らかとなるだろう。可視性は常に、二人以上の顔に表れる。同じ人間が可視性を望み、同時に可視性から逃れようとする場合もある。結局、私は「可視性」に重点を置いているけれど、「承認」の方がより重要かどうかも問うつもりでいる。

本書の第二部は三章から成っており、監視の主要な文化的潮流を追究する。より伝統的な監視への態度という大枠から入り、生活の中での監視が当然視されつつある状況を考え、私たちの監視に対する態度が疑念から欲求に変った毎日のオンライン・オフラインの没入世界へと至る。歴史についても記述しているが、監視文化は現在のものでもある。なぜ私たちが進んで監視に屈してしまうのかを説明していると聞こえるかもしれないが、私は同時に、各人が不満を持ったり我慢したりといったふるまいをするそのあり方にも注目している。

第二章は、「利便性から服従へ」と題され、オーウェルよりもハクスリー『素晴らしき新世界』に関係が深いように思われるかもしれない。結局ハクスリーのディストピアは、消費が至上価値となっているソフトな監視を描いており、「ソーマ」を服用すれば現実から逃れられる。しかしどんな説明を読んでも、監視システムとされているものと、それへの大衆の反応の間には、緊張関係がある。システムは、多数の要因に依存して変わる行動を促す。監視のあり方がどんなに変化しても（現在ではインターネットが主だろう）、個人情報は変わらず商品として求められる。こうした遍在するデータは、管理やビジネスのために求められるが、管理とビジネスも多くの場合完全に分離はしていない。監視の世界には権力図式が存在するが、その結果は、文化的・歴史的な違いによってさまざまなのである。監視文化は、かつて権威主義的国家（東ドイツなど）だったのか、植民地であったのかといった、異なった政治経済のもとで、異なった発展を遂げる。

監視文化に共通していることは、「社会的振り分け」を単純化し、人々がそれについての知識を増やすほどに、フィードバック・ループが作動して結果に影響を与えるところだろう。例えばジャック・ラカンの精神分析が洞察しているように、監視は、必ずしも恐怖を与えずとも、それへの注目は生み出す。ラカンは、「まなざし」は幼い頃から不安を作り出すとしている。[注37] 同時に、監視によって安心する人々もいる。監視のおかげで犯罪や、暴力や、テロ攻撃から守られると信じているのだ。誰かに見つめられたいという願望もおそらくは、幼時の経験に由来しているのだろう。それが大人になってからの危険な依存の前段階かもしれないが。[注38]

監視の感情的な次元は、多数の異なったあり方で表出する。現代の経済成長が、個人データの収集と分析（ビッグデータを「新しい石油」と呼ぶ識者もいる）に依存していることが明らかとなり、関心や従属の水準も高まっている。特にスノーデン以降は、こうした関心が「安全のための監視」とつながり、表から見える形のマイノリティにとってはとりわけ不利となる。また、ネットやモバイルを使用すると個人データが抜かれるが、その便利さに慣れると人はそこから離れられないだろう。

第三章、「物珍しいものが当たり前に」は、日常に埋め込まれた監視が、(時には文字通り)家具の一部となっていることを示す。最新のスマホやタブレットには、かつてはなかったようなベルや笛の音が入っているだろうが、それを使うかどうか、いつ使うのかは、利用者が決定しなくてはならない。そしてこの決定は、何が便利なのか、何が生産的なのか、何が危険なのかといった考え方に依存している。別の言い方をすると、デジタルの領域が拡大していった際のある種の規範に照らして評価されるだろう。新たな可能性が眩暈を起こさせるかもしれないし、「データが駆動する進化」の論理的な次の段階として当たり前に受け取られるかもしれない。

監視文化の特徴は、テクノロジーが新たな文化形態を孕んでいるところであろう。インタラクティヴで賢い《スマート》なテクノロジーは、その焦点を「固定的《ソリッド》な監視」から「流動的《リキッド》な監視」へ、ハードからソフトへと、シフトさせている。家庭電器設備であるスマートメーターは、あなたがどんなテレビ番組を視聴しているか伝えることができる。これは「モノのインターネット」(IoT)の一側面に過ぎない。スマホのログからは、あなたの位置情報や、あなたが誰と交流し、何に「いいね」しているか分かる。自動運転車が普及すれば、「あなたの安全のために」あなたのデータを多数のサイトに送るようになるだろう。

二〇一七年、アイロボット社のスマート・クリーナーである「ルンバ」に関して議論が起こった。

ルンバは家の隅々まできれいにするために、住居内の詳細な地図を作る能力がある。やや不用意なある論文が、こうした地図がアップルやグーグルに売られるかもしれないという印象を与えた。家庭内のプライバシーが侵害されると心配した人々によって小規模ではあるが議論が起き、それに応えてアイロボット社では、顧客データが販売されることは決してないという声明を出した。[注39] このような論争は日常化している。

こうしたことはみな、リスクと機会とを秤にかけるという、より広い文化的な文脈の中で起きている。もちろん主要な目標は未来に置かれているのだが、「経済的繁栄」と「国家の安全」とがロックされていたら、その結果どうなるか？　賢い監視と社会的振り分けとが、手と手を携えて進行するだろう。マウスでのクリック、ウェブ検索、テキスト・メッセージといったデータから、その人をランク付けするプロファイルが作られ、連続的なカテゴリーの中に配置される。賢い監視と社会的振り分けとが、監視の想像力と実践を形成・鼓舞し、それが賢い監視のさらなる発展を助長する。職場でのウェアラブル利用であろうが、家庭での電化製品利用であろうが、データは飼いならされる。こうしたことに、どのような態度を取り、どのように行動するかで、便利で快適な監視環境と見るのか、それとも問題含みで対抗すべきなのかという、見解の相異が生まれる。

第四章「オンラインからオンライフへ」で、前二章と合わせ、監視文化の三つの見方が「完結」する。今日の情報機器の中でスマホが最も普及しているだろうが、健康などのためにウェアラブル機器を装着している人もいる。この章で問われる問題は、オンラインへの没入にはどのような意味があるのか、それが「人間であること」の意味にどう影響するのか、である。デジタルに依存する現在の、主観的経験をめぐる問いとも言える。オンラインは当たり前になったが、人が物事や生活をオンラインで済ますのは良いことなのか、ますます問題となっている。

オンラインとオフラインの境界が溶け出すにつれ、ソフトウェアが駆動する機器は背景に退いた。生活空間は「社会—技術的」(Socio-Technical)になり、そこでの主役は機器である。部屋をよく知るロボット掃除機に対して、冷蔵庫が掃除の時間を思い出させる。こうしたことが当たり前になり、生活環境の自然な一部と見えるようになったのだ。反面、データが収集・開示され企業によって利用される「バックエンド」は見えにくくなった。ましてやそれが人々の生活にもたらす結果など分からない。普通の人々は便利さや快適さを言祝いでいるが、ソーシャルメディアでもたらされる同調性も、システムへの従属を生みだしているように思える。

ルチアーノ・フロリディが作った概念「オンライフ」は、ECの調査「オンライフ宣言」の主題ともなった。[注40]この調査では、アイデンティティ、関係、現実、行為主体といった事柄への感覚がどのように変異したのかを問題にしているが、もちろんこれらは監視にも影響する。監視は現在、「プライバシー」としばしば対立する。とりわけ、否定的に捉えられがちな「国家による監視」に特にそうである。国家による監視から逃れたい、隠れたい、プライバシーを確保したいと願う人は少なくない。しかしこうした見方は、マスメディア、さらに近年ではソーシャルメディアが溢れていることを考えると、近視眼的にも思える。ショービジネスやセレブの世界は、特権として羨望の的である。アンディ・ウォーホルの言った「一五分だけの有名人」が、テレビの制約で一五分だったとすれば、ソーシャルメディアはそうした制約を押し流す奔流である。

「覗き見禁止」から「視聴歓迎」まで、監視のもたらす結果は非常に幅広い。しかし実際には、この両者は地続きとも言える。多くの場合、パフォーマンスを視聴して欲しいと思っている人でも、それ以外の部分を覗かれるのは嫌がる。個人のパフォーマンス、セレブリティ、監視の三つが、テクノロジーの構造によって媒介されている。パフォーマンスは同時的なものと見られがちだが、そうではない。商業的な強制によって、ソフトウェアには微妙な偏向が付け加えられている。見られたいという欲求はリアルなものであり、パフォーマンスは即興的なものかもしれないが、誰がその舞台を作り、誰がそのパフォーマンスを行わせているのかということは、問うていかなくてはいけない。

「見られたいという欲望」について、ナルシスト的だ、あるいは、おかしなことだと、思う人もいるだろう。しかし、何らかの基礎的で限定された目的を達成するために、好意的に受け取られる場所に自分を置くというのもまた、合理的な行為と言えるだろう。こうした「意図的な露出」(アーヴィング・ゴフマンが一九五〇年代に卓越した分析を行っている[注41])は、デバイスを使って自分を監視しようという欲望(数量化する自分)の中にも見られる。「自己追跡」やライフログは、その中心にある。これも「自己改造」の様式とも見られるだろうが、自己意識が商品に降伏した、と解釈することもできる。同時にこうした欲望は、あらゆる種類の監視を正当化し、自然なものとすることを手助けする。監視する者と監視される者が協力する、新たな様式を作り出すことに貢献するのである。現在出現しつつある監視の想像力や実践は、これがもたらす結果を示す証拠となっている。

まとめの部分

最後の二章が収められた第三部では、監視文化が、代替的な未来や、倫理や、政治にとってどのような意味を持つかを考察している。第五章の「完全な透明性」では、デイヴ・エガーズの『ザ・サークル』を踏み台として、監視文化がわれわれをどこに連れていくのか、より深く考察している。変化は時に、目もくらむような速度で起こり、より広い意味での文脈のために、他の資源の転換を促す。エガーズの小説『ザ・サークル』と、それを原作にした同名の映画[注42]は、シリコンバレーに本社を置く「すべてを包囲する」企業というプリズムを通して、現代の監視をフィクションの形で描いている。

この小説は「サークル社」の新入社員であるメイの成長を追っていく。すべてを透明にする技術を彼女は支持し、「プライバシーは盗み」であり、見られたいという欲望は自然なものでありそれこそが存在意義であると、説得される。この小説のテーマは、本書でも言及するいくつかの研究、例えばニッパート＝エングの「プライバシーの島」、マーウィックの「社会的監視」などとつながり、監視文化のカギとしての「可視性」の真の状態についての議論を促す。可視性はあらゆる監視にとって基礎的な問題だが、一九世紀の野心的過ぎる発明家たちによって開花した写真イメージだけでなく、データで比喩的に「見る」ことも含まれている。例えば、業績を基にしたランキングが『ザ・サークル』にも（「ブラック・ミラー」の「ノーズダイヴ」エピソードにもだが）登場している。そこでは、非人間的な大組織がランク付けをするだけでなく、同僚同士がお互いをランク付けするのである。『ザ・サークル』が、どのくらいユートピアで、どのくらいディストピアなのかというのが最大の問題である。

その答えはともかく、監視文化は、物事がどうであるのかを知る手助けになるだけではない。「どうであり得るのか」「どうあるべきなのか」を知るための窓も開くのである。第六章の「隠れた希望」では、監視的想像が、その動きに対する手掛かりを提供するだけでなく、監視の義務を生み出すことも見ていく。レンズの向きを変えてみよう。監視の日常的な倫理を考えるのに手助けになるものは何か？　そしてそれは、大規模な監視を考える際にも洞察を与えるだろうか？　実際に起きていることには常に文脈があり、求められる倫理にも流動性や柔軟性がある。

不幸なことに、テクノロジーに関する問題の多くはしばしば、倫理を超えたところ、倫理の届かない世界にあるかのように扱われている。あたかも、倫理的な要求や洞察を免れたところにあるかのように扱われているのである。オンラインで行動せよとの圧力は、成果を得ることを強調し、結果として「共通善」が促進されるのか消されるのかということを、容易に忘れさせる。デバイスやデータは倫理的に中立ではなく、善を促進するのか悪を促進するのかという観点から判断されなければならない活動や制度の中に既に埋め込まれているのだということを、思い出させるのが最初の仕事である。

われわれのケースでは、私たちは何か監視を促進し、それが「ケアからコントロールまで」のスペクトラムの中で（この両者の境目は曖昧で、重なりもある）、あるいは家庭、職場、学校、余暇といった他の社会関係の文脈の中で、いかに位置づけられるのかを問わなくてはならない。人は「良きまなざし」を、単なる他人の監視ではなく、他人のための監視として受け取ることができるだろうか？[注43]　このことは、個人データの前にまず人間自体を置くという、「全く違った思考」を要求する。ある個人にとって何が最善かを決めることは、技術に還元されることのない純粋に倫理的な問題であり、公共的に議論すべきことなのである。

第六章でも、監視を実践することについて再び考える。ここで見出すのは、監視は（他の行動に対する）反応でもあり、先制的なものでもあるという二重性だ。データが政治的および経済的な力となった「情報集約型世界」において、監視はある種、実際の政治となっている。もし「良きまなざし」がフィットビット、ドライブレコーダー、ホームセキュリティシステムなどの解決策になるのであれば、それはより大規模でも機能するのだろうか？

抽象的な西洋思考のアプローチでは、監視に関する議論の多くは、法的な「損害」や規制の様式に焦点を当てている。しかし、枠組の変わったデジタル・デモクラシーの文脈の中で、既に言及した「人間性《ヒューマンネス》」の感覚に基づいた、権利と義務に関するより広い問題は政治的に機能するのだろうか？　もし私たちが、デジタル領域の中で起きていることを慎重に検証するならば、事態がどこに向かうのかについての手がかりを掴むことも可能である。もしソーシャルメディアのために「フィルターバブル」が成長を続けるならば、これは気の滅入ることに私たちにとってありふれた事態となるだろう。しかしまだ、もう一つの選択肢は残されている。人々が「可視性」や「透明性」について、およびそれらと「共通善」との関係について議論を行っていくという選択肢が。

第一部　文脈における文化

第一章　文化の坩堝

社会的なものとテクノロジー的なものが「溶け合い」、新たなものが誕生する「文化の坩堝」の中で、今日の監視文化は生起している。こうした「溶ける」という隠喩《メタファー》は、対人関係や政治関係[注1]などの変化を語っているだけでなく、坩堝の中身、かつてなかったものを生み出すような、要素の新たな組み合わせ（テクノ社会的なもの）についても語っている。テクノロジーを使って、一世代前には考えられなかったような、行動や発言が可能になっている。

例えばピュー・リサーチセンターの研究が示すように、「インターネットで検索をすれば、興味を持った人について単に情報を知るだけでなく、画像や動画、現在の状況まで調べることができる」。これはまさに「Do It Yourself」監視だ。研究報告は、「モバイル機器には位置を示す機能が内蔵されているため、検索される情報に新たな層が加わった」と続く。それにすぐ続けて、「モバイル機器の熱心な利用者は、自発的に自分の身元や位置をネットに露わにすることがあり、誰でもそうした情報を取得可能となっている」と、コインの裏面も記している。[注2] 普通の利用者が他人を監視し、同時に自分が監視されるデータを提供している。

今引用した記述から、私たちは監視文化という領域を探究しなくてはならないことが分かる。監視の日常化が雄弁に語られているのだ。今日、私たちが受動的に監視されているだけと考えるのは、間違っている。監視は普通のユーザーが経験し、そして自ら始めていることでもあるのだ。多数の人々が、複雑なテクノロジーに頼ることもありつつ、自分たち自身を監視している。ピューの報告書では、ソーシャルメディアでの顔認証利用が普通になっていることも指摘されているが、これはオンラインにおいて身元特定が行われることを示す。画像を使わない身元特定も、警察や企業だけが行うことではなくなった。世紀の変わり目の時期でさえ、アメリカ人はジェンダー、ジップ（郵便）コード、生年月日という三つの情報で特定可能だった。[注3]

かつては警察や公安といった調査機関が掌握していた（と思われていた）監視手段が、今では多くのメディアを通じて、一般市民のものとなっている。このことが監視文化の出現を手助けした。監視文化は社会関係の網目であり、監視に関わるあらゆる主体の中で、推定や行動が共有される。記号も物質も包み込み、急速に社会生活の重要な次元となりつつある。技術的・政治的手段ばかりでなく、熱狂や無知が、監視を可能にする。企業側は消極的なのに、監視される側がイニシアチヴを取る場合さえある。こうしたことが監視文化に関わっているのだ。

本章では監視文化を考えるための概念枠組を導入する。今日の「監視世界」で起きていることを知れば、かつて監視の日常的側面を考える際に使われていた「国家監視」や「監視社会」といったフレーズではもはや捉えられない部分が多いことに気付くだろう。監視の実際を知るために、「監視的想像」「監視実践」という概念を導入し、監視が流動的《リキッド》なものとなる文脈に置いて考察しよう。

今日、日々の生活がかつてないやり方で記録、観察、追跡されているのは確からしいが、それだけではない。監視文化の中で、日常生活は監視においてより大きな役割を担うようになっている。とりわけ、ユーザー・ジェネレイテッド・サーベイランス（利用者自身が作り出す監視）を通して、双方向的に作用するのだ。監視は、世界の見方の一部となり、世界自体の一部となった。生活の全方向における一つの次元となったのだ。

また、かつての監視は固定的なものだったが、今日の監視はしばしば流動的となっている。これは、現代が流動的な時代であることと対応している。監視が時間的・空間的に離れたところでも機能して、データの流れを制御し、人々を社会的に振り分ける。しかしながら、監視が徐々に同意を得て行われるようになっているのも事実である。これは、人々がいかに監視に反応し、その中で行動するかにかかっている。監視的「想像」と「実践」とは、相互作用もしている。想像が「監視と共に生きる」ことにまつわる感覚を与え、起きることへの先制や服従、交渉や抵抗を可能にするのは実践である。

かつては生活の中でごく周縁的な側面と考えられ、対象が「容疑者」や「参考人」などに限定されていた監視が、現在では安全上の重要問題となり、同時にメディアを通したコミュニケーションの娯楽的要素ともなった。二〇世紀半ば頃、政府によるモニタリングをオーウェル的な国家監視と捉える人は多かった。二〇世紀末になると、公共の場所に設置されて公道の様子を捉える監視カメラや、消費習慣を追跡し顧客のプロファイリングを行うポイントカードを例に、「監視社会」という言葉が人口に膾炙するようになった。

こうした概念は、監視が生活のあり方や物の見方、世界の一部にまでなったということを踏まえて、再考されている。もちろん政府や警察、諜報機関、企業などは今でも、監視を行っている。街路や建物を有線で監視したり、スマートフォンやインターネットのプラットフォームを通じて無線で監視したりしている。同時にソーシャルメディアを通じて、監視に多数の人が参加し「民主化」された。監視が柔軟で流動的なものになるにつれ、監視文化がかつてないほど露わなものとなり、日常生活の日課に入り込んできた。流動的な監視がどこにでも浸透してくるようになったのだ。

ここから監視文化の性質に焦点を当てよう。しかし監視文化自体は常に変化する動的なものである。本章でいくつか手がかりとなる概念を提示するが、こうした見方もまた私たちの前にある各種の現象に影響を受けている。まず、文化の上での「流動性」概念から取り上げるのは、社会や文化を「固定的」とするかつての見方がもはや通用しないという警告の意味を込めている。その後に「想像」「実践」概念を取り上げるが、この二つとも動きや変容を示唆する概念である。

流動性と監視文化

「流動的な監視《リキッド・サーベイランス》」は、監視を、近代の主要な動きと結びつける。「流動性」概念を広めたバウマンは、あらゆる社会形態が「溶けて」いくと考えた。そして監視も例外ではない。[注4] かつて固定的なものと考えられていた監視が、今では流動化し、国境からアイデンティティまであらゆることの流動化に「貢献」している。国境はかつても想像的なものではあったけれど、国家の領土の縁に沿った地理上の線だった。しかし現在では、「実際の」国境線から離れた、データ処理という側面の方が強い。[注5]

同様に、アイデンティティも今日では、より流動的で柔軟なものとなった。動きの速いソーシャルメディアでは特にそうである。[注6] 既に記したように、監視は空間と時間において流れの通路を作り、社会的振り分けを可能にしている。バウマンが展開した主要な結果で言うと、権力はグローバル化し留めることが難しくなる一方、政治は主としてローカル化し限定されたものとなっている。

「流動的な監視」と言うだけでは舌足らずで、流動化し変化の激しい現代の中に監視を位置づける方向付けが必要である。警備や公安といった分野と比べて、消費の分野では監視はとりわけソフトなものとなった。個人データに関する規範がゆるめられ、ある目的で集められたデータがより容易に他の目的へと転用されるようになった。男性が花かチョコレートを買った時、データブローカーの「eXlate」がその「買ったという情報」を他者に、「人間関係で問題を抱えている男性」として売ることを想定しているだろうか?[注7]。監視が、マーケティングの専門家でない人には想像もつかないようなやり方で広まっている。これは、流動性への対応でもあり、流動性を再生産している。

監視はひとところにとどまらず、広く社会へと流れ出していく。安全上の必要性もあるだろうし、ハイテク企業が果敢に営業をかけていることも要因だろう。監視はこうした活動の基本原理とまでなっている。バウマンによる「流動的な近代《リキッド・モダニティ》」概念は、監視を新たな枠組みで捉え、なぜ監視が発展したのかについての洞察を与えるだけでなく、監視がもたらす可能性のある最悪の結果やそれへの対抗についても、有益なアイディアを提供してくれる。

かつて固定的なものと見えていた監視が、今では光速で走りうねり、これまでは監視がごく周縁的な役割しか果たしてこなかった生活上の多くの領域に浸透していった。ジル・ドゥルーズは、監視が樹木（ある程度固定的で、垂直に伸び、パノプティコンにも似ている）というより、しのびよる雑草に近い社会を「管理社会」と呼んだ。[注8] ハガティとエリクソンはこれに従い、身体データと呼ぶべきものが高度に流動的で携帯可能な「データ・ダブル」に変わることを、「監視集合体」概念で捉えている。[注9] ウィリアム・ステイプルスも、今日の監視は、「かつては当然と考えられていた、近代の生活における意味や記号や制度の多くが、私たちの目前で溶けていくような、断片化と不確実性を特徴とする」文化の中で起きている、と記している。[注10] このように固定したもの、構造を持ったものの、安定したものが流動化するのだ。

今日の監視における流動性は、監視自体の流れにとどまらず、監視文化の中で可能であるようなあらゆる社会関係に及んでいる。ショシャナ・ズボフは、インターネット企業による新たな「監視資本主義」が、企業と生産労働者、および、企業と消費者との間に残されていた、相互的・契約的な関係を、システム的に破壊していると指摘する。これはシアトルに本社を置くアマゾンで見られることだろう。アマゾンでは、会社が期待する労働の水準は「とてつもなく高く」、他の労働者を監視して、もし同僚が怠けていたら上司に密告することが奨励されている。[注11] またソーシャルメディアの世界では、利用者同士がお互いに抱く期待は不確実性に満ちており、変わりやすい。こうした流動性は、新たな情報通信技術自体のためというより、社会、経済、技術の組み合わせが増幅したものと言える。

今日の世界では、奔放な個人主義が、社会性を破壊とは言わないまでも衰弱させている。オンラインでの行動がそれを可能にし、奨励している。シェリー・タークルの著書『一緒にいてもスマホ』での、若者へのインタビューに対するコメントでも、それが明白に伺える。「今日、人間関係の不安定性や、親密さへの不安が広がり、私たちは人間関係を築きつつ同時に自分を守るものとして、テクノロジーを見ている」[注12]。同様のトピックスは、ゲイリー・シュタインガートの小説『スーパー・サッド・トゥルー・ラブ・ストーリー』では、「つながりの文化」がトラブルを巻き起こすというパラドックスが詰め込まれている。オンラインでの行動がタークルやシュタインガートの作品を貫く糸になっている。バウマンも言うようにネットは、市場と同じように、協力よりも競争を促しているように見える。[注13]ここで探究したいのは、こうした社会関係がいかに監視のインパクトを感じているか、である。

これらを、古典的な監視モデルである、一八世紀にベンサムが設計した刑務所のデザイン「パノプティコン」と比べてみよう。パノプティコンでは、周囲の円環に独房が配され、中心の管理塔から監視者が独房を見ることができる。しかし監視者はすだれの向こうに隠れており、囚人の側では本当に監視者がいるのかどうか分からない。実際に「観察」されているのかどうかは不確実だが、囚人も監視者も、この相互関係については知っている。「パノプティコン型監視」の考え方は、囚人同士の動きは阻み、監視者との関係だけに集中させることで管理するという、近代の管理手段の代表となった。しかし監視者は依然として、時々は監視塔の中にいなくてはならない。監視者が囚人の生活に何ほどかの責任を負わなくてはならず、費用もかかる。しかし今日の世界は、多くの点でもはやパノプティコン型ではない。監視者は監視塔にいる必要がなく、手の届かない所へどこへでも逃れることができる。相互関係は、終わってはいないにしても、もはや擦り切れた。貧困者やホームレスでない限り、遊牧民《ノマド》のようにどこにでも動くことができる。小さいほど、軽いほど、速いほど良いように見える、少なくともスマホとタブレットの時代には。

パノプティコンからパフォーマティブな監視へ

パノプティコンは監視の一つのモデル、もしくは図像に過ぎない。今日の可変的な組織では、権力は電子テクノロジーの設計を通じて機能する。ヴァーチャルな「壁」や「窓」があるので、実際の壁や窓の大部分は不要となった。もちろん、柔軟さの程度は多くの要因に依存しており様々である。小さなスタートアップ企業は柔軟なものだが、大企業もまた、市場に素早く反応するためしばしば柔軟になっている。[注14]テクノロジーによって、様々に違った顔を持つ管理形態が可能となった。「収容モデル」と明示的な関係がないだけでなく、エンタテインメントや消費に見られるような娯楽性や柔軟性といった性質を共有している。例えば飛行機へのチェックインを、便利にスマホで行うことができる。もちろん最初に予約した時の名前（予約もスマホで可能である）が、米国その他の公安部局に知られてしまうが。

それだけではない。かつては監視から逃れる場所と思われていた私生活にも、監視は入り込んでいる。規律（消費は言うに及ばず）とセキュリティとが関係している。この見方はミシェル・フーコーが捉えそこなったことだろう。フーコーは、規律とセキュリティとの電子的関係が強化されているまさにその時に、両者の分断を主張していた。セキュリティは今では、例えば国境管理において、規律を利用している。セキュリティが未来指向の企ての中に入り込み（小説および映画の『マイノリティ・リポート』（二〇〇二）や、広く視聴されたテレビ番組『Person of Interest』などに描かれている）、監視を通じて人々の行動をモニタリングするだけでなく、統計的な推論を使って未来予測まで行っている。今日ではビッグデータと結びつけてしばしば言及される。[注15]

監視の眼から逃れる人はますます少なくなっている。ディディエ・ビゴが指摘するように、こうしたセキュリティシステムは「あらゆる動くもの、生産、情報、資本、人間」を追跡することで機能している。[注16] したがって監視は空間的にも時間的にも遠隔で機能し、グローバル化の中で国民国家を超えて流れ出る。こうした技術を「自然に」見せ、推進するような集団は保障や報酬までも得られる。しかし、「価値がない」「歓迎されない」ラベルを貼られた集団は、排除されるように事態が進んでいく。[注17]

規律やセキュリティの問題はもちろん重要だが、現代の「流動性」の他の側面について考えることもまた大事である。社会的な絆が脆くなり、新しい個人主義が前面に出ているのだ。「ミー世代」「セレブ文化」といった言い方もあるが、監視との関連でより核心を突いている言葉は「パフォーマンス」だろう。この言葉は、「ソーシャルメディアにおいては私たちは、(その大部分が)見えない聴衆を前にした熟練のパフォーマーである」という考えと、資本主義企業における「労働者のパフォーマンスを測定・追跡することが最重要だ」という期待の高まりとを、結びつけるのだ。ポスト・フォーディズムの時代においては、労働者の熟練に報酬が与えられると考えられている。[注18]

監視パフォーマンスという考えは、ジョン・マグラスの著書『ラヴィング・ビッグブラザー』[注19] に生気を与えている。同書の序章では、九・一一テロの直後に貿易センタービルから「死の跳躍」をした人々と、最も有名なリアリティTVである「ビッグブラザー」への耽溺という、二つのイメージが並べられている。スクリーンに釘付けになることは、私たちがいかに観察を欲望しているか(「ビッグブラザーを愛する」かもしれない)を示すとマグラスは言う。同時に、私たちが他者の死を通じて自らの「死すべき運命」と向き合っていることを、悲劇の映像が伝えている、とも。マグラスが述べているように、観察することが既に私たちの生活の一部になっているということを理解することは、なぜ世界を再構築しているのはテレビやテロだけではなく監視それ自体なのかということを示すのに役立つのである。

企業によるパフォーマンスの観察[注20]（「この通話は品質向上のために録音させていただきます」）から、反監視活動家によるパフォーマンス観察まで、多様な監視を一つにつなげる手段として、最近では「観察されたパフォーマンス」概念が議論となっている。その中には例えば、自分を数量化する、自己監視の「観察されたパフォーマンス」も含まれるだろう。自分の身体パフォーマンスをチェックするために健康機器を利用することが、皮肉なことに、健康産業や保険会社によって観察されてしまう。ここから後の節では、パフォーマンスの重要性は、その観察と同様に、当然として扱われる。

権力と政治の分離

現代における流動性のもう一つの側面として、権力と政治の分離が挙げられる。これはバウマンの言う「流動的な近代《リキッド・モダニティ》」論の鍵的要素でもある。公安機関のネットワークや、グローバルなインターネット企業を考えても分かるように、権力は今やグローバルな存在となって、一国の領土を超えている。しかし、かつて個人と公益とをつないでいた政治は、ローカルなものにとどまり、地球規模で機能してはいない。政治的なコントロールなしでは、権力は巨大な不確実性の源泉となり、政治は多くの人々の現実生活における課題に応え、恐れを癒すようなものではなくなっているように思える。
政府や警察、私企業によって行使されている監視権力は、まさにこの構図にあてはまる。既に記したことだが、かつては地理的に（恣意的なものだが）存在していた国境でさえ、今では領土の境界線からは遠く離れた空港や、もはや当該国の中にないかもしれないデータベースの中へと、移動している。カナダのトロントにあるピアソン空港には、荷物を引いた乗客が「国境」を超えたことを示す標識が設けられているが、地理上の国境は空港とは約一二〇キロメートル離れているのだ。

こうした例に続けていうと、国境が「動く」ものになったことは、多くの人にとって不確実性の源泉となっている。空港のセキュリティを通過するとき、自分が法的にどこの管轄下にいて、身元の確認がいつまでかかるのか分からない時は不安を感じるものだ。とりわけ「疑われている」民族に属しているならば。これは古典的なパフォーマンスの瞬間とも言える。不幸なことに拘留されたり、「搭乗禁止リスト」の中に自分の名前があることを発見した場合、どうしたらよいかを知るのは難しい。政治的な力を行使して、必要な移動を行うことには、多くの人が尻ごみするだろう。

社会的形態の溶解、および、権力と政治の分離は、監視とも共鳴する「流動的な近代《リキッド・モダニティ》」の二つの鍵的性質と言えるが、さらに二つのつながりについては言及に値する。一つは、ニューメディアと「流動的な関係性」との相互関係である。社会の断片化の罪をニューメディアに負わせる論者もいるが、バウマンは双方向的な関係と見ている。ネオリベラル的な政権のもとで、権力は自由に流れて行こうとし、壁や障壁、境界やチェックポイントは邪魔と見なされると、バウマンは語る。とりわけ領域内で展開されていた濃密な社会的紐帯のネットワークは、一掃されるべきとされる。バウマンによれば、こうした権力が機能し得るのは、まず第一に紐帯が弱まったためである。

「ツイート」や「メッセージ」のやりとりに、社会的団結や、政治的組織化の大きな可能性を見出そうとする活動家は少なくない。二〇一〇年や二〇一一年に起きたオキュパイ運動やアラブの春、二〇一四年に香港で起きた「雨傘運動」などが例に挙げられる。しかしこうした事例は注意深く観察する必要がある。既に監視されているのだからなおさらだ。ソーシャルメディアは、利用者を監視しそのデータを販売することで成立している。ソーシャルメディアに抵抗の可能性を見るのは魅力的であるし、ある意味有益とも言えるが、流動化する世界の中で確固たる人間関係を打ち立てるための資源を欠いているし、ソーシャルメディア内部での権力関係が必然的に発生することから、その可能性には限界がある。その現実的な希望については、本書の最終章で触れよう。

流動的な時代《リキッド・タイム》においては、倫理的に振る舞おうとする人には厳しい課題が立ちはだかる。監視の世界においてはなおさらだ。これが最後の関係である。バウマンは不確実性を流動的な近代世界に固有の病として認識している。生気のない規則を拒絶し、他者との出会いや会話の重要性を強調するのが、バウマンのお気に入りのスタンスだ。[注21] 私たちの前にいる人間に対して、そして私たちの中にある人間性に対して、責任を自覚するというのがバウマンの出発点である。

文化の諸要素

出現しつつある監視文化は、ファンファーレで迎えられてはいない。監視の世界はしばしば（そしてそれは多くの場合正しいのだが）、グローバル企業に依存しながら強力な組織が、最先端のハードおよびソフトを利用して行うもの、と見られている。それに対して文化の世界はしばしば、よりソフトな状況と結びつけられる。日常生活の中で親しいもの、時として挑戦的であったり、慰められるものだったり、ありふれたものだったりする。こうしたものはしばしば気付かれぬまま、時間が経つにつれて展開を遂げ、自明のものとなる。見慣れたものをここではもう一度、新鮮な目で見直してみよう。[注22] あるいはドロシー・スミスが言うように、「日常の世界を問題含みのものとして」見てみたい。[注23]

監視と考えられているものの多くには、テクノロジーと政治経済の大規模な「戦略」があると強調される。[注24] しかしこうした見方では、日常生活の中にある小規模な「戦術」の役割が見落とされがちである。例えば、インターネット利用者についてのこれまでの学術研究では、「自己」について抽象的、中心的、合理的な見方に影響されてきた。ジュリー・コーエンが言うように、能動的に情報と出会い、利用し、経験するような具体的、社会的、創造的な「自己」は眼中に入っていなかったのだ。[注25] あるいは、キャスリーン・ヘイルズが言うように、「情報が身体を失った」。[注26] これは単に、人間についてより「人間主義的」な見方への回帰を要請するのではなく、近年ますますデジタルテクノロジーを使って交流するようになった、人間の行動により注意が払われるべきだということを意味する。監視文化を感じ取るために重要な「パフォーマンスの次元」は、身体化された経験とあらゆる関係を持つ。

監視文化は多様で常に動いているが、共通する性質も有している。それについてここから考えて行こう。私が「監視文化の特異性」と呼ぶものがこの共通する性質なのだが、しかしこれとても単純な一枚岩でなく、複数の顔を持つ複雑なものである。社会関係のデジタル化が進むにつれて、主体は単に監視の標的あるいは担い手のいずれかになるというより、知識も増え、積極的に監視に参加するようになるのだ。

ここには二つの側面がある。一つは、広く見られる監視への服従だ。もちろん、とある局面において監視への抵抗が試みられることはよくあるが、監視が今日の世界にあまりに広く浸透したために、大部分の局面、大部分の時間において、多数派は疑いを持つことなく監視を受け入れている。[注27]そしてその多くが単なる利便性のためである。独裁政権の監視体制を生き延びてきた人々にとっては、こうした態度はとりわけいぶかしく感じられるだろう。[注28]しかしこうした服従は、英語ではいずれもfで始まる、ありふれた三つの要素によって説明できる。恐怖（fear）、親しさ（familiarity）、楽しみ（fun）である。[注29]これについてはここでは簡単に触れるにとどめよう。というのは、本書の二章、三章、四章でより詳しく、利便性やインターネットの効率的な利用のために「プライバシー」を売り渡すといった別の問題も含めて、議論するからである。

最初に恐怖は、九・一一テロ以来より注目されるようになった。監視への欲望が高まったのは、メディアが増幅した「恐怖」の不確実性への対抗であるのは明らかであろう。[注30]政治家もまた、暴力やテロの恐怖を、新たな監視手段の導入に支持を得るために、利用したように見える。恐怖は強力な感情なのである。

次に「親しさ」（familiarity）についてだが、この言葉で私は、監視が生活の中で当然視されるようになったことを指している。スーパーでのポイントカードから、公私様々な場所に備え付けられるようになった監視カメラ、空港やスポーツ競技場でのセキュリティチェック、さらには人々があまり意識しないような場所にまで、監視は広がった。人々があまり意識しない監視とは、例えば埋め込みセンサによる監視や、私たちが持ち歩くデバイスから発する情報の監視である。監視の日常

化も、監視への一般的な服従を説明する一つの要因だろう。[注31]

第三に、感情としては恐怖とは真逆の「楽しみ」もまた、服従を説明する一つの要因である。とりわけソーシャルメディアやデジタルデバイスといった領域においては。これらは生活な「真面目な」側面でも使われているが、同じシステムが余暇や娯楽としても使われる。アンダース・アルブレヒツルントはこれについて、監視が「潜在的に個人に力を与え、主体を構築し、あまつさえ楽しい」ものになったのかもしれないと示唆している。[注32]

以上の三つの要因があるとは言え、中心は何といっても、ネットにつながっている（オンラインでいる）ことが自然だと感じられるようになったことだろう。公安機関によるデータ収集を権力乱用として決然と批判したエドワード・スノーデンは、二〇一五年に皮肉を込めて、「私はインターネットに頼って生きている（I *live* on the Internet）」と語った。ダニエル・トロッティアーは、ソーシャルメディアが私たちの、生き、住まう環境になったと示唆している。[注33]だからこそ今論じている問題は重大なのである。私たちの日常は、デジタルによって生かされ、デジタルに取り囲まれている。自動車の運転や、テレビの視聴が作りだす「テクノロジー環境」に参加しているとき、今日の「テクノソーシャル」なものは、参加型であるだけでなく、利用者の貢献に依存しているところがあると感じられるのではないか。このことはさらに考えなくてはならない。

多くの人々がなぜすぐさま監視に服従するのかという問題は重要であるし、これまでも広く論じられてきたが、そのことだけで監視文化の全体を語ることはできない。次の、より大きな問題として、なぜ多くの人々が積極的に監視に参加したり、監視を始めたりするのか、ということがある。もちろんこれは、テクノロジーの問題ではないのかもしれない。「棚の上のエルフ（小人）」（elf on the shelf）のことを考えてみよう。些細な事柄と思われるかもしれないが、今でも米国やカナダの多くの家庭で、この人形は子供を棚の上から見下ろし（「触らないで！」）、サンタクロースによる「誰が良い子で、誰がいたずらっ子なのか」という決定を助けている。エルフには電池も電子部品も入っていないが、子供に対して、「監視されている」という感情を植え付ける。ただのおもちゃだが、監視にあふれた世界で生きることへの準備の一つだと語っても許されるのではないか？[注34]　これは監視文化の問題と共通する。遊びや娯楽のための無邪気に見える道具が、どの程度同時に監視の手段になるのか？[注35]　意図的な観察という尋常とは思われない行為が、どこから当然視され、受け入れられるのか？　オーウェルが言うように、習慣が本能になるのだろうか？

監視のツールが利用可能になったことも、日常が観察されるようになった理由の一つである（エルフの例は違うだろうが）。しかしそれだけではない。そうしたツールの中でも、採用され利用されるものもあれば、無視され使われないものもある。さらに、市場は変化が激しく、とりわけソーシャルメディアの市場はそうである。市場を牽引していたフェイスブックが、インスタグラムやスナップチャットに利用者を奪われかけた（フェイスブックがインスタグラムを買収するまでは）。新しいテクノロジーがどの程度受容されるのかは、技術的能力や利用可能性だけから予測することはできない。「社会—技術的」な現象が存在するのである。

監視文化の理論

監視文化の諸要素を理解するため、議論の枠組みとして「想像」と「実践」という二つの概念を導入した。チャールズ・テイラーによる「社会的想像」の分析を基に、[注36]私は「監視的想像」という概念を作った。この概念は、日常生活や人間関係、期待、規範的コミットメントなどにおける可視性についての、共通理解を扱うものである。実際に監視を行い、それを正当化する能力は、この監視的想像が提供する。翻って監視実践が、監視的想像の伝達を手助けし、それを再生産する。監視文化は一枚岩ではないと言ったことを覚えていらっしゃるだろうか。監視文化は多様であり、時間に伴って変化もする。私は本書で、スマホやネットの一般的な利用者の、監視的想像および実践を念頭に置いている。

監視的想像は、監視への日常的な関与ばかりでなく、ニュース記事や、映画やインターネットなどのポピュラー・メディアを通じて構築される。その中には、「現代の生活は監視されている」とか、それが様々なやり方で社会的関係に影響を与える（例えば、「社長はフェイスブックで私の悪ふざけを見ているのかな?」）とか、プライバシーへの期待についての議論や、監視に対処するには服従より対決だ、など、色々と意識を強めるようなコンテンツが含まれている。

監視システムや監視ツールがあふれる世の中で、私たちは徐々に、監視について、そして監視への対処について、ある種の心的イメージを構築してきた。マイケル・マッカヒルとレイチェル・フィンは、ピエール・ブルデューの考えを基に、「監視資本」という概念を提出した。この概念は、「監視主体がどのように、自らの経験から獲得した日常的な知識や文化的ノウハウを利用しているか」を指し、[注37]私の言う「監視的想像」とも類似している。もっとも監視的想像の方は、何が起きているか（監視のダイナミクス）についての感覚だけではなく、監視をいかに価値付け関与するか（監視についての義務）についての感覚まで含むものであるが。そして監視的想像が、監視実践を形成し、それに生気を吹き込む。この二つは切り離せないものだ。

そして監視実践は、監視に関してわれわれが関与し、実際に行っていることを指す。マッカヒルとフィンはそこに、とりわけ、監視によって露わとなった権力関係への抵抗を含める。私は、「抵抗」に含まれつつもそれを超えるような活動を思い浮かべる。トリン・モナハンも、監視を「文化的実践」としているが、彼の見方はここでの私が提示する考えと近い。モナハンはそこに、「ポピュラー文化、メディア、アート、語り」を含めており、「人々の監視への関与を、彼ら自身の言葉で理解する」[注38]ことを目指している。そうした次元は本書と共鳴しているだろう。

監視実践には、監視されることに対する反応も、監視に自発的に関わっていくことも含まれる。前者の例としては、公安機関やマーケティング企業に注目されないように暗号ソフトをインストールする、公共空間でカメラに捉えられないよう「グラモフラージュ」[注39]と呼ばれる衣類（帽子、フード、マスクなど）を身に付ける、ポイントカードは使わない、などがある。

他方後者の例としては、他の自動車の行動を記録するためにドライブレコーダーを取り付ける、ソーシャルメディアを使って他人（全く知らない人も含む）の細かな情報をチェックする、フィットビットのようなデバイスを使って心拍数や運動の持続時間・強度などを自己監視する、といったことがあるだろう。最後の例は「自己の数量化」とも呼ばれ、これについては後で議論する。分析するとこのように分類できるが、もちろん両者の要素を含む例もある。

想像と実践というレンズを通して監視文化を見ることで、監視一般についての新鮮な見方ができる。監視国家や監視社会という概念で捉えるよりも、複雑な光景が開けてくるだろう。監視国家や監視社会が乗り超えられたということではないが、「権力と参加」、「可視性と不可視性」、「私と公」、ひいては監視のレトリックでは広く使われるが誤解も招きやすい「我々と彼ら」といった単純な二分法を超えたところに私たちを導く。例えばソーシャルメディアの利用者の多くは、一般的な通念とは違って、プライバシーに高い価値を置いている。しかし同時に、公開ということも重視しているのだ。[注40]

同時に、監視文化という用語が、統一的・包括的な状況を指すわけではないということも、強調しておかなくてはならない。良きにつけ悪しきにつけ、監視に関わるあらゆる生活様式を指す多様な現象を示す「総称」なのである。想像と実践を強調しているのも、この文脈における現象の多様性を指し示している。同時に、ミシェル・ド・セルトーの『日常的実践のポイエティーク』[注41]が示すように、消費の主要な戦略が、日常の状況の中で「再割当」されているのも見てとれる。インターネット企業の戦略を、インターネット利用者の戦術が自分の目的のためにいかに模倣しているかについても含めて。

これは本書全体を貫く筋でもあるので、「公」と「私」についてのさらなるコメントを整理して述べておこう。これは社会的世界を構築する重要な方法であり、長くかつ魅力的な歴史も有している。しかしそれは、文化的状況に影響を受け、同時に影響を与える。もちろん新しいメディアによって形成される部分もある。そうしたメディアは、例えば酒場での友人同士の議論を、その場を超えてオープンにするような効果がある。時間も空間も、かつてのように可視性を制約しない。同様にプライバシーも今日では、「一人にしてもらう」というより、こうした文脈が重要な新しいメディアにおいて、「自分についての情報の流れをコントロールすること」になった。公と私の概念が問われている。とりわけインターネット利用の周囲で、激しい闘争が打ち続いている。例えばソーシャルメディアを通じて「パブリシティ」を追求したり、「権利」としての「プライバシー」を後で扱うが、日常的な状況や、監視文化の分析や政治においても、ある種の両義性が存在している。[注42]

監視文化の中で人々は、監視戦略に対して「交渉」を行う。例えば、見返りと引き換えに個人データを提供するなど。[注43]あるいは監視戦略を自らのものとして、自らの環境に合わせて作り替え、自分や他人への監視を始める。[注44]日常的な戦術には、アプリの限界を出し抜くような使い方をするとか（言い訳としては、「そのように読めた」と間違った主張をする場合が多い）、大規模監視がいかに機能するかを理解し、それをプライベートに利用するための実践に流用するといったことがある。顔認証を使って知らない人をチェックするフェイスブック利用者もこの例だろう。

こうした例は、私たちの監視理解や、監視への対応を、複雑なものとする。乱暴な「彼ら対私」というよくある監視の構図が、現状にあてはまらないからである。「誰が誰を観察しているのか」と問わなくてはならない。監視自体が流動化すると、一方向的な監視という単純な図式は、あてはまりが悪くなり、誤解を導くことさえある。

監視的想像

「監視的想像」とは、「監視社会と呼ばれてきたものの多様な性質」が、「社会的な関係や布置の中で人々が自分を描くあり方」にどのように影響を与えるかを、私なりに短く約めて言った言葉である。人々は通常の日常生活の中で監視に参加し、果ては「いかに社会を秩序付けるか」「その中で自分がどのように役割を果たすか」のビジョンの中に、監視を組み入れている。私の言う「ドラマ」の台本（舞台より銀幕に例えるならば、「台本」より「シナリオ」というべきか）は、監視的想像によって書かれている。そしてこうした分析はパフォーマンスと共鳴している。

チャールズ・テイラーはより広く、「近代社会的想像」を、いかに人々が社会を想像するか、道徳秩序についての一種のビジョンであるとした。それは、共有される生活の側面を露わにし、「人々がいかに共に暮らすべきか」「戦い取るだけの価値があるものは何か」についても何ほどか語っている。社会的想像とは理論ではなく、日常生活の中で私たちが社会的世界を想像するあり方なのである。これは広く共有され、共通の実践や、広く共有される正統性の感覚などを可能にする、共通理解なのである。[注45]情報時代には、それが圧縮され、断片化し、流動する可能性も付け加えなくてはならない。

興味深いことに、近代の社会的想像における最初の、そして広範な変化は、個人間のつながりがヒエラルキー（階梯）的なものから、平等で非個人的な、「直接アクセス」が普通のことになった秩序への変化であると、テイラーは示唆する。[注46]例えば近代の個人主義は、新たな帰属形態を生んだ。テイラーおよびクレイグ・カルフーンは共に、これを「関係的」アイデンティティから「カテゴリー的」アイデンティティへ、と呼んでいる。[注47]人々はますます自分を、関係の中よりも非個人的なカテゴリーの中に置いているのである。これは「カテゴリー的疑惑」や「カテゴリー的誘惑」という概念と結びつく。前者は警備や諜報といった監視実践とつながり、後者は商業やマーケティングにおける監視とつながる。[注48]

監視的想像は次のような前提を含んでいる「全てを一望し管理するためにはデータが必要、データの利用はそれ以前の行為と比べればマシであり、最悪でも『必要悪』である」。これを具現化する技術システムが存在し、職務を最大限に実行する。「セキュリティ」が、必要以上の監視を行う際の動機であり、正当化である。コミュニケーションの領域、とりわけソーシャルメディアにおいては、こうした監視は国家機関が行うものと比べてはるかに重要度が低いと思われている。

監視的想像は他にも、利益のためにプライバシーを手放す（飛行機に乗る時に早く乗れるのであれば、少しの自由は差し出しても構わない）とか、隠しごとがないなら恐れることはない、といった前提も共有されているだろう。制作者兼消費者としてのメディアへの関与は、想像によってまとめられている。トリン・モナハンが「グローバルな意味を持つローカルな実践」と呼んでいるものだ。[注49]映画やテレビのようなメディアは、社会生活についての新鮮な理解を提示する。レイモンド・ウィリアムズであれば、「国際的文脈における監視の多様な意味の理解」と書いたのではなかろうか。

監視的想像を考える方法の一つとして、監視カメラが都市の風景に入りこみ、ひいては生活全体に拡大したありさまを考えるということがあるだろう。公共のカメラは都市において必ず視界に入り、多くの人はそうしたカメラが写す荒い映像を意識している。したがってジョナサン・フィンが示唆するように、西洋文化においてはとりわけ、人々は「監視的に見ている」のである。[注50]スーザン・ソンタグの、「写真は私たちに新たな視覚コードを教えることで、『何が見るに値するものなのか』『何を見る権利があるのか』についての私たちの考えを改変し、拡大した。それは文法であり、より重要なことに、見ることの倫理なのである」という主張は、フィンによって更新された。[注51]

もちろんこうした経験は以前にもあった。私自身に関して言えば、二〇一〇年の抗議デモの際、「監視的に見ている」ということが本能的に明らかであった。私の住んでいたキングストンでの、囚人農場の閉鎖に反対するデモ行進で、デモ隊の側は警官のふるまいを記録するためにケータイを使い、警察の側でも群衆のふるまいを記録するために手持ちカメラや装着式カメラを使っていた。[注52] イスラエルのパレスチナ人たちは、警察や軍隊のふるまいをそこにいなかった人とも共有するため、人権団体「ベツェレム」が勧めているように、居合わせた人がビデオを使って警察や軍隊を「撮り返す」ようにしている。[注53] この例は、「監視が美的な概念として、レトリック的な道具として、社会生活への参加形態として、存在しているありさまに光を当てる」。さらにフィンは、「監視はもはや警察や国家、企業の所有物ではなく、生活の一部となった。このことは私たちの、自分や他人の生活を観察、記録、提示したいという欲求や意欲について、自省的に見ることを要求する」と結論付ける。そしてこれこそが、本書が追究しようと考えていることである。

　カメラによる監視への関与や参加だけでなく、小説、映画、音楽、さらにテレビなどのコンテンツが、監視的想像の要素となっていることに注目することも重要と言える。例えば、米国で人気のテレビ番組「PERSON of INTEREST 犯罪予知ユニット」[注54] で、主人公のフィンチ氏はただ「機械《マシン》」と呼ばれる装置を開発するが、これは政府が、公私問わず集めた情報を整理して、テロリストの将来の行動を予測するためのものなのである。

「機械」は、暴力を引き起こす可能性のある出来事を、重要なもの（テロリスト関連）からそうでないもの（単なる個人間通信）まで順位をつける。フィンチ氏はこっそりと、「重要でない」犯罪に関与した人物の社会保障番号を盗み読みする。各回の視聴者は最初、「関心の人物」が被害者になるのか犯罪者になるのか分からない。フィンチ氏は「機械」の与えるデータを利用して、「重要でない」犯罪を防ごうとする。この番組は、監視と社会的振り分けの倫理的次元を験している。「私は監視に目がないんだ」とフィンチ氏は認める。

監視実践

この二一世紀、監視実践に属する行為は日常生活の中で急増した。その中には、プライバシー設定の調整のような露わなものもあれば、Fitbit 等にプロフィールを登録するといった、監視的とあまり思われないものもある。監視実践は、すべての人が創造的な行為者であって、文化的知識(この場合には監視に関する知識)を利用し、再生産していると前提している。[注55] 人々が、しばしば深く考えることなしに行っている行為を、ブルデューは「ハビトゥス」[注56]と呼んだが、私たちはその「ハビトゥス」の中で生きている。

ハビトゥスには論理がある。たとえ行為者が必ずしもうまく言語化できなくても、ATMでのパスワードの隠し方から、フェイスブックでの友人のパーティー出席のチェックまで、論理は存在する。この論理は長く続き、日常的に繰り返される。各人が集中し慎重に行っていることとは別なのである。あらゆる種類の、計画したわけではない出来事が毎日、ミクロレベルでの人間の相互作用の中で、意識的・意図的な行動という表面の下で、起きている。

税システムやIDカードから、街頭カメラや携帯電話にいたるまで、様々なテクノロジーシステムが日常に組み込まれ、現代の「神話」や「儀式」の重要な要素となった。この文脈において監視システムも毎日の活動に入り込み、うまく扱わなければならないものの一つに加わった。トリン・モナハンが言うように、人々がその象徴性に慣れるにつれ、物語、メディア、アートを含めて、監視は意味を与えられるようになったのだ。[注57] 監視は社会的実践に埋め込まれ、社会的実践によって達成され、逆に社会的実践を生み出してもきたのだ。

監視は、組織が実行するだけにとどまらず、ますます日常的活動の中に現れるようになった。ミシェル・ド・セルトーが主張するように、いわゆる大衆文化は、普通の人々がそれを利用し、自らのものにしているという点から、再考しなくてはならない。大衆文化は社会的、政治的期待と一致する時もあるが、視聴者・観客がしかめ面をする時もあり、自らの目的に合わせて作り替えることもある。そうした場合、想定されるような「大衆文化の力」は、おそらく予測不能なものとなる。「もし、規律の網目が社会の全域で露わになり締め付けが強まったなら、規律のメカニズムを操る、服従したくないなら逃げるしかない（ミクロかつ日常的な）手続きを暴き、いかにして社会が規律に還元されずに済むかを探すのが緊急の課題である」。[注58] これを監視実践にあてはめることは、多くの文脈において有益たり得る。

たとえばジョン・ギリオムは、学界が「監視」と呼んでいるものに一般の人々がいかに対抗しているかを描いて注目を惹く。[注59] ギリオムによる、福祉の対象となっている女性に関する古典的研究は、ソーシャルワーカーの繰り出す戦略的・打算的・技術的な権力（Cris-e として知られている）に直面しても、それと対抗する多くの巧妙な方法があることを示している。ギリオムの描く女性たちは、自分たちを特段、監視への抵抗者と見てはおらず、むしろ、子供たちを思う通りに育てることを阻む権力と闘争している、と考えている。彼女らは自分たちのアジェンダを持っており、このシステムに関わる役人たち（ソーシャルワーカー）に対して、どんなときに対抗し、どんなときに嘘をつき、どんなときに協力するかを自ら選んでいた。それは彼女たち自身の人生を意味づけるためであり、権力の手から逃れるためであった。といっても現実に、福祉から逃れたり反乱を起こしたりすることまではなかったが。

このことは、ミシェル・ド・セルトーによる、「利用者や消費者などは受動的であって、確立されたルールに進んで従うというのは間違いだ」という主張と共鳴する。権力側の戦略に直面した人々が、実際にどのように行動するのかを見出すために、日常の行為を研究対象にしなくてはならない。こうした文化的な実践には意味がある。というのは、監視システムが服従させようとしても、人々がそれに従順になるとは限らないからである。[注60]

といっても、ソーシャルメディアの世界では、新たな実践が明らかになってきている。まず習慣となり、そして本能となる。例えばマーク・アンドレジェヴィックは、「文字通りの監視、もしくはピア・トゥ・ピアでの観察が、各種組織のエージェントよりむしろ、個人による監視ツールの使用によって行われていると理解でき、利用者同士が足跡を追跡している」とする。彼は続けて、そうした監視は三つのカテゴリー（三つに限られる訳ではないが）、すなわち、ロマンティックな関係、家族、友人その他にまたがっているという。かくして「法執行やスパイから、デート、子育て、社会生活まで、家庭や職場といったあらゆる日常空間において」、日常世界は監視実践であふれる。「すべての人が潜在的に容疑者と考えられる時代において、私たちはスパイになるように誘われる。私たち自身の利益のために[注61]」。

ダニエル・トロッティアーは興味深いことに、これをさらに進めて、フェイスブックにおける監視の「相互拡張」を書いている。フェイスブックにおいて、利用者は他の利用者から監視を学ぶ。[注62]問題になっている利用者とは、個人の利用者だけでなく、組織（フェイスブックが始まった「大学」

もそうだ)、マーケター、警察なども含んでいる。こうした利用者が参加する第一の動機は、フェイスブックで他の利用者を見張ることであるので、「ひそやかな観察」に対する倫理的な懸念などくじかれてしまう。ある集団が使った技術が、他の集団にも採用されることがあり、監視がらせん状に高まって行く。同様に、フェイスブック自体による監視戦略も、利用者同士がお互いを知るためにどのような行動を取っているのかを、フェイスブック側が理解しようとすることで、強化されてゆく。また、フェイスブックが利用者を追跡するやり方を知ることで、利用者もまた他の利用者を追跡する方法を見つけ出す。[注63]

さて結局のところ、監視自体を別様に理解しなくてはならないということを意味するのだろうか? こうした日常的な「モニタリング」は、ビッグブラザーが背後から覗いているというような、脅迫的なものとばかり考えられているわけではない。その役割や、毎日の監視的想像および実践を考慮するならば、監視がより複合的であることが見えてくる。侵襲的、非民主的、権限剝脱的な監視がある一方、参加型、遊戯的、権限を付与するように見える監視もあるのだ。どちらなのかを見極めるのは批評の仕事である。

アンダース・アルブレヒツルントは、ソーシャルメディアが監視に新たな視角を与えたと示唆している。オンラインでのソーシャル・ネットワーキングの特徴は多様な活動や好み、信念などを、共有し探究し相互にチェックするところにある。こうした「監視実践」は、ヒエラルキー的な監視理解の枠組みの中では適切に説明できないとアルブレヒツルントは言う。オンラインでのソーシャル・ネットワーキングはむしろ、監視への参加型アプローチを提案し、それは必ずしも利用者に害を与えるものではなく、力を与える可能性を持つように見える。[注64]

監視文化が形を成す

監視は静的なものではない。「監視の世界」は常に移動や拡大を続け、少なくとも現在のところ、退潮する様子は見えない。監視を理解しそれに対応しようとするならば、一つのガジェットやシステムに歩調を合わせて追いかけるのではなく、現在起きている動きの鍵的性質それ自体に歩調を合わせなくてはならない。もちろん、新たなデバイスやその組合せのいくつかが、鍵的性質への重要な手掛かりになるのは当然である。とりわけ二〇世紀の監視文化の多様な次元の発展を跡付けることは可能だが、しかし現在、多くの社会はより重大な変化への曲がり角に立っている。

ここで私が言いたいのは、監視は技術や経済、政治や社会と関連しているだけでなく、高度に文化形成と結びついていると考えるべき、ということだ。観察し観察されることが生活の一部だ、という意識は強まった。二〇世紀末や二一世紀初頭であれば、多くの人が「監視社会」という概念に反応したであろうが、これは観察や追跡が国家の範囲を超えたことを示す。いずれにせよ、今日の生活は情報インフラを通じたものとなり、デジタルへの依存は増した。このことが監視文化の出現を用意したと言える。

また、情報機器の埋め込みやユビキタス・コンピューティングの普及につれて、「局所的で閉じられた監視」から、「可動的で流動的な監視」へのシフトも見られる。国家による管理や安全への関心へも消えたわけではない。それも依然として監視を生みだす重要な要因であるが、NSAのような巨大組織が行うものではない監視が、日常の微細な所に浸透しているのだ。コンピュータも大型機やパソコンを超えて、もはや表から見えにくい形で、日常の環境に埋め込まれるようになった。

これが「ユビキタス・コンピューティング」や「IoT」と言われる現象を生み出している。逆説的にもこうしたことは、日常の可視性をより見えにくいものとしている。都市も、韓国の未来都市松島《ソンド》[注65]その他のように、「スマートシティ」の名称で建設されたり再編されたりしている。

表向き政府と関係を持たない多数の組織が個人情報を求めるようになり、監視は今では日常の深いところに浸透している。政府以外の組織による個人情報利用が注目を集めたのは、一九八〇年代および九〇年代の「データベース・マーケティング」であろう。もっともこの動きは、一九七〇年代のクレジットカードの普及から始まっていた。[注66]

毎日の監視への意識が高まると、日常生活のイメージにおいても顕著となり、監視的想像がふくらむ。多様な人々が監視と関わり、服従したり、抵抗したり、交渉したり、果ては監視を始めたりするにつれ、監視的想像が行為へと動員される。公共空間における監視カメラも増大した例の一つだが、安全への欲求(特に旅行中の)は新たな実践を生み出している。ソーシャルメディアの急激な成長も(その結果として)、同様の例と言える。

監視文化が一枚岩ではないということは、もう一度強調しておきたい。既に述べたように、集団によっても多様であるし、監視文化の特徴は「固定性」より「流動性」なのである。この後に見て行くが、異なった都市や国でも繰り返されるパターンはある。しかし、そこに住む人々の経験はやはり多様なのである。本書で利用する研究のほとんどは、北米と欧州を主とする英語圏のものである。アジアやラテンアメリカ、アフリカの声も聞こうと努め、そうした地域の人々に原稿をチェックしてもらったが、そのことで国際的な多様性について私が正当に扱ったと主張できるものではない。階級やジェンダー、人種に関しても同様である。[注67]

監視の問題を扱った研究は多いが、国際比較をしているものは少ないし、最新のものはなおさら僅かである。その中で、二〇一〇年に行われた、監視文化に関する国際的は量的・質的研究は興味深く、重要な国家間の差異を示している。[注68] この研究は、ニューヨークやワシントンで起きた九・一一テロ後の変化を反映しているものだが、しかし二〇一三年にエドワード・スノーデンによる内部告発で、おそらくまた状況は変わっている。とはいえ、この研究の示している国家間の差異は、それに着目するだけであっても、十分に言及に値する。

まず、オンラインでの個人情報に関して不安を感じている人の割合は、日本八二％、ブラジル七〇％、スペイン六二％、米国六〇％、中国五四％、カナダ六六％、であった。また、個人情報に関して起きていることに対して、自分にはあまり発言権がなかったと感じるかどうかを尋ねてみると、カナダ、米国、スペイン、ハンガリーでは三〇％の人だけが完全もしくは十分に発言権があったと答えており、それに対して日本では六七％、フランスでは六二％が、完全もしくは十分に発言権があったと答えている。メキシコは四〇％、ブラジルは三四％である。

インターネットや、個人の位置特定に関するテクノロジーについて、知識を有していると回答した人は、カナダ、米国、フランス、スペインで多く、最も少なかったのはメキシコとブラジルであった。個人情報を守るために、政府や企業が適切な業務を行ってくれると期待する人はどこの国でも少数派であったが、多くの国で政府より企業の方がまだ信頼されていた。個人情報について最も保守的であったのはカナダと米国であった。

企業が顧客のプロファイルを作ることに関して、顧客にも何らかの報酬が与えられる場合、人々の態度は両義的だった。人々はそれについて、知らないか、気にしないようにも見える。ある国では、政府や企業が個人データを保護してくれると回答した人が四一%で最大だったが、基本的に政府や企業に従うとしても、ある種の行為については権利の侵害もしくは不要と考えていた。三三%の人は、政府も企業も信頼していないが、自らを無力と感じており、オンラインデータをどのように使われるか不安を感じていた。二六%の人は、政府や企業を信頼していないという点では同じだが、個人データがどう使われるかについて自分が知っているため、としていた。自分のデータについてコントロールできないと感じているが、監視を避けるための段階を踏むとも回答した。

監視文化は、多様で変化が激しいだけでなく、対立や両義性を含んでいる。ベンサムは自らが設計した一望監視型刑務所「パノプティコン」を近代のユートピア実現の手段と考えていたが、フーコーはこれを引用して「可視性は罠である」とした。これは世界をディストピアと解釈するものだろうか？こうした両義性は、現代の監視を把握するための、「創造的な緊張」を提供する。新たな監視文化は、こうした両義性にとって何を意味するのか？

新たな様式の「観察」や「追跡」が、ひとえに秩序立って効率的な社会をもたらすというわけではない。ヴァルター・ベンヤミンが記したように、「文明の文書は同時に野蛮の文書」なのである。[注69]あらゆる監視にも、同様の「ヤヌスの顔」が見つけられる。貧困のもたらす悪影響を緩和するために導入された監視システムが、救おうとしている人々（例えば貧しい女性）を、さらなる苦痛や問題に追い込むことさえある。監視文化も含めて、あらゆる文化には善悪の両面がある。

いわゆる監視文化について私たちは何を知っているだろうか？例えば、インターネットやソーシャルメディアの利用者が、ショッピングや自己開示などを通じて、自分に関する情報を企業に明け渡しているという事実は、それだけではその理由や様態について何も語ってはくれない。一般に利用者は、自分についての情報をコントロールしたいと語るだろうが、実際にはプロフィールを設定する場合でさえも、ほとんど抵抗しないという道を選んでいる。若者の方が年長者よりも概ね、自分の評判を気にしてはいるが、それでも自分のどんな情報が他人に利用可能となっているか知らない人、情報が自分の名前と結びつけられるのに無頓着な人（それでいてその情報がどのように使われるのかは気にかけている人）、あるいは、カスタマイズされたマーケティングは気に入っているのに、オンラインでデータが集められ観察されることは嫌いな人は、少なくないのである。

結論

国家による監視や社会による監視という、より馴染みのある形態に加えて、監視文化は静かに出現し、かつそれに巻き込まれないでいることは（不可能ではないにしろ）困難である。監視文化は流動的である。ＮＳＡのような公安機関や、アマゾンのようなインターネット企業を特徴付けている「データの流れ」を反映して、常に動き、変形や融合をしている。その文化面に焦点を当てると、私たちはパノプティコン的なものからパフォーマティブなものへ、人々が監視を支えたり転換したりするのに果たしている役割の方へと、視線を向けていかなくてはならない。

これらを把握するということは、監視文化の様々な変種により深く分け入ることでもある。この後の章では、監視文化の骨組みに、さらに肉付けをしていく。監視文化の形を取って可視的となった多数の「監視的想像」や「監視実践」（それ自体が可視性にかかわるものだが）についても追究してゆく。

第二部　文化の潮流

本書の第二部では、監視という馴染みの世界に出現した現象としての監視文化を扱う。第二章「利便性から服従へ」では、政府、警察、企業の行ってきた監視が、今日成長している「監視的想像力」「監視実践」の土壌となっていることを示す。空港にいる旅行者や、スクリーンを見つめているインターネット利用者は、必ずしも初めから監視に気が付いているわけではない。しかしながら、いったん監視を意識すると、それが監視的想像の一部をなすことになる。

そしてこの監視的想像が、服従から対抗まで幅広い、様々な未来の行動を生み出すことになるだろう。国家や企業にとって、管理や影響力の行使が重要な手段となっているという事実には、多くの人が気付いている（その正確な作動メカニズムまではほぼ知られていないにしても）。反応があるのは監視経験に対してであって、「それがいかに作動するのか」に対しては少ない。（特にパフォーマンスを通じた）監視経験の発展は、支配的な権力のパターンに対して、より微妙かつ再帰的な応答の可能性を作り出す。

第三章「物珍しいものが当たり前に」でも類似した分析を行うが、ユビキタスな情報環境とデジタル・プラットフォームの普及などによって触発された、新たな監視文化の出現に焦点を当てている。今日の監視文化は、日常化し当たり前になったデジタル技術と、それが支え作動させている監視メカニズム抜きには理解できない。それが毎日の生活の一部になり、監視文化に貢献してきたのだ。

このパターンは第四章「オンラインからオンライフへ」ともつながっている。第四章では、日常化した監視文化について、例えば空港でのセキュリティチェックのような必要悪としてだけでなく、可能性としてもっと望ましく楽しくなる側面を描いている。その典型例はセルフィー（自撮り）だろう。セルフィーを撮る人は、他人に見られることを歓迎するだけでなく、自分で撮った画像や動画を他人に消費させる。見られ、承認され、果ては祝福される（そこまでいかなくても「いいね」を押される）手段を提供しているのだ。ここでも文脈は重要である。ある種のまなざしは歓迎されない一方、押しつけがましかったり悪意があるとみなされるような見られ方でも、個性やポジティブなセルフイメージだと思われることもあるのだ。

第二章　利便性から服従へ

「彼はあらゆる規則に執着していた。警備の仕事をした後に夜学で学んだ。仕事や勉強以外の時間は、最新の脅威に備えて警察番組を見ていた。別の言い方をすると、彼は安全分野での真の野心家だった」。これは、アルバニー国際空港（ニューヨーク州）の運輸保安官（ＴＳＯ）である「ランス氏」の話だ。彼は、ボディチェックのやり方が未熟な新米の保安官たちを教える立場にいる。九・一一テロ以降、監視が強まったことを私たちが実感する一つがこのボディチェックだ。[注1] ランスには役割があり、警察番組を視聴することはその準備でもある。セキュリティチェックによる遅れや、ひどい取扱いに不平を言う乗客に対して、保安官の職務を思い起こさせるのだ。監視文化の増大というテーマとつながりを保ちつつも、本章では「監視を経験している人たち」の役割について追究しよう。これは「監視的想像」や「監視実践」を基礎から考えるための豊かな手掛かりを提供する。

ここで焦点を当てるのは、伝統的な形の監視を行っている人々、第一にセキュリティ分野であり、続いてマーケティングである。「空港でのセキュリティチェックに文句を言う人」や「ある語で検索するか迷っている人」の想像力や実践は、様々な要因のために多様である。生まれやジェンダー、そしてもちろん過去のネガティブな経験なども、違いをもたらすだろう。同様に、どこの店で買い物をするか、ポイントカードを使うかなども、ジェンダー、階級のみならず知識や経験によって影響を受けるだろう。本書は包括的、体系的な説明を与えるものではないが、いくつかの実例を提供する。

空港の事例に戻って、トロントにあるピアソン国際空港での、セキュリティチェックを受けた乗客たちの、意見が聞き入れられないこと等に関するサンプル・コメントを見てみよう。「彼らが全てを管理していると感じました。私たちを通すまいとすればそれができてしまいます。そうしたければ乗客を無礼に扱うこともできます。旅行をしたい私たちは黙るほかありません」[注2]。

こうした「監視的想像」は、特に九・一一テロ以降に飛行機に乗った人にとってはおなじみのものではないだろうか。この場合、「監視実践」としては、疑いを招くようなことは「何も言わない、何もしない」ということにつながる。それが嵩じると、アングロサクソン系の白人ではないという だけの理由で（質問をするためなどではなく）、英語を話さない非白人の若い家族が、脇にのけられて待たされても文句も言わない、といった行動につながると、ある研究は示している[注3]。ここにあるのは「用心」と「服従」である。監視への意識が特定の種類の態度や行動につながっている。

ビジネスや旅行のための航空機利用は監視としてはおなじみの側面であるし、「自動生体認証出入国管理」とか「全身スキャナー」といった新システムに関する記事もしばしばヒットするので、空港から始めるだけの価値はあるだろう。これについては次節でも扱う。さて、服従は広く浸透しているように見える。乗客たちはひたすら、まなざしに支配されているのだろうか？　この「まなざし」とは正確には何だろうか？　「支配される」とはどういう意味か？　まなざしが不安を生みだすということを思い起こしていただきたい。[注4] 乗客が空港での経験から知っているように、こうした不安は、ラップトップコンピュータや上着や靴が透過され、X線検査機で保安官たちの視線にさらされる際に、容易に浮かび上がってくるものである。

　しかしながら、同様の効果が、文字通りには視覚的ではないまなざし、しかし私たちを異なったやり方で沈黙させるまなざしによっても、生み出されるのかもしれない（そうでないかもしれない）。空港で全身をスキャンされる乗客たちは、プライバシーが侵害される脅威を感じるが、では、自分の使ったある語がきっかけとなって、監視されていることに気付いたジャーナリストやブロガー、文筆家はどうだろうか？こうした「萎縮効果」の影響は巨大である。個人に作用するだけでなく、ジャーナリズムや民主主義そのものにも影響を与える。

　乗客の例でも、ネット利用者の監視の例でも、感情が作用している。恐怖は、服従や沈黙を強いる強力な手段である。不安や恐怖や不確実性は、容易かつ頻繁に監視と結びつくので、適切な方法で持ち込まなくてはならない。学者たちは特に、対象と距離を置いた分析を好み、冷静さや合理性を超えた現実認識は危険だと考えている。私の本『スノーデン・ショック』の草稿を読んでくれた同僚が、「怒りはどこにあるの？」と訊ねた。事実をそのまま受け取りがちな人は、時として、事実それ自体が耐えられないものであることを忘れてしまうのかもしれない。そのことを肝に命じ、私は言うまでもなく、原稿を書き直した。

　もちろん、あらゆる監視が自動的に、恐怖を感じさせて行動を変えたり、萎縮を招いたりするわけではない。それどころか逆に、「心を温める」影響を与える場合さえある。監視は必ずしも不吉なものではない。良い目的のために監視が使われることもあり得る。さほど遠くない昔、私は入院したが、手術後、私の生体情報をモニタリングすることは重要だった。看護婦が病棟に来た際、私に「気分はどうか」と尋ねるよりも、心電図の数値が良好である方を喜んでいることに、ある日私は気付いた。「そんなものを見なくてもいいですよ」と私が言うと、彼女は「ええ、ナースステーションのスクリーンで見えますから」と答えた。いつでもモニターしてるのですよ、と。

　監視は、人生の不変な事実というだけでなく、それ自体が動いている。「監視の顔」は時間とともに、そして状況ごとに、変化する。監視が私たちの想像や実践を拡大することでも変わるだろう。再び話題を空港に戻すと、乗客ごとに監視のやり方も変えている。そのフライトのためにいくら支払ったのかによっても変わる。「台本」は部分的に書かれており、乗客はランク付けされており、並ぶ場所も違えば、客室内での座席も違う。ヒエラルキーの中でどこに位置付けられるか、乗客の側で想定し、その場での対応や、セキュリティチェックへの事前準備さえ行われる。ピアソン空港では、「中東系」「ムスリム」と見られがちな家族は、ヒゲを整えたり、イスラム圏の言語を話さないようにしたり、特徴的な服装を止めたりといった努力をするのだ。[注5]

　別の言い方をすると、監視されていると意識している人は、他者の想像に対応して自分を「調整」するのである。同時に、見られる人々が他者を見つめ返そうという文脈も存在する。こうした実践もまた、常に変わりゆく経験が位置付けられる想像の種類に、ある程度依存している。スピード違反や抗議行動の際、警察官の装着型小型カメラ《ボディーウォーン》に対抗して、スマートフォンで警察官の行動を記録することが行われたりする。新たなデバイスを使い、監視戦略によって相手を出し抜こうという「ゲーム」と見ることもできるだろう。

本書の最後では、監視的想像から生まれたよく耳にするスローガン「あなたに隠すべきことがないのなら、何も恐れることはない」を検証する方向へ話をまとめていく。このフレーズが人々を服従させる基盤となってさえいるようだ。政府や企業もこうしたフレーズをメディアで増幅し、その「もっともらしさ」の強化につとめているが、これが現実の（監視的想像の中での代表的な）場所であてはまるのかについてはほとんど語られない。空港や、交通警官に停められた現場でもそう言えるのか？そうでないのなら、監視の文化の現実問題としてだけでなく、倫理的、政治的にもきわめて疑問の残るフレーズと言える。

空港における監視セキュリティの事例を、乗客の視点からもっと詳しく分析していこう。ただ最初に、既に序章の部分で何度か取り上げた、「感情」という用語に焦点を当てたい。パフォーマンスといった観念は、ある意味で、それが体験された時の感情に依存している。もし恐怖や脅え、圧倒されているなどと感じたら、それがあなたの感情に影響を与え、その状況の中でおそらく自分が無力であり、服従しなくてはならないと思うだろう。「監視的想像」と「実践」はあなたのパフォーマンスと強く結び付いている。

監視の感情的生活

本書で取り上げた、空港におけるパフォーマンスとそれがもたらす萎縮効果は、監視への再考を促すだろう。セキュリティのための監視が人々に不安や恐怖をもたらしているのだから。これはもちろん、監視が増幅したことによる「意図せざる結果」である。とはいえ各国政府の中には、いわゆる「ショック・ドクトリン」戦略を使って、むしろ意図的にセキュリティチェックを行っているところもあるのかもしれない。[注6]「ショック・ドクトリン」によれば、偶然の、もしくは人為的な「危機」を利用して、政府が新たな、議論を呼びそうな政策を実行するのは、世界中どこでも見られる戦略だという。

話はそれだけにとどまらない。もし空港でのセキュリティチェックや、ネット利用における経験が不安や恐怖を呼び起こすのであれば、それは深いところで人間の感情に関わっていると言える。言うまでもないことだが、感情の範囲は幅広く、感情についての研究も圧倒されるほど多数なされている。もっとも社会科学者の中には、感情を分析に組み込むことが不得意な人は多い。しばしば「理性ばかりで心がない」のだ。[注7]しかし人間の行為は、理性だけでなく心の面からも考えるべきなのではないか？　監視研究という領域においても、わずかな例外はあるものの、大半の研究では、「人々の権利がいかに踏みつけられ、プライバシーが侵害されているか」という記述と、人々がそうした蹂躙や侵害に対してどのように感じているのかという情緒的なコンテンツとの間には、驚くべき断絶がある。

この断絶は、人々の感情自体が監視下に置かれたという事実を考え併せると、さらに驚くべきことではないだろうか。例えば九・一一テロ直後の、ビデオ映像での微妙な表情（例えば空港で質問に答える際の乗客の唇の動き）を顔認証技術を使って捉えるという努力を想起されたい。これは、圧迫された際の非日常的な感情から、手掛かりを得ることを意図している。[注8]

より最近の例を挙げれば、二〇一三年の、非難を浴びたフェイスブックの実験が挙げられる。

フェイスブックは利用者のニュースフィードに載せる「良いニュース」と「悪いニュース」を操作し、いわゆる「伝染効果」を実証しようとした。それを知った利用者の多くが動転し、「ゾッとする」と語った。フェイスブックを退会した人も出た。「私の感情を汚すな。私自身を汚すようなものだ」と怒ってコメントした人もいる。[注9]

信頼の問題でもある。信頼を破ることは、セキュリティ監視であれSNSであれ、とりわけ重大な感情問題である。信頼関係は、ジンメルやゴフマンが示したように、人々が他者（個人であれ組織であれ）を前にして自分の姿をマネジメントできる能力に、ある程度依存している。[注10]

怒りや苛立ちの言葉が個人の口から発せられる時、それは精神的な問題であるだけではない（単に物理や化学の問題でないことは当然として）。これは忘れてはいけない。社会学的な理解では、感情を社会的文脈の中に位置づける。感情は主観的なものだが、社会学では同時に、他者との出会いから生まれる間主観的なものと捉えるのである。私たちが家族や友人、仲間や近所の人と交流するとき、感情は日常生活の一側面である。アーリー・ホックシールドも『管理される心』の中で、感情を言語のように、「社会的文脈との関係で最もよく理解できる」ものとみている。[注11]別の言い方をすると、感情を「相互作用論」の方式で捉えることが有用なのである。

ありがたいことに、「監視を行う作業者がいかに仕事に影響を受けるか」[注12]から、「プライバシーの問題はなぜ抽象的、法的な問題として捉えられるべきではないか」まで幅広く、監視に関連して感情の問題を扱っている学者は既に存在している。後者の点においては、ジュリー・コーエンによる研究が傑出している。コーエンの研究が強調するのは、監視されている人々が、他者や自分との関係において、いかに身体化されるか、いかに主体的な人間になるかを考える必要性である。彼らは、自分自身と「監視する眼」（政府であったり、組織であったり、私たちが示唆するように他のネット利用者であったりするだろう）との間の「境界線」を管理しようと継続的に努力している。[注13]

いわゆる「境界管理」は、他者に見られる部分を限定する方法である。[注14] 但し方法は常に同じとは限らない。ヴァレリー・スティーヴズとプリシラ・リーガンは、他者からのオンラインでのアクセスを限定するやり方に若者が価値を置いていると論じる中で、この問題を取り上げている。[注15] この場合、オンライン利用者の感情的側面が、「望まれない監視」によって脅かされている。社会的交流という普遍的なストレスの中で、自分が脆いという感覚が悪化してしまうのだ。

空港セキュリティとの「交渉」

あなたも空港に行くとまず間違いなく細かなチェックを受けるだろう。まずエアライン・デスクや電子チェックイン機で詳細を確認され、さらにセキュリティチェックへと進む。そこでは搭乗券が調べられ、あなた自身が電子のアーチをくぐりぬける間（棒状スキャナーでさらにチェックされるかもしれない）、手荷物がスキャナーにかけられる。ロンドンのヒースロー空港や、同様の設備を備えた空港では、そこにさらに生体認証を使ったチェックが加わる。一秒か二秒、カメラを覗きこまなくてはならないのだ。国外線の場合には、税関や出入国手続所で、さらなるデータが求められる。チェックの場面がビデオ撮影されていると知っても、誰も驚かないだろう。チェックに気を取られていて、どこにカメラがあるのか気付かないとしても。

カナダではこうしたビデオ映像を、空港内のオペレータが見ている。主要な国際空港ではさらに、オタワにある「カナダ空港公安局」で監視している。例えばあなたがバンクーバー国際空港にいるとしたら、そこから三五五〇キロメートルも離れたところから監視されているのだ。あなたの手荷物の中にある「疑わしいもの」についても、X線映像で見ている。[注16]

米国では、「全身画像化装置」実験が成功したので、運輸保安庁（TSA）は二〇〇九年、従来の「通り抜け型の金属探知器」よりもこの装置を優先することに決定した。この装置ではX線によって裸が剝き出しになった映像が得られるが、オペレータは遠くにいるために、個々の乗客と映像とを結びつけることはできないと、乗客には説明されている。[注17]その後この機械は、身体については映像をぼやけさせ、物についてはより明確な像が得られるように改良された。カナダにも同様の装置が導入されているが、海の向こうの欧州議会は二〇〇八年、全身スキャナーの導入を否決した。[注18]

空港での経験はまさに一種のパフォーマンスである。演技が重要であるだけでなく、特にいわゆる「外見から分かるマイノリティ」にとっては、疑いを抱かせないようなパフォーマンスが必須となる。肌の色はとりわけ深刻で、中東出身者に見える茶色の肌は、セキュリティチェックで順調に進むことを阻まれるだろう。

トロントのピアソン国際空港で、X線装置に近づくと「通り抜けるまでは英語だけを使おう」と語っていた家族もいた。[注19]レイチェル・ホールが記しているように、こうした日常の「監視の儀式」は、より広くかつ強制的な「リスク・マネジメント」のパフォーマンスの一部なのである。自分たちが他の乗客や機体に対する脅威にはなり得ないのだということを示して、自分たちの罪のなさを証明することを強いられるわけである。[注20]

ホールの研究は、空港のセキュリティが機能するために、いかにパフォーマンスが重要であるかを明らかにしている。乗客は透明になってその姿を晒し、監視に服従する素振りを見せなくてはならない。そしてセキュリティが機能するのだ。空港のセキュリティの論理は、ミシェル・フーコーが「バイオポリティクス」(生政治)と呼んだ、どのカテゴリーに属するかを決定する統治と似ている。フーコーが探究しているように、これは個人レベルで機能するのではなく、集団レベルの管理に適用されるのである。[注21]

テロによって命を落とす確率は極めて小さいが、その危険が空港の「セキュリティ劇場」によって強調され、乗客の側もそれに沿った演技を強いられるのだ。何らかの理由(特に人種が多いだろうが、市民権や年齢、能力、宗教など)によってこのパフォーマンスを上手に行えない者は、時間がかかったり、留置されたり、あげくの果てには搭乗を拒否されたりするのだ。

「監視文化」のカテゴリーで言うと、「監視的想像」は文脈に応じた行動を促すだけでなく、文脈(ここでは空港のセキュリティ)がスムーズに機能するのを手助けする。いわゆる「セキュリティ劇場」は、かくして観客のために見世物になるだけでなく、ホールが言うように、それ自体が「セキュリティの手段」を構成しているのである。自分が信頼できる乗客であることを一回示しただけでは不十分で、空港に行くたびにそのパフォーマンスをしなくてはならないのだ。「監視的想像」の中に、「(空港の職員は)安全を保つためにこのような仕事をしているのだろう」といった推測が含まれるなら、テロ攻撃は防げるという観念を保ち続ける(テロを完全に防ぐことが不可能であっても)。かくしてホールが言うように、「私たちが『共有された現実』の共同制作者となる」のだ。[注22]

言い換えると、空港を訪れた乗客は見慣れた「セキュリティ劇場」の共犯者となるのである。セキュリティを止めようといった意見もあるが、そのようなことが本当に可能なのか定かではない。

セキュリティは、全参加者にとって、進行形のパフォーマンスである。すべてはホールの言う「透明性の美学」にかかっている。透明性を演出するために、乗客は「無実」を装い進んでチェックを受ける姿勢を示すのだ。指示されていないのに自分から靴やベルトを外す人を、誰でも見たことがあるだろう。どのような理由にせよ、透明になりたがらない人には災いが訪れる。パフォーマンスに曇りがある人々は、長く並ばされ、もう一度調べられる。

萎縮効果

九・一一テロ以降の数年間、セキュリティ監視の水準が上がったことに不満を漏らす人は多かった。NSAがしばしば、何の疑いもない人に対しても侵襲的な監視を行っていたことをエドワード・スノーデンが暴露すると、その不満は国際的により大きくなった。二〇一五年三月には、直接に司法省とNSAを相手取った訴訟も提起された。訴訟は、言論の自由や意見の自由な交換を窒息させる「萎縮効果」について、オンライン上の百科事典であるウィキペディアを引用していたが、かつて「思弁的」とされて無視された告訴と同じように、客観的な損害の証拠がないとして却下された。[注23]

とはいえそれ以降、スノーデンが暴露した種類の監視が急速に広がるにつれ、萎縮効果は実際に伴っている。政府による監視強化は効果がないのではないかといった意見があるにもかかわらず、一般の人々は監視に順応し、ジョン・ペニーは「自己検閲」が起きていると実証する。[注24] ペニーは、プライバシーに強く関係している文章の検索が、NSAの監視活動が暴露されて以降に減少したかどうかを調べたのだが、結果として顕著に減り、また、ウィキペディア利用者が調べる事柄も変化したことが明らかとなった。これはある意味で実践からの撤退とも解釈でき、本節は危機意識によって低調になった「想像と実践」に関わるのである。

「萎縮効果」概念そのものは以前から存在する。特に、二〇世紀半ばの冷戦時代以降に言われた言葉であり、「人々は罰を恐れて、ある特定の考えについては人前で表明しなくなる」というものだ。法学者のダニエル・ソロヴはこの点について、萎縮は単に処罰の可能性だけではなく、当惑やレッテル貼り、そして当局によるその後の追跡などに関係していると述べる。[注25]いずれにせよこうした萎縮は、個人に対して衝撃を与えるだけではなく、あらゆる情報がオープンであることに依存している民主主義のプロセス自体にも打撃を与える。日常的に広範囲の情報が利用できるウィキペディアは、そうした探究にとって理想的なサイトと言える。

ペニーやソロヴによる研究は、萎縮が自己検閲に関係して広がるかどうかを決める法的なプロセスに貢献するだけでなく、政府の監視がいかに人々のオンラインでの情報獲得・情報共有に影響するのかを知るのにも役に立つ。これはまさに、あらゆる民主制の健全性のための問題である。スノーデンによる暴露が開始して後、PENのような作家集団だけでなく、より広いインターネット利用者に関係して、いくつかの文脈でこれが追究されてきた。PENとは「Poets, Essayist, Novelists（詩人、随筆家、小説家）」の略語で、文学、文学者同士の協力、表現の自由、「読み、書く自由」を推進するために一九二一年に設立された団体である。

PENインターナショナルはまず二〇一五年に、五〇ヶ国に住む約八〇〇人の文筆家へのアンケートを基にして、スノーデン以降の萎縮についての報告書を公表した。彼らの職業にとって表現の自由は極めて重要なので、プライバシーへの監視や社会における表現の自由に関しては、文筆家が「炭鉱のカナリア」であると、作家E・L・ドクトロウは述べた。[注26] 監視に関する懸念は、非民主主義国で八〇％であったが、民主主義国でも七五％と高かった。文筆家（現在ではブロガーなどネットでの書き手も含んでいる）自身による「自己検閲」の報告は、民主主義国でも、独裁国家や半民主主義国と同じくらい多い。米国が「表現の自由のチャンピオン」であるという信頼感も、大量監視の発覚によって大きく揺らいだ。あるイギリスの作家など、「多くのイギリス市民が、シュタージによる監視がアマチュアと思えるほど、高水準の監視に晒されている」と書いている。[注27]

こうしたことが「監視的想像」の一部となり、多くの文筆家が、政府当局が通信を監視しているのではないかと恐れて自己検閲を行っている。その実践の一例として、米国の文筆家の三三％が、Eメールやケータイでの会話で、ある種のトピックスについては慎重に考えて書いて（話して）いると答えている。また、「議論を呼んでいる、あるいは疑わしい」トピックスについての検索やサイト訪問を控えていると答えた人の割合は、自由主義体制でもそうでない国とほぼ同じくらい高かった。この報告書の著者たちが、米国その他の大量監視を縮小する希望を抱いているという事実は胸を打った。

同じ二〇一五年、ピュー・リサーチセンターによる米国人の意識調査では、[注28] 政府が市民の権利を制限し過ぎているのか、それとも、テロから国民を守るためにはまだ不十分なのかという設問で、意見が真っ二つに割れていた。スノーデンの暴露から数ヶ月後の二〇一三年から二〇一四年の調査では、市民の自由が侵害されていることに懸念を感じている人の方が多かったのだが。当時は共和、民主両党支持者とも、市民の自由に与える影響に懸念を表明していた。しかしその後、ＩＳＩＳ

（イスラム国）が出現し実際に米国を攻撃したことで、テロへの備えが不十分であると考える人が、特に共和党支持者で増えていった。

興味深いことに、インターネット利用者の大部分（八六％）が、ネットでの「足跡」を消したいと考えているが、その手段はまだ不十分でさらなるツールを探していることが分かった。クッキーを消去したり、別名を使ったり、IPアドレスを隠したり、メールを暗号化している人もいた。また、かなりの割合の人（五五％）が、特定の個人や組織、政府部局から観察されることを意識して避けていた。企業や政府による個人データ利用を恐れると同時に、人間関係による監視もまた不安材料となっていたのだ。一般論として、日常のコミュニケーション手段のセキュリティは信用されておらず、データを守るに際してはどのような組織も信頼されていなかった。

萎縮効果に関しては、特定の集団（たとえばムスリムのカナダ人）のエスノグラフィーを通じて見ることもできるだろう。タバスム・アクセーは、セキュリティ監視によるこの集団の萎縮効果を研究しているが、特に若者は自由にみずからの萎縮を語っている。彼らの経てきた経験は、特定の集団に加えられる不平等な扱いが、萎縮効果を悪化させることを物語っている。ただそればかりではなく、だからこそガッツを感じる人もおり、以下のような驚くべき楽天性を示している人もいる。

自分自身を観察することを学ばなくてはいけません。三、四人以上の集団になったら、騒いだり酔っ払ったりしてはいけないんです（笑）。ヒゲを長くし過ぎるのもよくない。こうしたことは、自分がムスリムだと怒鳴るようなもんです。注意深く自分を観察して、与える像をコントロールすべきなのです。[注29]

いわゆる大量監視による萎縮効果は現実のものとして広範囲に広がり、恐怖や不安として日常の日課を妨害している。ムスリムたちは、インターネット利用が犯罪として告発されるのではないかと不安を抱いている。

（インターネットでは）誰が見ているか分かりません。……もし誰かがあなたの書き込みを監視し、記録していたとしたら、いったいどう反応したらいいでしょうか？　今では人々は好きなように書きこみもできず、自由を失ってしまいました。……私はそうした人にはなりたくないのですが。[注30]

ピュー・リサーチセンターの調査では、過半数の米国人が、自分のどのような情報が収集されているのかに敏感になっている。同時に多くの人は、自分の情報がどう集められどのように利用されているのか、探り出そうと努力している。但し、若い人にはこのような回答は少ない。そうした人々は、オンラインでの可視性を制限する傾向にある。一般に、萎縮効果が「恐怖」を蔓延させるかどうかは確証をつかむのが難しく、予測できないあり方で盛衰が起きる。

データ地引網《ドラグネット》と監視文化

そして乗客は、空港では見張られるものと予期している。これは監視的想像の側面からも普通のことだ。乗客はセキュリティチェックを受けなくてはならないし、複数のレベルで同時に観察されていることに気付かざるを得ない。そして、とりわけ作家やジャーナリストの間で、監視による「萎縮効果」が言われているのは驚くには当たらない。彼らの生活やアイデンティティは、「言葉で行う仕事」、読者のためにストーリーを構築することに大きく依存している。監視は感情的な反応を顕在化し、多様なパフォーマンスを喚起する。

しかし、どのくらい見られているのか、普通の人が見られているありさまや、彼らが（意図的にせよそうでないにせよ）どのように見ることを許しているかを知ると、驚く人もいるのではないか。フランツ・カフカの小説『審判』で、主人公は訳の分からない理由でミステリアスな秘密警察に探られ、彼は次第に恐怖と苛立ちにさいなまれていく。これはフィクションだが、二一世紀の消費者監視の恰好のイメージだ。[注31] 消費者は、自分が追跡されプロファイルを作られているという漠然とした意識を持っているだろうが、それがいかに収集され、比較され、計算されるかについての知識を欠いている。ましてや、なぜそれがなされ、どのような影響があるのかについては知らない。

消費者監視の想像や実践については、空港の乗客の監視やジャーナリストの監視についてよりも、知り得ることが少ない。その「証拠」とされるものはしばしば、大量データ漏洩についてのセンセーショナルなストーリー（しかも、民間より公的なサービスの方が多い）や、家族ないし親密な間柄にある人による暴露といった形を取る。のちに後者の一例について触れるが、二〇一五年の「アシュレイ・マディソン事件」は注目すべき事例であろう。[注32] 既婚者のためのデート用サイトを利用していた約三〇〇〇万人の利用者の情報が、ハッカーによって公表されたというものだ。

公安当局がデータを吸い上げて「全てを集め」ていることを正当化するとき、「データ地引き網《ドラグネット》」

という概念はもっともらしく思える。それを実感するには、空港に行く必要もなければ、監視下で政府の悪口を言う必要もない。監視はどこにでも《ユビキタス》ある。監視カメラのように見えるものもあるが、文字通りには「見ていない」監視も多い。銀行記録や、ケータイや、バスの定期券や、職場のIDや、スーパーのポイントカードや、SSN（社会保障番号）や、グーグル、フェイスブック、ツイッターなどの利用が「見られて」いるが、文字通りに視覚的に見られているものはそのごく一部に過ぎない。しかし多数の個人データが「見られ」得るのである。空港の監視カメラのように洗練されたものもあれば、全身スキャナーのような身近なものもある。

しかし「データ地引網」という比喩がよりよくあてはまるのは、公安よりも消費者監視の側面であろう。出現しつつある監視文化の成長を把握するのに、「個人データがどれほど価値を持ち」「どれほど熱心に追求され」「それを理解したり、反応したりするのがどれほど困難なのか」について、感覚を持つことは不可欠である。今日の監視は、新たなダイナミクスに突き動かされている。それは一つには、経済の論理である。個人データを熱心に求めているのは、消費者向け企業ないしマーケターであり、その価値はかつてないほど高まっている。リスク管理から予防へという、組織の論理もそれに加わっている。さらにもちろんのこと、テクノロジーの論理もある。多数の組織のみならず個人も、「レースのカーテンの後ろにいる、伝説の小さな老婦人（リンダ・ウィリアムズによる絵本の主人公）」には与えられなかったような、個人情報を集約し操作する手段を与えられているのだ。この全ての背後には、観察や可視性に依存する文化がある。見ることが（そして第四章で論じるように、見られることも）確証につながるのだ、おそらく。

人口に膾炙した「ビッグデータ」の世界では、きめ細かい情報の断片が、吸い上げられ、蓄積され、結合され、分析され、解釈されて「生活のパターン」を浮き彫りにするが、同時に正しいとは限らず、特に予測に使う場合には間違う可能性もある。有名な例だが、メガストアの「ターゲット」が、ローション、サプリ、綿棒などの購買履歴から、ある一〇代の女性が妊娠していると推定した。彼女の父親は文句を言ったが、この場合には父親よりも、ターゲットの方が女性のことをよく分かっていた。実際に彼女は妊娠していたのである。

しかしながら、数学教授のジョーダン・エレンバーグが指摘するように[注33]、アルゴリズムが災厄につながる可能性は、差し迫ったシナリオとしてあるのだ。ネットフリックスやアマゾンは、「正解率」が極めて高いわけではないが、十分に満足できる水準に達してはいると彼は言う。もし同様のアルゴリズムが、国土の安全のため、予測を行うプログラムとして採用されたとしたら、その危険性は明白である。同時に、後で見ていくように、利用者自身の想像や実践が、とりわけソーシャルメディアの場合には、そこに加えられていくだろう。

スーパーマーケットでの監視

空港と同様の振り分けがスーパーマーケットでも行われている。そのことに気付いてもらうため、利用者による経験や理解、反応について述べる前に、イギリス、米国、スイスのスーパーマーケットのチェーンと、カナダのハードウェアのチェーンについて、簡単に紹介したい。

イギリスを代表するスーパーのチェーンであるテスコは、子会社を通じて、英国の各消費者の属性情報や旅行経験、購買履歴、環境への意識や寄付への寛容さについて「クルーシブル」という名のデータベースを構築している。[注34]「完全な世界ならば、私たちはお客様について知る必要があるすべてについて……態度、行動、ライフスタイルについて知っているでしょう。しかし実際にはそこには到りません」と、クルーシブルは標榜する。

テスコの子会社は、「ゾディアック」という、「知的なプロファイリングやターゲティングを行う」ソフトウェア・システムを使っているが、その目的は、クルーシブルと結合させて、各消費者がどのように考え、働き、買い物をするかについての地図を作ることにある。消費者は「富裕」「プロモーション」「旅行」「慈善」「緑」「多忙」「クレジット」「生活スタイル」「習慣」「冒険」という一〇のカテゴリーに分類される。情報源の一つが「クラブカード」だが、それだけでなく、「エクスペリアン」「クラリタス」「エクイファックス」といった国際的なデータ業者や、選挙人名簿、土地登記、統計局などの公的な情報源も活用している。

こうしたデータになぜ価値があるのだろうか？　企業側からすると、どこにエネルギーを注ぐべきか、どのような顧客を相手にし、どのような顧客を無視すべきかが、分かるからである。「データ分析」がテスコのスローガンとなり、顧客は徐々に複雑なカテゴリー分けをされるようになった。業界でのリーダーと広く目されてもいる。データベースは英国のデータ保護法制に引っからないように慎重に構築され、そのキメ細やかさは驚くべきものだ。[注35]このような「はかりしれない戦略」が、顧客へのケアの名のもとに構築されたことは非常に興味をそそられる。

カナダにおいて電子、スポーツ用品、自動車、キッチンウェアなどを展開している「カナディアン・タイヤ」が、クレジットカード販売の正確な記録を作ろうと考えたのは二〇〇二年のことである。[注36]何が分かっただろうか？　ノーブランドのエンジンオイルを買う人は、ブランドもののエンジンオイルを買う人と比べて、借金の支払いが悪い。一酸化炭素モニターや、床を守るために家具の脚につけるフェルトを買う人は、クロムめっきの頭蓋骨のカー・アクセサリーを買う人よりも、支払いが良い。モントリオールのとあるバーで飲む人はリスクが大きく、プレミアムの「鳥のエサ」を買う人はリスクが小さい、など。

次の段階は精神分析的なプロファイリングである。「裸足を感じる人々」は、彼らが使う床の硬木材と同じように、自らの属性情報やクレジットスコアを守る傾向にある。こうした例のように企業は、誰がベビーシャワー（出産前の母親に子供用品を送るパーティー）や結婚式に予約をするのか、誰のクレジットカードが質屋や結婚カウンセラーに使われた時に限度枠をどのくらい下げられるのか、知っている。もし失業も重なっていたら後者はさらに悪いフラグである。

あらゆる目的で利用される個人データは、しばしば人々の想像の斜め上を行っており、これを「監視」と呼ぶ意味があるだろう。警察や公安当局ばかりでなく、企業によっても、個人の生活様式のきめ細かでプライベートな部分が「見られて」いるのである。あるバーでお酒を飲むことが、クレジットの支払いと関連付けられることに、顧客はおそらく同意しないだろう。しかし企業側にとっては、その酒場を利用すること自体が、「信頼が置けない」という統計的な理由となるのである。ここで私たちは、経済的、組織的、技術的という三つの論理が働いていることを見てとれる。こうした個人データは驚くほどの金銭的価値がある（非常に大きな市場が存在している）。特に、クレジットカードの貸倒れなど、直面するリスクを減らしたい企業にとっては、スマートなソフトウェアや統計学が、個人データの利用価値の最大化に貢献している（これは一種の、テクノ論理《ロジック》である）。

あらゆる種類の顧客は、視覚的（しばしば店舗に設置されているユビキタスな監視ビデオカメラを想起せよ）ならびに仮想的（顧客がメタファーで表わされるデジタルなペルソナを想起せよ）に、綿密に観察される世界に住んでいる。ビデオ映像と同じようにデジタル映像も、さまざまな結果を引き起こす。今日の「監視的想像」はしばしば、不明瞭な形ではあるが、うち続く監視という事実を知っており、その実際の作動についてはあいまいである。しかしながら興味深いことに、チェーンストアが自ら顧客の観察に乗り出した時、観察の機会を利用する者が現状をよりよく見えるという扉に、亀裂が生じたのだ。それではなぜ企業は、こうした監視を利用するのだろうか？

公安関係と並んで、データベース・マーケティングはおそらく、一九九〇年代以来の監視の代表的事例であろう。データの源の一つがポイントカード・プログラムで、そこでは「データへの食欲」が膨れ上がった。[注37]こうした監視は「生権力」の形を取り、カナディアン・タイヤの例のように、消費のパターンを見抜くためにデータマイニングが活用された。ミシェル・フーコーの概念「生権力」とは、人々の生を規制するために制度によって動員される、あらゆる種類の手段である。フーコーは「身体の管理であり、生の計算されたマネジメントである」と説明している。[注38]フーコーが他の場所で書いている、個別に働く規律権力を超えた、人々や集団に対して作動するのが生権力であ る。マーケティングにおける生権力は、単なるマーケティングを超えて消費者のデータを利用しようとのプロジェクトの出現により、さらに強化されている。具体的には、「肥満防止プログラム」であったり、「食品添加物摂取モニタリング」であったりする。

そうした例として二〇〇八年、米国の小売業者のセイフウェイは、「フードフレックス」というプログラムを開始した（現在は中止）。これは消費者が自分で、栄養摂取のありさまをモニターするものである。[注39] このプログラムの利用者は、栄養や消費を改善するための提案を受け取ることになる。提案は米国農務省の食事ガイドラインに沿ったものである。同じように、スイスの主要な小売チェーンであるミグロスも、「ファミグロス」という名のプログラムを始めた。[注40] これも健康を維持したり、体重を減らしたり、あるいは赤ちゃんを養育したりするための提案を行うものである。これも公的なガイドラインに従ってなされている。こうした例では、何らかのパフォーマンスを改善するプログラムに参加した人から得られたデータを、政府や企業から得られた基準にあてはめることで、生権力が「生の計算管理」を強化促進する。

消費者がこうした分析への依存度を高めるようなアプリも、既にいくつも出ている。集められたデータを本人が利用することでフィードバック・ループが形成され、データセット自体に揺らぎが生じる。企業の働きを知った消費者がゲームに参加する。社会科学者の観点からすると、ここには興味深いねじれがある。行動を分析された人は行動を変える場合があるので、元の分析を修正しなくてはならなくなるのだ。二〇世紀後半、このプロセスは、社会科学が自然科学とは違うことを示すのに利用された。人間を対象とする科学では、自然科学とは違って、研究を知った主体がそれによって行動を変える可能性があるのである。[注41]

法的、技術的な制約があるにもかかわらず、個人データの流れは小川から大波となり、もはやその流れを源から追っていくことは不可能である。データを捕捉し分析する技術は、しばしば「ビッグデータ」の名のもとに確かに発展はしてきた。「メタデータ」という言葉は、スノーデンによる暴露以前にはあまり一般的な用語ではなかったが、以降は公安関係だけでなく商業的監視においても、重要な概念となった。かつて人々は、特定の写真や動画、文章、メッセージや通話が公開されて恥しい思いをするのではと心配していたが、現在の「データ地引網」はあらゆる種類の情報の断片まで含めて根こそぎ収集する。そこには、その通話なりやりとりの、日付、時点、場所、継続時間などが含まれていて、情報内容自体を分析するよりも、そうしたメタデータを分析する方が、パターンや傾向をより容易に、そしてしばしばより正確に、分析することができるのである。

見張られているのは知っている

「監視的想像」が存在するのは、見張られているという何らかの意識があり、それが自分の居場所や機会、制約などに影響すると考えられるからと言える。もちろん中には、全く不正な、例えばインターネット利用者が全く気付いていないような監視もあるだろうが、監視文化の徴候に全く気付いていない人もまた少ないだろう。「隠れたウォッチャー」を感知するのに、特別な第六感は必要ない。天井に「色付きドーム型」状のカメラが設置してあったり、送ったばかりのメールのキーワードに関係したポップアップ広告が画面に現れたりするのだから。体重管理や健康のための食事管理の場合には、監視によって得られた何らかのデータが本人にフィードバックされ、本人がそれに反応する、ということもあるだろう。

有料道路について、あなたが例えばオンタリオ州の四〇七ハイウェイに乗っているとしよう。その時料金所のゲートは通らない（存在しないのだから）。カメラがあなたの車のナンバープレートを捉えていて、もしあなたが無線装置を車載していなくても、あなたの口座から料金は引き落とされるだろう。大手チェーンで宅配ピザを頼む場合、業者はあなたのトッピングの好みを電話番号から判断する。「いつもの」でないトッピングをしたい場合にははっきり言わなくてはならない。監視されていることにある程度気付いているからこそ、あなたは高速料金を用意し、ピザの好みを意識する。

あなたが、自分は監視されていると気付いていることが、監視文化の重要な一側面なのである。もちろん監視は隠れていることもあるが、多くの場合、主体は監視に気付いている。データ入力者や、コールセンターのオペレーターは、品質管理のために、打鍵を数えられ、対話をモニタリングされる。トラックの運転手は、「私の運転はどうですか？」というサインを車両後部に付けられ、もしひどい運転（場合によっては素晴らしい運転）が他のドライバーに目撃されたら、上司に通報される。街路を散歩したり、ウィンドウ・ショッピングをしている消費者は、店舗が「監視していいます」と語る表示を明らかに見ることができ、インターネット利用者は、しばしば訪れるサイトが、個人データを利用するために吸い上げているとする「プライバシーポリシー」を有していることに気付いていているだろう。

観察されていることに気が付いて行動を変える人も中にはいる。私の地元のドラッグストアの店員は、買い物をするたびに必ず「オプティマムカードはお持ちですか？」と訊いてくる。私は「いいえ」と答え、もしカードを作るように誘われたら「結構です」と付け加える。他の店でもしばしば電話番号や郵便番号を訊いてくるが、答え方はさまざまだろう。従う人もいれば、理由を訊き返す人もいれば、単に断る人もいる。断る人の頭の中には、「表面上は無害なデータでも、他の個人データと結びついて重大な結果をもたらすかもしれない」という事前の知識があるのだろう。これは「監視的想像」の要素の一つと言える。日常的な監視に対して疑問を呈すること（監視実践）は、プライバシーの観点から、推薦できる応答である。

しかしながら、抵抗や疑問を呈することは、重要ではあっても、それだけで効果があるとは言い難い。監視を扱う側の組織と、「反抗者」との間には、著しい力の差があるからだ。もちろん、デモ隊による写真や動画の撮影のように、市民の側が行う監視が、より大きな規模で意味を持つこともある。具体的には、不正の疑いがあった二〇〇九年イランの選挙や、二〇一二年に米国でアフリカ系のトレイボン・マーティン少年が自警団員に射殺された事件以降、悪名が広がった米国警察官による黒人への射撃に対して行われたデモが挙げられる。

しかし、プライバシーを守るために行われている各種の「自衛策」(これも、監視を意識している証拠と言える)は、あまり効果がない。例えばフェイスブックでプライバシー設定を「高」にしたり、ラップトップコンピュータの画面に(のぞき防止用の)シールを貼ったり、ケータイのカメラを〝念のため〟いつでも使えるようにしておいたり、といった行動である。市民は自衛をするように奨励されるが、真の政治的問題は、普通の市民が、大組織に対して個人データを適切に扱うようにさせることができるかどうかなのである。監視についての説明責任は、私たちが監視されているかどうかについての個人的な選好や実践よりも、はるかに重要である。

監視への抵抗については言うべきことがまだあるが、ここでは「監視がさほど避けられずに受け入れられる」というもう一つの現象に目を向けたい。監視の文化は、別の水準の観察を生みだし、監視を避けるよりはそれを待ち望む人々をも作りだした。

あなたも観察できる

あなたは見られていることを知っていたら、それを気にするだろうか？　監視文化のもう一つの次元は、人々が意図的に監視に対応することである。後で見るように、自分自身を監視する人さえいる。なぜ大組織ばかりが観察する側なのかという疑問への答えなのか、あるいはもっと日常的な理由があるのかもしれないが、普通の人々が監視を始めるのである。そのためのテクノロジーももはや手近にある。スマートフォンを使って、誰がどこにいるのかを確認したり、フェイスブックのようなSNSを使って友人や同僚、隣人も動静をチェックしたり、「ナニーカム」を入れてベビーシッターを見張ったり、子供のネットサーフィンを追跡したりすることができる。

まなざしを「見返す」究極のやり方には、トロント大学のスティーヴ・マンのように、眼鏡にカメラをこっそりと据え付ける方法もある。同じくトロント在住のロブ・スペンスは、義眼にデジタルビデオカメラを埋め込むことを夢見ている。マンは、視聴覚能力を拡張するプロセティック技術の「生き字引」といってもよい人物で、二〇年以上もその技を磨いている。彼はウェアラブルカメラをショッピングモールの監視カメラに向けたり、店員とのやりとりを記録したりしている。ロブ・スペンスはオンタリオ州ベルヴィル出身の映像作家だが、人々に周囲の監視カメラをより意識させる目的で、視野に入るもの全てを観察・記録する「アイボーグ」（ロブによる呼び名）を作ろうとしている。[注42]　スペンスはオリジナルビデオの「アイボール」を何度もアップグレードしているが、現在のアイボーグは通常の義眼と似た外観にまでなった。[注43]

アイボーグを嵌めたい人は少ないだろうが、ＤＩＹ型の監視を行う人は少なくない。「監視」や、それに加えて「カメラ」といった言葉でグーグル検索をしてみると、なぜ自分の監視システムを欲しい人がいるのかについて、また、自分を監視したい人にその道具を販売する企業について、いろいろ分かる。「野蛮な者からあなたの家や仕事を守りましょう」とか、「配送無料、技術サポート無料」などのスローガンがかまびすしい。そしてもちろんイーベイでは、「新品および中古品の監視カメラが割安価格」を約束されている。誰が扉の外であなたの財産を狙っているのかをチェックしたい、あるいは、あなたの子供やペットの世話係を監視したい、といった考え方がそこにある。テキサス州ヒューストンで警察署長を務めたことのあるハロルド・ハートは、民間が監視カメラを設置するのはよい考えであって、建築基準法に取り入れるべきだと述べている。[注44]

ハートが優先しているのは公的な安全だが、北米において監視カメラを導入している人の大半が優先しているのは私益や家族の安全である。他者の動向を「嗅ぎ回る」行為も行われている（特に親が子供の行動を探るものが多い）。ピュー・リサーチセンターとアメリカンライフの研究では、半数以上の親が、子供のオンラインでの行為を探るためにモニタリング用のソフトを入れたり、不適切なサイトをブロックするフィルタリングを行ったりしている。[注45]

ブラジルでは状況は全く違っている。自ら監視システムを立ち上げることは、警察や市役所が行う監視についての意見と関係している。ブラジル人が私的なセキュリティシステムを選ぶ理由の多くは、公への不信感である。警察や司法当局が監視を行う動機や行為を、市民は疑惑の目で見ている。家族や共同体の利益を守るためには、自ら監視を行う方が好ましいと考えられている。[注46]

かくして監視文化は、大企業がハイテクを使って消費者の日々の行為を観察するものばかりでなく、消費者の監視に対する意識や応答の中にも見られる。さらに注目すべきは、普通の人々が自らの生活を整えたり、家や家族を守ったり、配偶者や子供の動向をチェックしたりといった目的で、監視を始めていることだ。親を見守る場合もある。米国では、アルツハイマー病など記憶に障害がある高齢者の家族・親族の一部は、徘徊への対策として患者にＲＦＩＤ（無線タグ）を埋め込むことに同意している。[注47]

同時に大衆メディアは、政府や消費者向け企業が、「全ての情報を集めたい」と熱狂していることに警告を発している。「ブラック・ミラー」シリーズの「人生の軌跡のすべて」の回は、全てを記録し巻き戻す能力を活用することで、関係が荒廃してしまうというエピソードだった。

今日の監視文化は空前である。他者を観察するためにこれほど時間、エネルギー、お金が注ぎ込まれたことはなく、観察が連続的になったこともこれまでにない。監視文化の鍵となるいくつかの次元を見てきたが、結論は得られただろうか？　毎日の生活の中で人々は、無数の方法、無数の文脈で観察されている。同時に観察を意識している人も増え、それによって心の平安を得ている人さえいる。

そして、おそらくは監視機器の普及に触発される形で、自分のために監視戦略を立て始める人もいる。これは、監視がトップダウンで行われる「私と彼ら」という話ではない。だからこそ監視文化について語る必要があるのだ。監視はもはや生活様式であり、世界観の重要な一側面であり、時にはほぼ無意識のうちに、日常の中で監視が作動している。

隠すことがないなら、恐れることもないか？

本章の冒頭で私は、有名なフレーズ「隠すことがないなら、恐れることもない」についてコメントすると約束した。おそらくこのフレーズは、現代語に訳すと「上品な市民は何も恐れるべきではない」[注48]となる文語から派生したものだろう。多くの国でこのフレーズは政府のプロパガンダとして使われており、「無実」ならばいかに政府の監視システムが強化されようとも生活に影響はないと信じさせようとしている。世論調査の結果や日常の会話から判断すると、多くの人がこのフレーズを監視的想像の中に取り込んでいる。監視実践にもそれが反映されているだろう。

このフレーズが「魅力的」なのは、人々が監視に慣れ、新しい現実の一側面として「利用者《ユーザー》が作る監視」に加担しているためもあろうし、自分自身がプライベートで監視システムを構築している人が増えたためもあろう。しかしこのことは、このフレーズが当然だということを意味しない。かつて監視社会という概念は、抑圧や警察国家を連想させ、正しく不快なものとされていたし、「隠すことがない」からと言って恐怖を感じないわけではなかった。オーウェルの古典『一九八四年』は、ビッグブラザーの言葉を批判すると必ず罰を受ける世界である。

しかし実際に監視社会になってみると、それは重苦しい抑圧を伴うものではなく、むしろハイテクによる効率性というクールな衣装をまとって現れた。監視社会をもたらしたのは全体主義国家[注49]ではなく、顧客が望む財・サービスを提供するためにより顧客のことを知ろうとする企業群だった。現れたのはビッグブラザーの恐しい顔が映る不気味なテレスクリーンではなく、便利で安価でカスタマイズされ、SNSなどを楽しめる携帯用デバイスの無数のスクリーンだったのだ。この世界で

「隠すことがないなら、恐れることもない」というフレーズは意味を持つだろうか？

実際のところ、今日の監視は両義的である。効率や利便性やカスタム化は一般に「敵」とは認識されない。今日の監視は単なる「トロイの木馬」(敵からの贈り物で、中には兵士が潜んでいた)ではないだろう。新しい監視技術のおかげで、得られる社会的な利益は確かにある。しかし同時に、疑惑にまみれたモニタリングや追跡も広がっている。これは政府と大企業の監視システム、両方について言える。この新たな可視性の中で、実際にどのように監視システムが作動しているのか、異なった文脈の中でどのように操作されているのかを問うことは重要である。

「法の支配」が承認され、「無罪原則」が尊重されたかつての社会であれば、「隠すことがないなら、恐れることもない」と前提してもまあ大丈夫であったかもしれない。捜査権限を持った権力側が、何かを隠していると思われる者だけを可視化した。もちろん司法制度は完璧ではないが、それでも一般に多くの国で、この原則は信頼できるものだった。しかし新たな監視技術によって、「隠すことがないなら、恐れることもない」という前提は、システム的に掘り崩されつつある。

もちろんこうした「掘り崩し」の過程は、国によっても違っている。冒頭で議論したカナダの空港の事例を振り返ってみても、監視についての意見が多様であることは明らかである。ここ数十年に渡り、カナダでは一般に、より開放的で柔軟な意見が拡大してきたが、しかし近年では一部の人たちが、テロのリスクを心配し、新規入国者とテロとを結びつけている。[注50] テロ攻撃のリスクを考えて旅行プランを変更した人は三分の一、特別な許可がなくても警察がケータイの盗聴やメールの傍受をしてもよいと考えている人も四分の一にのぼる。こうした人々は伝統的権力に服従しがちな人だろう。

他方で、三分の二のカナダ人はより移民に開放的であり、警察による「嗅ぎ回り」には批判的だ。説明責任なしに警察が監視権力を増大させることや、さらに暴力的な手段を取ることよりも、真っ当な司法を貫徹することが適切と見ている。こうした人々は多様性から学ぶことに積極的で、権力に盲目的に服従しない。世論調査が示すような変化が、監視的想像や監視実践の展開の背後に存在している。

バーと「鳥の餌」の話はどうだろう。モントリオールのどの店で飲むかによって、あなたの信用度に悪いリスクが付くかもしれない。カナディアン・タイヤ社の判断では、あなたの交遊関係は悪い、ということになる。テスコーゾディアックの「知的なターゲティングとプロファイリング」は？このシステムの中心は、人々にそれぞれ違った扱いができるように、順序付けられたカテゴリーへと振り分けるところにある。インターネットでどのようなサイトを見る習慣があるか（一つのサイトへの訪問ではなく）から、その人を分類する「ウェブワイズ」ソフトウェアにも同じことが言える。どこをネットサーフィンするか、それが「あなた」なのである。そこからあなたに関して、様々なことが自動的に評価される。与信性からアフター・サービスのレベルまで、ネットの通信速度から銀行口座の維持まで。もしあなたが既に何らかの不利な状況にいるのであれば、あなたの脆弱性はシステムによって増幅される。オスカー・ガンディーはこのプロセスを「累積的不利」と呼んだ。[注51]

話はここで終わらない。そうした分類を警察や諜報機関なども活用するのである。九・一一以降、公安機関は「国土安全保障省」となり、マネジメントが持っている顧客関係情報を、顧客サービスのためでなく、潜在的テロリストのあぶり出し、特定に利用した。[注52]特定集団の分類、クラスタリング、排除がここでも使われている。同じ戦略によって、無実の人が観察リストや搭乗不可リストに入れられ、警察の指定するホットスポットにおいては、買い物や帰宅中の善良な歩行者が「潜在的容疑者」としてカメラに捉えられる。カナダの高校生のアリステア・バートは、家族で休暇旅行をするのに、飛行機への搭乗を拒まれた。二〇〇二年から二〇〇三年にかけて「テロ容疑者」とされシリアで拷問室に入れられたカナダ国籍のマヘル・アラー、アフマド・エル・マーティ、ムアイヤド・ヌレディン、アブドラ・アルマルキに起きたことと同じである。[注53] 合理的な根拠がなくても、隠し事をしていなくても、容疑者にされることはあるのだ。

とはいえ、ある種の監視が表向き利益を得られる場合があったり。ある種の末梢的《トリビアル》なデータ（鳥の餌?）から得られる違いを理解するのが難しいためもあり、監視の広がりに対して声をあげる人は少なく、監視はどんどん膨れ上がる。監視によって利益を得る人はごく一部だが、不利益を受ける人はおおむね、経済状態、民族、ジェンダーなどの点から既に不利な立場に置かれている人々である。他方、モントリオールの「酒呑み」や一〇代の旅行者の例が示すように、どんな人でも不利を被る可能性はある。プライバシーの権利やデータ保護法制などの安全装置はあるが、これが奏功するのは明らかな侵入や侵害が認められる極端なケースのみである。

新しい監視システムは、それが意図した目的のために、法の制約の中で正常に作動していても、人々に悪影響を与えかねないというのが、真のリスクである。「社会的振り分け」は、特に検索可能なデータベースやネットワーク通信に適用されると、「異なる集団は異なる扱いを受ける」ように自動的に人々をカテゴリー分けする。統計的にある集団に属するかどうかで、包摂されたり排除されたり、アクセスが可能になったり否定されたりする。「隠しことがない」ことは、監視がもたらす悪影響からあなたを守るのに何の役にも立たない。

結論

空港でのセキュリティチェックに対するパフォーマンスや、国家による監視がインターネット利用者やジャーナリストにもたらす萎縮効果から始めて、本章は、利便性、注意、服従といったお馴染みの形態に関連して監視文化のいくつかの側面を取り上げた。明らかに、国家機関ばかりでなく企業の方が、むしろ広く強力に、監視に関わっている。これを知っている人は少なくないが、しかし利便性や便益のために、それに従ってしまっている。

次章以降では、空港のセキュリティやポイントカードよりも気づきにくいやり方で行われている監視を検証する。「ＩｏＴ」や「スマートシティ」といった流行の概念と比較すると、監視という概念はすでに落ち着いた、自明のものとなっているように思える。家具が監視をするようになると、監視文化も変わってゆく。機械の果たす役割が知覚しにくくなることばかりのためではない。監視が行われる文脈自体が変化するためもある。そしてこの変化を無視するのは賢明とは言えないだろう。

第三章　物珍しいものが当たり前に

二〇一六年、グーグル傘下のネスト社が「スマートクリブ」（賢いベビーベッド）の特許を取得した。これはセンサ付きのベビーベッドで、赤ちゃんが何をしているか、何を求めているかをリアルタイムで両親に知らせる。[注1] 部屋が暑すぎたり寒すぎたりすると、両親のケータイに警告音が鳴る。また、赤ちゃんの気分に応じて適切な音楽を流したり、天井にアニメを映し出したりする。特許を取得しても製品化されないものも多いが、妊娠・子育て時期に関するＩｏＴへの関心の高まりから、実際の製品として現れる日も近そうだ。監視文化の用語を使って言えば、デジタルを使って子供をモニタリングすることが効率的であり、子供の状況や行動に応じて警告を発する埋め込み機器への両親の依存が増したことを「効果的」だとする信念を反映したものである。

こうした「機器依存」を心配し真剣に警告するような批判も、既に少なからず行われている。例えばタマ・リーヴァーは、こうした「親密な監視」が既存の監視機器と歩調を合わせ、両親および子供の監視の可能性をもたらしているとする。こうしたシステムを使うことで、「親密な監視は現代の子育てに必要」「賢いベビーベッドやオンラインでの子供情報の共有を利用しない親は無責任」といった考えが規範とされるのではないかと注意を喚起している。[注2] デジタル技術が提供する新たなチャンスを魅力的と思う人もいるが、否定的な意見もあるだろう。

「スマートクリブ」はまだ特許取得段階だが、スマートフォンは日常に溢れており、デジタルコミュニケーションの象徴ともなっている。その起源は一九九九年、メールのできるブラックベリーが登場したことにあり、二〇〇二年には通話も可能になった。二〇〇七年に発売されたiPhoneはすぐに大流行した。しかし、アップルのiOSとAndroidとの競争を経て、一〇年後の二〇一七年時点では、サムスンが最大のシェアを占めるようになった。スマホの新しさは、様々な賢い《スマート》機能が、ひとつのポケットに収まることにある。短時日でスマホの利用は当たり前となったが、その監視的側面（監視したり、監視されたりする）について真剣に考察されることは少ない。

ケータイを通話やチャットといった音声通信の道具だと考えることは、もはや時代遅れに感じられる。もちろん（固定電話のように）通話に使う人もいるだろうが、主たる用途ではなくなった。メールやメッセージを打ったり、写真を撮って送ったり、見知らぬ町で道順を確認したり、果てはギターを弾いたりと、スマホの機能は大きく広がっている。旧来の電話は、警察や公安機関、オペレータなどが、埋め込みスイッチを使って音声の盗聴をすることができたが、それが限界でもあった。

今日、私が「監視文化」と呼んでいる新たな態度や行為において、スマートフォンはその中心にある。どのようなアプリを入れるかがその人の特徴となり、あまりにも普及したために、スマホを所有していないことが好奇の目で見られるようにさえなった。基本的にスマホは、日常生活において利用者とデータとをつなぐ埋め込み型メディアである。ありふれたものとなっただけでなく、現代人の生活には不可欠となった。チケットの購入、オンラインバンキングといった商取引にも使われる。最新のニュースを知ったり、理想的な旅程を探したり、体の状態から健康をチェックしたり、さまざまな用途に利用される。米国で最もよくある利用は、他の国でも大抵そうであろうが、メッセージや通話、メールやネットである。[注3]

スマホはデータとして「宝の山」だとの認識が広まり、犯罪予防、公安、消費者データ分析などが立ち上がった。これらは表示されるデータの点から、複数のレベルでのデータ監視と言える。ビジネス側が利益を得る「ロイヤリティ」プログラムが、「報酬をもたらす」システムとして推進されているように、こうした「個人追跡デバイス」と呼ぶべきものがスマートフォンとして売られているのである。基本的なレベルで、利用者の操作を観察し記録するソフトウェアが埋め込まれているので、こうしたデバイスは「ログジェクト」[注4]と言える。いわゆる「データが駆動する世界」において、これは非常に重大事である。というのは、利用者データの大部分を通信企業やネット企業は利用可能であり、それがさらに（ある条件のもとでだが）データブローカーを通じて政府や公安機関へと流れていくからだ。

ソーシャルメディアにおけるデータマイニングについて、より詳しくは次章以降で論じるが、その発展を促した要因についてここで扱っておきたい。利用者の属性や行動に関するデータは、多くの取引やコミュニケーション、社会的活動がオンラインで行われるようになるにつれ、ビジネスや公安にとってますます重要となった。「ターゲットを絞った広告」が普通のこととなり、他方ではＮＳＡや「ファイヴ・アイズ」（米英加豪ニュージーランドの五ヶ国）の他の諜報機関の行為も明らかとなってきた。政府とビジネスという別個の領域がいかに結びついているのかを分析する必要がある。そう、政府とビジネスとは時に一体化しているのだ。ポーリーン・クック女史が、アマゾンの音声認識デジタルアシスタントである「アレクサ」に、「CIAと連絡を取っているの？」と訊ねたところ、アレクサは答える代わりに二度ともシャットダウンした。このことからアマゾンとCIAとの強く重大な結びつきは明白である。[注5] アレクサは関係を否定できなかったのだ。

しかしながら現状を把握するためには、警告アプローチやパラノイア的な予言を超えて、スマートフォンなどのセンサが急速に普及する中でデータが蓄積されているありさま、そして、多種多様で慎重な「人心操作」の試みを受けて人間の行動がどのように影響されているのかのありさまを、検証しなくてはならない。サラ・デグリ・エスポティが警告するように、真に重要な問題は、「データ分析についてある特定のアプローチがどのように標準となるのか」「人間を個人としてとらえるデータマネジメント・システムにおいて、暗黙裡に何が前提とされているのか」「データ分析の発展で人間のアイデンティティや人間関係はどのような影響を受けるのか」である。[注6] 後でも述べるが、これはデータの正当性という政治的な問題にもつながる。システムの調査から分かる部分もあるが、それだけでなく、日常経験を通じて分かってくることもある。システムも多少は日常経験の影響を受けるものであるから。

本章では、「モバイル・コミュニケーション」の徴しのもと急拡大する監視に、人々が文化的にどう慣れ親しんでいるのか、そのありさまを扱う。典型的にはスマホだが、他にも「スマートシティ」「IoT」「ウェアラブル」（たとえばフィットビットのような健康器具）などがあるだろう。最初に顔認識技術を取り上げ、新たな技術への魅惑や慣れが長期的な現象であることを確かめたあとで、「不可視性」「魅惑」「利便性」といった、監視的想像から理解可能な要因について検証する。

さらに今後何が起こり得るのか考えよう。監視を意識することなく、それに慣れて当然と受け取り、監視と共存するだけでなく、積極的に監視に関わっていくという未来像である。それは実際には、監視としての意味付けが「視界から消える」ことで始まっている。新たな日常生活の編成作用において、アルゴリズムの役割が拡大し、その結果として分類や区別、階級分断などが起きている。言い換えると、私たちの監視的想像や監視実践が、利用者が作り出す監視の出現や、大規模監視の拡張に貢献しているのである。

顔認識：疑わしいことが当たり前に？

もちろん、監視技術のいくつかは全く違った文脈で使われており、それぞれに対する経験もまた異なったものとなるだろう。一つの事例は顔認識技術である。顔認識はフェイスブックのようなプラットフォームで広まったが、警察官が疑わしい人物を調べるのにも使われるだろう。この二つの文脈を、監視という同じ枠組みで理解するのは難しい。しかし、顔認識技術を例えばソーシャルメディアで使うことは、治安という別の文脈で使うことと、はたして違いがあるのだろうか？　一方にある「遊び心」が、他方での「真剣さ」を損ねるだろうか？　一方での新奇性が、他方での使用を当然と思わせるようになるだろうか？

この問題を追求したアリアン・エレブロックは、どのような条件のもとで、議論のある技術や受け入れられなかった技術が、受容され、果ては称賛されるようになるのか、という問いを立てている。[注7] 監視技術の社会性を説明するために、彼女は「遊び」に焦点を当てる。結局のところ、「遊び」は重要な文化的実践であるばかりでなく、マーケティングの論理にもなってしまっている。重大な帰結をもたらすテクノロジーの普及を、「遊び」が手助けしているのだろうか？ もしそうであれば、遊びを利益追求や政治から離れた独立した世界であると見ていた、ヨハン・ホイジンガによる古典的な遊びの分析に修正を迫ることになる。[注8] 顔認識の場合、遊びやゲームとして取り入れられたことが、政府やビジネスによる顔認識利用を支えているからである。

顔認識は、アルゴリズムを使って、誰のものか分からない顔をデータベース内に既に蓄えた顔とマッチングする生体認証《バイオメトリクス》技術である。警察や公安組織はこの技術を使ってきたが、とりわけ九・一一テロ以降、テロ対策の鍵となる技術として広く販売された。[注9] しかしエレブロックが観察しているように、顔認識技術は写真のネットワーク化や、個人のデジタル映像の整理に近年、よく利用されるようになった。最もよく知られているのはフェイスブックでの写真の「タグ付け」だろう。こうした文脈では、顔認識技術が喜びや利便性、娯楽性などをもたらしているように見える。

しかし顔認識はもともと、軍事、公安、セキュリティといった文脈で使われる場合でも議論があった。ある特定の人種や民族、階級の人々を従属させることになる、といった理由だけではない。犯罪の可能性を感じたり、厳しい国家管理を連想する人もあったのだ。しかし、グーグルのピカサや、iPhoto の Faces が顔認識技術を利用者に提供し始めると、脅威を感じたり、批判したりする人はほとんどおらず、むしろ便利で楽しいものと受け入れられた。従来型の技術が男性的であるのに対し、顔認識技術は「女性的」と考える向きさえあったとエレブロックは言う。[注10]

さらにエレブロックは、フェイスブックなどで使われている「タグ付け」から、犯罪者の電子的なタグ付け管理や追跡を連想する人もいない、とする。タグ付けが間違っても、むしろ笑いのネタになる。楽しいだけでなく笑えるのだ。写真の整理に役立つだけでなく、間違いさえも面白い。こうしたケースで顔認識技術は、気楽さや気晴らしと、果てはファンタジーとまで結びつくものかもしれない。

タグ付けの間違いは楽しいかもしれないが、実のところ、フェイスブックの顔認識の正答率は高い。というのは、様々な角度から撮られた写真によって機械学習プログラムが効率的に改善されるからだ。他方でFBIのような公安組織は、例えば免許証のような正面向きの、しかも限られた数の写真しか有していない場合が多く、顔認識の正答率はフェイスブックよりもおそらく低い。フェイスブック関連のアプリ「Moments」については、顔認識について反対の声が上がり、二〇一六年、ヨーロッパとカナダでは顔認識技術抜きでリリースされた。[注11] それでも議論は止まなかった。[注12]

フェイスブックで友人の写真のタグ付けを行ったり、iPhoto の認識システムを遊びで使ってみるところから、顔認識技術への困惑、受容、無意識化まではあっという間だ。「ソフトな」顔認識技術は、ハードなものと比べて不吉なものとは映らないかもしれないが、顔認識技術をハードな文脈から切り離すのに貢献しているとエレンブロックは言う。「遊び」もまた、写真の共有などの形で、顔認識技術の受け入れを促進しているかもしれない。ある特定の集団を「スパイ」として排除し、従属的な位置に置くことを「遊び」として許容してしまう可能性さえある。[注13]

もちろん実際には、「遊び」も「本気」も混じり合っている。ゲームも真剣に行われることがあり、遊びも落ち着いた雰囲気のもとに行われることがある。遊びは、かつては論議を呼んだテクノロジーを、正当化する役割を果たし得る。これについてはまた後の章で述べよう。疑念や批判を受けていたある種の監視が魅力を持ってしまうことに、いかに監視的想像や監視実践が関与するのかを説明するのに、ここでも遊戯性が役割を果たすのである。

遊びと監視の関係を把握するには、まずは日常の社会的状況についての詳細なエスノグラフィーが必要になるだろう。「写真遊び」の中で顔認証を使うことで、警備やセキュリティといった他の文脈での顔認識技術が提起する問題の深刻さが失われているのではないかとする、エレブロックによる仮説は説得力がある。「タグ付け」や「関係付け」アプリによる「楽しい」監視実践が、他の文脈での顔認識技術への受容を後押ししているのかもしれない。しかしながら、人々の監視に対する態度がいかに変わるのかについて、大規模な調査から得られたこともある。これについては後の章でまた検証したい。

大きな絵柄の一部

スマホそれ自体にせよ、それに搭載されたアプリ等にせよ、写真で誰かの身元を確かめる手段が得られたことは、歴史的にかつてない可能性を持つ。デバイスによって新たな可能性が開けたのである。新奇なことが注目される現象をハッカーたちは「ネオフィリア」と呼んでいる。[注14] ニューバージョンのスマホが発売されると多数の人が列をなして並ぶのも「ネオフィリア」の一例である。人々は時間が経つにつれて、かつては驚いていたことにも慣れるものだが、監視機器がもたらす可能性についても同じことが起きているのではないか。

最新のものが魅力的というのは、別段今に始まったことではない。例えば、今日の人々が自動運転車に対して感じる魅惑は、一世紀前の人々が「馬のない馬車」に対して感じた畏れと同じものではないか、と問うこともできよう。『素晴らしき新世界』の著者オルダス・ハクスリーでさえ、「馬のない馬車」に対してスリルを感じたようで、「スピードという麻薬は純粋に近代的な快楽を与える」と一九三〇年代に書いている。[注15] ハクスリーの言う「スピードという麻薬」への魅惑と等価なものが、デジタルにもあるのだろうか。

「馬のない馬車」こと自動車の開発には時間がかかった。「アシスト機能」の開発（パワーアシストブレーキやパワーステアリング）も同様である。しかしこのことは、自動制御機能《オートパイロット》は「ほぼ人の二倍優れている」[注16]と主張するイーロン・マスク（テスラ取締役）のような「熱狂者」を止めはしなかった。自動運転の可能性に魅了されている人は少なくない。自分の車にさらなる自動化の余地を感じさせるような装備を備えている人ならばなおさらだろう。新たな機能に対して「開かれている」ことが想像を刺激し、すでに論じたようにそれが実践に影響を与え、この「らせん」が広がって行く。

あまり論じられていないことだが、自動車その他に備わった「アシスト」機能は、既に何年も自家用車やトラックを「植民地化」しており、監視の手段ともなっているだろう。こうした機器は継続的に、位置や作動を記録し送信しているからだ。さらにはドライバーの動作までも。これらは高度な監視と言ってよいが、センサを通じた連続的なデータ収集に依存しているという点で、初期の監視とは形式がだいぶ異なっている。[注17]

自動運転車は現在もしばしばニュースになり、そのインパクトをめぐっては乗員の安全が幾度となく議論されてきた。もちろんこれはメーカーにとって優先すべきテーマである。しかし、自動車を支えるコンピュータシステムは徐々に自動化が進み、多くの次元を有している。鍵となるのは、運転者とのコミュニケーションだけでなく、いかにして自動車に命令を与えるか、である。きちんと作動させるためには多数のデータの入力が必要である。通る可能性のある道順や、買い物するかもしれない場所、コーヒーを飲むかもしれない場所、時間、誰かをピックアップすること、などだ。

こうしたデータは必然的に、いわゆる自動運転車とその利用者について多くを露わにする。グーグルカーの実験車のように、こうした情報を車の内部だけで「自足」させることも可能かもしれない。グーグルカーの実験車は、どこを走ったか、どのくらいの距離、速度で走り、どこで止まったかといった利用者の個人データの主脈を蓄えている。しかしながらよりありそうなのは、こうした自動車同士がネットワーク化され、システム全体をスムーズに動かすために情報が共有されるというシナリオである。[注18] 情報が他の利用者や、道路整備者や、天気予報者に向けて、GPS位置データ付きで流通する。そしてこうしたデータが自動車の安全性を高めると喧伝されるだろう。米国運輸省はすでに、自動走行へのアシストをさらに発展させるため、「コネクテッド・ビークル・プログラム」を開始した。

苛立つ運転者にとって自動運転車は夢のようにも思えるが、利便性のウラには「招かれざる監視」という副産物がついて回るだろう。もちろんそれは目新しい話ではない。ウーバーのアプリを使うと遠くのタクシーを呼ぶことができるが、その代わりにサービスを向上させるという名目で大量のデータが当然のように吸い上げられる。例えば二〇一五年にウーバーは、乗客が降りた後の位置データまでも集める新技術を導入した。米国のＥＰＩＣ（電子プライバシー情報センター）はＦＴＣ（公正取引委員会）に対して、「この技術は、輸送サービスを利用した顧客の予期をはるかに超え

てデータが利用されるものである」と訴え出た。[注19]

このことは、いかにして一部の人はデジタルコンピュータからＩｏＴまで、新しいテクノロジーを驚きやスリルをもって迎え入れるのか、どのようにこれらが当たり前となるのか（とりわけ、表からは見えず、監視やプライバシーの伝統的な定義と一致しない場合には）、という問題を提起する。「オーウェルの二〇世紀」には、監視をしている自動車は注意深く避けられたであろうが、二一世紀には、自動運転車が普及する前から、利用の実態がデータとして記録され、後で精査されるという意味で、監視をする自動車がごく一般的になった。新しい自動運転車は旧来の自動車よりも安全で、世界にとって有益か、少なくとも中立的であると仮定し、受け容れることは有り得るだろう。スマートフォンの場合でも、多くの人がその便利さを享受し、他人とのコミュニケーションを楽しみ、デバイスとしての美しささえ感じている。デバイス自体への欲望が顕著なのである。デバイスはステータスや、承認や、快楽を与えてくれる。

セクシーな表面

こうした感情はまさに、このドラマの主役であるスマートフォンにもあてはまる。デジタルツールに対して利用者が感じる魅力は様々であろうが、「アップルの美学」がその手掛かりを与えてくれるだろう。シリコンバレーの企業の中で、デザインが最も評価されているのはアップルである。アップルは、一九六〇年代に始まった、スタイリッシュかつ機能的という対抗文化《カウンターカルチャー》的な価値観に響くものがあった。妥協しない、想像力がある、さらには解放といったイメージまでも、アップルはまとうことができた。iPad や iPhone は、機能も重要ではあるのだが、それ以上に機器のデザインが喜びを与えた。

例えば、磨かれたその表面。「ガーディアン」紙のジョナサン・ジョーンズ記者は、iPad が文章を書く（彼の仕事である）ための道具としては使いやすくないことを認める。しかし、「このテクノロジーの詰まった道具の美しさに惹かれるのだ」と書いている。[注20] ジョーンズ記者が言うように、iPad の人気は当初から、「ソフトな機械」の美が生み出したものだった。SF小説が予言する、生気を失った人々がスクリーンを見つめるという暗く非人間的な未来を心配する時代に、アップルが提案したのは、単純で、人間の代わりになり、日常の中でどこにでも連れていける（公共交通機関にも、カフェにも、街路にも）ような機械だった。

計算機が魅力的かつセクシーと見られ、名前を与えられることは以前からあったが、これは iPhone の時代に入ってからさらに顕著になった。欲望の対象となり、デボラ・ラプトンによれば「食べられる」「おいしい」ものにさえなったのだ。[注21] 持ち主の「身体の延長」「補綴器官」として、擬人化されるほど親しい機械となった。特に iPhone のロックを、パスワードではなく指紋や顔認証で解除する時など、持ち主の側が自分をサイボーグだと感じることさえある。

iPhone を選ぶ人々には傾向があるとする、イギリスの心理学者たちの研究がある。[注22] iPhone と Android は市場をほぼ二分しているが、iPhone を選ぶのは女性や若者が多い。また、iPhone を選んだ人はそれを地位を示す財と思っており、他の人がどのデバイスを選ぶかはあまり気にしていない。それに対して Android の利用者は男性が多く、より内向的で、個人的な便益には比較的無関心である。この研究結果からは、どんな人がどちらのデバイスを買いそうか（当然に）予測可能というだけでなく、デバイスが自分の似姿となり、それで他の人に自分のデバイスを触られると落ち着かなくなるのかが分かる。あなたに関するデータへのアクセスから作られるプロフィールと、あなた自身が自分について有しているイメージがどのくらい離れているのか、これは分析に遭遇した想像の問題であり、それらが出会った時に何が起きるか、という問題でもある。

と同時に、コンピュータという機械の利便性もまたその魅力の一環であり、親しみを感じる要因である。ピュー・リサーチセンターのいわゆる「ミレニアル」研究では、「つなぎっぱなし」第一世代は利便性に依存している。「彼らはデジタル・テクノロジーとソーシャルメディアにどっぷりと浸かり、マルチタスクをする手持ちガジェットを良くも悪くも体の一部のように扱う。一〇人中八人以上が寝るときにもケータイを手放さない。ケータイは文章や通話やメールや歌やニュースやビデオやゲームや目覚ましのジングルなどを吐き出し続ける[注23]」。

これは新しいテクノロジーに興奮している、というだけにとどまらない。多数の新しいテクノロジーがセンサとして日常の中に、それも目立たない形で埋め込まれているという問題でもあるのだ。社会学者たちはかつて「文化的遅滞《ラグ》[注24]」という概念を提起したことがある。これは、テクノロジーの変化に文化が追い付くにはある程度時間がかかり、その過程において転位や軋轢が起きるかもしれないというものだが、今日起きていることとも共鳴するところがあるのではないか。但し、新しいものを称揚するという消費主義的な圧力を除けば、「文化的遅滞《ラグ》」はより複雑化している。もちろん新しいテクノロジーへの反応は、年齢、性別、人種、階級といった要因に依存して違ってもくる。最新のケータイを求めて全員が列に並ぶわけではない。監視の問題が提起される前から、多くの利用者は新たなテクノロジーについて、両義的な思いを持っていた。ピュー・リサーチセンターのスマートフォン調査では、「スマホなしで生活できない」と回答した人は四六％、「常に必要なわけではない」と回答した人は五四％だった。[注25]

「新技術への適応」が起きているだけではない。文脈自体もまた変化している。監視の場合にも、「慣れ親しんだもの」が「正常」へと変化する間に、消費者のモニタリングや追跡、データ産業の成長といった形で状況が変わり、さらに大きな変化を引き起こすのだろう。過去の展開から、多くの人々が個人主義へ、さらには自己露出や自己プロモーションへと向かっている。こうしたトピックについては次章で扱う。ここでは、新しいテクノロジーがどのように、便利で安全に貢献するかのように見なされ、それが必然的に監視を伴うことはあまり意識されないか、という問題を考えよう。監視能力を持つ車載コンピュータシステムや、アップルやグーグルによる顔認識のようなさりげないシステムや、他者に悪影響をもたらす可能性のある利用者自身による監視も、監視的想像や監視実践などにおいてほとんど影響を与えていない。無知や無関心のためかもしれない。

しかし、デジタル化が広まった現代において、こうした性質は依然として注意深く研究するだけの価値がある。新たなデバイスやシステムにおいて、政治や経済が果たす役割を考えると、無知や無関心は、個人の利用者にとってだけでなく、民主的参加や、人類の繁栄といったより広い問題についても、悪い結果をもたらすだろう。焦点を絞らなくてはならない。

続いて私たちは、これがスマートカー、ＩｏＴ、ウェアラブルといった流行だけでなく、新たな消費の様式やビジネスモデルをいかにもたらしたかについて考察しよう。これらは広い意味で「知ることの資本主義[注26]」と見ることができようが、私たちの目的からすると「監視資本主義[注27]」と言う方がよりふさわしい。この見方は、単なる「流行の思想」としてではなく、考察に値する。

家具の一部

監視文化を決定づける特徴はそのテクノロジー形態である。相互作用性を持った賢《スマート》いテクノロジーによって、監視も固定的なものから流動的なものへ、ハードウェアからソフトウェアへと変わっていった。家庭内電気のスマートメーターは、あなたがテレビでどんな番組を見ているか知っている。あなたのスマホのログは、あなたの居場所や、あなたの好み、ひいてはあなたが誰と接触しているかを知っている。但しこれは、「リスクと機会の測定が重要」「未来予測が重大な目標」「経済的繁栄と国家の安全とが相互に結びついている」といった、より広い文脈の中で起きている。結果はどうなるだろうか？　賢《スマート》い監視と社会的振り分けとが共謀して、「監視的想像」や「監視実践」を形成し、それが翻って、賢《スマート》い監視のさらなる発展を可能にし、確実にするのだ。

しかし、コンピュータを基盤としたモノが遍在化する中で、どのような種類の想像や実践が現れているのだろうか？　スマホのようなモノを文化的に意味付けて未来を予想することは、監視文化に貢献する。これは疑いなく現代的であり、「合理的」である。しかしそれらはどのように、生活世界《レーベンスヴェルト》の一部となるのだろうか？　どのように監視的想像や私たちの実践に影響を与えるのだろうか？　これは近代的－合理的種類の問いというよりも、私たちが「コンピュータ」を、利用者にとっての機能や効率性が重要な単なる道具とは考えない時（むしろ特定の利用者や文脈が重要な存在であると考える時）に起きるシフトと関わっている。

「存在」としてのテクノロジーの好例はスマートフォンである。私たちの生活に侵入し、寝る時にもベッドに持ち込む人がいる。それほどまでに受け入れられ、歓迎され、手なずけられている。

もはや単なるモノではなく、義肢のような補綴器官と感じる人がいるのだ。あって当たり前、体の必要な一部となっている。[注28] 哲学的に言うと、私たちは今や、人々がコンピュータを使っていかに「交流」しているかよりも、人々がコンピュータにいかに「住んで」いるのかを、現象学的に考えているのである。[注29] コンピュータが「する」ことだけでなく、それが私たちにとってどのような意味を持つのかを問うているのだ。

埋め込み型、装着型、移動型のテクノロジーは、容易に私たちの日課や生活様式の中に入り込んでくる。それを買い求めるのは、個人の能力の強化といった利便性に誘惑された人である。ケータイやスマホの場合には明らかに、単なるコミュニケーションの道具ではなく、生活の一部、個人的なオブジェにまでなった。ユビキタス・コンピューティングやＩｏＴが広まるにつれ、より一般的に、設計者も利用者も、利用者と機械との「隔たり」を消してくれるような「インターフェース」の必要性により気が付く。フィットビットのような個人追跡デバイスを埋め込んだ衣服もその例だろう。

利用者がどのようにこうしたデバイスやシステムを使い始めるのかというのは良い問題だ。こうしたものが日常生活に「導入される」のは意識的にだろうか、無意識のうちにだろうか？　それが潜在的な利用者にどのように提示されるのかにも依るだろう。機能的なものと見られるのか、それともファッションと思われるのか？　人がそうしたデバイスを使っているのを見たとき、それが自分の生活の中ではどのような意味を持ち、どう組み込まれるのか、何らかの感覚を得るのだろう。アルバート・ボルグマンは、欲望や欲求を商品化する「近代のデバイス・パラダイム」を、注目や関与を求める「焦点物」と対比させている。それらは人間の実践において中心を成す。[注30]

監視の賢い《スマート》テクノロジーを考察する上で、美学はかくして重要になったのである。「機械が表わすこと」が大事なのだ。技術自体の機能や、店員による提示の仕方よりも、それが時空間の中でどこに位置付いているかに依存する。速く動くように作られている機械でも、生活世界の中では必ずしも速い必要がない。その「存在」は長期的なものだ。利用者が独自に写真の利用方法を考え出すかもしれない。利用者は独特の方法で、生活に招待され、歓迎されているのだ。もちろん、逆説的なことに、こうしたスマートな機械は普及が進むほどに、ユニークさは失われ、木材や金属でできた物品と同じように生活の一部となる。この意味では、消えるのは埋め込みセンサだけではなく、コンピュータ自体である。

スマートシティと監視文化

埋め込みセンサと、それを支えるコンピュータ通信システムは、都市の環境の中に現れ、そして消えつつある。それはしばしば「スマートシティ」という看板の下で、コンピュータ通信システムとIoTとを統合して構築された環境として（新しく、かつ、レトロなものとして）語られてきた。讃える人たちは、都市全体の生命のための知的プラットフォームであると考えている。確かにこの言葉と都市生活のつながりからすれば、得られたデータをより創造的に使うことで、市民にも利益があるだろう。しかしながら、都市計画という古くからある複雑な仕事を、計算に還元することはできないという批判もある。[注31] データはすべて特定の文脈から収集されたものであり、こうした都市は、街頭監視カメラやドローンのようなあからさまな形であれ、データセンターやスマートメーターといったさほどあからさまでない形であれ、監視的なものとなってゆく。

こうした文脈の中で、スマートシティがいかに監視文化のインキュベーターと成り得るのかを見るのはたやすい。「スマート」とされる郊外に住んでいたとしたら、情報インフラは当たり前のものとして受け取られ、その目新しい性質もすぐさま日常となるだろう。分かりやすい「標識《マーカー》」が監視活動から消え、その代わりに、見た目には秩序立った観察が行われて、「最適化」した都市が算出される。「観察すること」と「観察されること」がスマートシティの中で緊密に結びつく。これを説明するために、長らく約束された「スマートシティ」の沃野であった韓国の「松島《ソンド》」に飛んでみよう。

松島《ソンド》は、北東アジアのハイテクおよび国際ビジネスのハブを目指し、ソウルともほど近いところに一から建設された、完成間近の新都市である。[注32] リサイクル用にRFIDを付けた瓶をゴミ箱にきちんと入れるとクレジットが戻ってくるとか、床に圧力センサが付いていて老人が転ぶと検知する、といった提案が松島ではなされた。[注33] 韓国ではスマホの普及は早かったが、スマホに蓄えられた健康記録が、処方箋のための支払いに使われるかもしれない。[注34] 子どもたちは安全のために、ブレスレットにマイクロチップを埋め込まれるかもしれない。[注35] その時には賢い《スマート》ベビーベッドが若夫婦に利用可能になっているだろう。

これはまさに「ユビキタス・コンピューティング」の世界である。実際に松島は、「ユビキタス・シティ」を推進していると語られる。とはいえ、瓶も、床も、ケータイも、子どものブレスレットさえも、触れるもの、具体物であり、具体的なもののことだけを考える罠に陥りやすい。ユビキタス環境は、具体物だけでなく、埋め込みセンサや、モバイルテクノロジーや、とりわけリレーショナル・データベースにも依存している。これらは目には見えにくいが、ユビキタス・コンピューティングを作動させる重要な要素なのである。

リレーショナル・データベースを例に取ってみよう。瓶を消費者と、老人を緊急サービスと、患者を処方箋とケータイを通じて結び付けているのは、リレーショナル・データベースである。デジタルの数表から素早く、適切なリンクを作るための並べ替えを行うことができる。こうしたシステムは、環境を感知し、情報のための文脈を作り、適切な組み合わせの中で内的に通信を行い、利用可能なデータの中から意味を読み取って結論を導き出すのだ。[注36]

リレーショナル・データベースの背後にはもちろん、スマートシティの「インテリジェント・システム」が到達するような結論を導くための「経営判断」（ビジネスであれ、警備であれ、セキュリティであれ、ヘルスケアであれ）がある。シャノン・マターンも記しているように、スマートシティで「専門家」は、明らかにビジネス的な「鍵的指標」を使って効果を測定している。[注37]しかし、もし、例えば「消費者」兼「高齢者」兼「患者」である人が、ゴミ箱に捨てた瓶の種類によってアルコール摂取と判断され、病院へ収容されることになったらどうなのだろうか？　監視はいかに単純かつ精妙になり得ることか。そしてビジネス的な知といかに無邪気に結びつくことか。

スマートシティの「ユートピア主義」以外でも、同様の変化があちらこちらで起こっている。かつては分かれていた機能を大規模システムへと統合する電子ネットワークが、都市を情報化し、新たなサービスや便益へといざなう。オンライン・コミュニケーションや、トラッキングおよびセンサへの依存が着実に進行していることを、処方箋をもらうとき、市議会にアクセスするとき、駐車場に車を停めるときでさえも、意識させられる。

最後の例だが、スペインのサンタンデルでは、中心部の地下にセンサが埋め込まれていて、駐車場を探すストレスが軽減されることを誇っている。駐車が最適化されることで、大気汚染の削減にも貢献する。[注38]こうしたシステムは常に両義的なものである。そこに住んでいたら、システムの素晴らしさに感謝すると同時に、いつ、どこにいるのか知られていることを意識するだろう。監視的想像に新たな要素が付け加わったのだ。

多くの人にとってこうした問題は、ユビキタス・コンピューティングやセンサを、監視に結びつける。例えばロブ・キッチンは、未来のスマートシティではスマートカードから免許証自動認識カメラまで、「ITS」から電気の消費を示すスマートメーターまで、監視システムを持つだろうと記す。さらに、「都市空間には、特定の付番をされ、IoTの一部となり、自動で機能する機械や事物があふれている。それらは利用について互いに通信し、動くものであるなら追跡可能《トレース》である」と付け加える。[注39]データをやりとりするだけでなく、新たなデータまで生み出す。

そういうわけで、松島《ソンド》やシリコンバレーのような「夢の都市」は、ユートピアにはほど遠いと考える人が少なくない。RFIDや無線テクノロジーにもディストピア的な側面がある。スマートシティも、たとえ自転車交通や都市農業といった施策を促進していても、結局は国家および企業優先に終わるのではないか。もしすべての人が自動的に、そして継続的に観察されるとなると、監視に関する問題を提起するだろう。こうした「新都市」は監視を当然視しており、普通の都市住民が交流、移動、年長者のケアなどをするだけで、監視が発生してしまう。

スマートシティ住民への「精査」が強化される中で、彼らがそれをどのように見、どのように経験しているのか、という問題が残る。住民たちは、安全で便利であるとして、こうした状態を受け入れるのであろうか？　それともこの問題を議論に持ち込み、コミュニティが受容でき皆が納得するような解決策を探るのだろうか？　明確な兆候なく事態が進んでいる別の事例へと焦点を移したい。自己追跡《セルフ・トラッキング》を行うウェアラブル技術である。ここでも、監視の新奇性は、微妙な形で当然視されつつある。

プレタポルテ

想像してみてほしい。あなたが就職すると、体の動きや健康状態を追跡するデバイスのついた衣服を着用するようにと指示を受けた。セキュリティエリアに入るのが確かにあなたであると確認するため、おそらく装着型のカメラや生体認証を用いている。会社側ではあなたが生み出す情報にアクセスできるが、それがどのように分析され、解釈されるのか、あなたには知らされない。しかし、監視を行うのはあなた自身なのである。従業員自身が、自分の情報の収集、分析、共有に関与してしまっている。監視研究センターの研究者たちは二〇一七年に、どれほどの職場でこうしたウェアラブルの装置を利用しているか、報告書を作成している。[注40]

フィットビットのようなウェアラブル技術は、少なくとも先進国のいくつかの国では、急速に日常的に使われるものになりつつある。ユビキタス・コンピューティングやＩｏＴでは、自動車や建物だけでなく、人間が装着する「ウェアラブル」にも早くから言及してきた。ウェアラブル技術は、人間の身体に電子、ソフトウェア、センサを付着させる。スマートウォッチやスマート衣服と並んで、フィットネス・デバイスや活動トラッカーは、最も普及している。これらは一般の消費財から徐々に、ある種の仕事や活動に使うことを推奨され、ひいては要求されるものとなりつつある。

ウェアラブル装置は、私たちの活動の諸側面を測定し、データを記録、追跡、送信する。健康や運動に関するデータが、ブレスレットやアームレット、衣類などに埋め込まれた装置を使ってチェックされる。電子情報の収集は、利用者（しばしば、自分が一番の受益者であると信じ込んでいる）だけでなく複雑な情報通信技術にも依存している。ウェアラブル技術の場合、健康や運動、移動などのデータに様々な人がアクセスするにも関わらず、視野に入っているのは本人だけである。

しかし、健康や運動に関する企業だけでなく、雇用者側もまた潜在的な受益者である。伝統的な肉体労働でも事務のデスクワークでも、ウェアラブルを活用して従業員の生産性や安全性を向上させる市場が存在する。障害者を援助したり、仕事に関する労働者の意識を高めたりもするかもしれない。もちろん、雇用者側が従業員の居場所を探ったり、既定の回数以上の休憩を取っていないかをチェックしたりといった、職場に特有の懸念も表明されている。[注41]

自分の意志でウェアラブル機器を身につける人はおそらく、日誌や日記をつけるといった従前の方法では満足できないくらい、真剣に自分を律したいのであろう。一〇年前に始まった「自己の数量化」運動は、当初はミーティングや会議を使っていたが、それがより文化的なものとなったのだ。自己監視については次章でより詳しく述べるが、ウェアラブル機器が自己監視をより高めたということには注目する必要があるだろう。自己を向上させるためのライフログ取得や自己追跡《セルフ・トラッキング》がその中に含まれる。自分についてより多くを知ることで、健康状態や自分のパフォーマンスについて、多くの文脈の中でモニターすることができる。

ウェアラブル機器の利用者は、「正常」について問いかける監視的想像力を提示していると言ってよい。「私がしていることは正しいのか?」「私のダイエットは期待した通りの成果を挙げるのか?」「仲間や自分自身の過去と比べて、今の私のパフォーマンスはどうなのか?」。自分のパフォーマンスが基準を上回っているのか、それとも下回っているのか、装着したデバイスを熱心にチェックすることで確かめる、といった事態に至ることだろう。さらにデータのレベルが上がると、自分の行動の良し悪しを測るのに、他の方法を使うことが減っていくであろうことは、想像に難くない。

デボラ・ラプトンは、このような人間とデジタルデータとの絡み合いを、「生きているデータ」という言葉で表している。[注42] 彼女がこのような表現をした理由はまず、データが常に動いている、ということがある。利用者や、「親会社」の目標設定に従って変動するのである。スマート・デバイスやその文脈を考慮して、利用者による、出現しつつあるデータ活用を表したのだ。こうしたデータがデジタルであることを考えると、個人間関係から企業・政府によるモニタリングまで、このような実践は監視的な意味を持っている。

多数の調査結果に共通しているのは、データの流通と分析がセキュリティや健康に役立つことに人々が気付いているとしても、集められたデータがどのように使われるかについては知らない、ということだ。データが自己のモニタリングやフィットネスに使われる時には高く評価しても、データがなぜ流れ、データの主体やその他の人々にどのような影響があるのかは、さほど確かではないのである。[注43]

アルゴリズム

ユビキタス・コンピューティング、スマートな環境、常にオンとなっているデバイスが出現した世界で、個人データ（まだそのように呼ぶことができればの話だが）がどのように扱われ、自分や他人にどのような影響を与えるかについてほとんどの人が知らないということは、驚くには当たらない。自動車や建物や衣類を「賢い《スマート》」ものにしているセンサの利用は、それが人間の存在や行為にどのように反応するかだけではなく、どう機能するようにプログラム化されているかという観点からも考察しなくてはならない。システムの作動を導くのは、アルゴリズムという隠れた要素である。

私が主張するように、もし監視的想像や監視実践が今日の機器、システム、状況で「当たり前」となっているとするなら、いかにしてそうなったのかを見つけ出すのは重要なことと言える。デジタルな生活では、監視されることが不可避であり、同時にある面では監視する側にもなる。それがどのように機能しているのか、正確に知ることは可能だろうか？　利用者が自分たちのこだわりや適応を測る基準は何に由来するのだろう？　デジタル世界では、「こんなアプリがありますよ」という言い回しが使われるが、アプリや、ウェアラブルや、スマートクリブや、スマートシティや、スマホの背後にあるのはアルゴリズムである。

フランク・パスケールの著書『ブラックボックス社会』では、アルゴリズムの機能を考える上で「評判」に焦点を当てている。ビジネスでの評判だけでなく、ネット上の個人の評判にも言及している。パスケールが言うように、「アクセスできないはずのデータを処理する秘密のアルゴリズムによって、個人の評判が決定されるようになった」[注44]のだ。アルゴリズムを使っているネット企業等は、アルゴリズムは科学的かつ中立的と主張するだろうが、それを実証するのは難しい。「搭乗禁止リスト」は言うに及ばす、信用スコアや社会的ランク付けといった事柄も、アルゴリズムによって決まっている。アルゴリズムの構築のされ方で多くが決まってしまうのは、少なくとも明白だ。アルゴリズムと、それを活用するビッグデータ実践とが、権力関係と関わっていることは疑いない。潜在的なテロリストを見つけ出すのに使われるだけでなく、信用のランク付けや口コミでの評判をも生成しているのである。例えば二〇一六年に、非営利公益報道機関の「プロピュブリカ」は、判決を決めるために使われている「矯正ツール」が、被告が黒人の場合の累犯率を多く見積もっていることを明るみに出した。[注45] 誰がデータセットにアクセスするのか、ビッグデータが表わす「相関」が本当に意味することは何か、データがいかにして収集されるのか、特定のアルゴリズムの利用によって誰が不公正に扱われ誰が不利益を受けるのか、これらはみな重大な問題と言える。これらは、今日の生活がその中で編成される、大きな文脈なのである。普通の利用者が、家庭や職場、遊び場などで自分の進歩を測るために行っている「自己追跡」についても、より広く精査する必要があるだろう。

かくして、ジョン＝チェニー・リッポルドは「私たちはデータだ」と断言する。[注46] 言い換えると、システムやプラットフォームは利用者をデータという観点からしか見ていない。スマートシティで転ぶかもしれない老人から、オフィスや工場でトラッキング装置のついた衣服を着せられる労働者まで、システムは各個人をデータと認識し、アルゴリズムが組織化し分析する。もっと人間的に聞こえる「マッチングサイト」や「子供をモニターするシステム」でも、同様のことが行われている。恋人候補も、泣いている子供も、データとしてのみ認識されるのである。

こうしたアルゴリズムから権力関係を抽き出すのは、ある意味で的を外している。こうしたアルゴリズムの持つ、コントロールし統制する能力は、権利や法律からの要求に制約されない。「アルゴリズムによる統制」は、アントワネット・ルヴロイが言うように、「身体としての個人」を無視している。想定されている主体は、実際には「統計的身体」である。「個人はビジネスの尺度から見て利用可能なデータの一時的な集合体」としてしか見られないと、ルヴロイは言う。[注47] 実際にこれはどのように機能するのか？

永続的な差異

現代の監視を、とりわけそれを経験する立場から見ると、「今日の監視はそこから通常連想されるものとは大きく違っている」との結論に至らないことは難しい。体に埋め込むセンサやトラッカーに感じる魅力や親近感は、しばしば秘密裡にかつ強制的に行われている国家による監視や警察による監視を超えた、むしろ自発的で開放的、さらには参加型の監視という世界へ、私たちを連れて行く。

同時に、流動的な監視《リキッド・サーベイランス》の時代には、自発的な監視から得られたデータが、後者の国家や公安によるデータと混じり合う。例えば「予防的な警戒」は、自発的でオープンなデータが、安全という伝統的な目的のために使われる。こうした「警戒」は、欧州や北米では珍しいものではない。ビッグデータを分析するアルゴリズムを使って、都市の内部での犯罪の移動を予測したり、誰が再犯しそうかを推測したりする。

社会はなぜ、どのように分裂するのかというのは、社会学者が長く考えてきた謎の一つである。近代において社会階級という概念は注目されてきた。カール・マルクスは生産との関係で社会階級を定義付けた。生産手段を所有している人々と、生産手段を所有しておらず労働と鉄鎖しか持っていない人々とに分けたのである。マックス・ウェーバーの場合はより精妙で、生産関係だけでなく、市場や購買力や地位といったことと社会階級が関係しているとした。しかし二〇世紀末になると、こうしたカテゴリーだけでは不十分となった。豊かな人はより豊かに、貧しい人はより貧しくなり、こうした状況がさらにグローバル化した。

階級分析には背を向けて別の問題に向かう社会学者も多いが、階級に関わる別のプロセスが静かに進行していた。マルクスやウェーバーが探究した事柄と比べても、人々のライフチャンスに与える影響の重要度は劣らない。それは一九九〇年代、購買や選好で人々をクラスター分類する、人口統計的マーケティングに関係して発展した。それが後に、情報集約的な「関係性マーケティング」となるのだが、初期の段階では、郵便番号やZIPコードなどが使われていた。「類は友を呼ぶ」というわけである。このプロセスは現在も続いている。

たとえばクラリタス社は、都市空間を「アーバン・アップタウン」（若いデジタル知識人や、ボヘミアン・ミックスなどがいる）、「アーバン・コア」（若者や多様な民族の独身者、シングル・ペアレントなどが一時的に居住する「ローライズ生活」の場所）、「シティ・ルーツ」（低所得の退職者が住む）に分ける。重大なことだが、こうした分類は場所と結びついている。クラリタス社が言うように、九〇年代には「あなたは、あなたが住む場所」だったのである。

住所が社会集団の区別に重要な意味を持つが、同時に、とりわけウェーバーの仕事に見られるように、経済状況もしくは資産状態としての「階級」と、ライフスタイルや消費の在り方としての「地位」との区別を、溶解させてもいる。「アーバン・アップタウン」や「シティ・ルーツ」といった階級分化の階梯《ヒエラルキー》は明らかに経済的なもので富と関連するが、それだけではなく、社会集団を区別するような消費のパターンにも基づいているのである。地理的人口統計学のアナリストは、「SUVフレンドリー」「グラノラ・ベルト」「グリッティ（無骨な）・ネイバーフッド」といったフレーズを利用して、それを分類に結びつけ、人々の機会に現実の影響を与えているのだ。

ピエール・ブルデューは一九八〇年代に、こうした「ディスタンクシオン」の重要性について書いている。[注48] それは社会集団を美的な次元で順序付け、低いところにいる人々をそのままの場所に留めておく役割も果たしている。他者を分類する権利は、権力の証拠であるとブルデューは言う。ロジャー・バローズとニック・ゲインが観察しているように、ブルデューは「分類」を概ね政府の活動であると見ていたが、現在ではチョイスポイントやエクスペリアンといった大企業の手に、少なくとも最初の段階では、分類する権利が掌握されている。[注49]

しかしながら、監視が様々な領域に浸透するにつれて、国家と企業はしばしば同様のコードを使って監視プロセスに関わってくる。[注50] いずれにせよ、地理的人口統計学の次元が、人々が「自分が所属している」と思っている場所の分類と結びつく。個人化が進む世界では、[注51] こうした「所属」という感覚は積極的な意味を持つものとして感じられるかもしれない。バローズとゲインが言うように、人々が住みたい、とりわけ消費活動を行いたいと思っている場所は、彼らにとって大きな意味を持つ。人々は同じような性質を共有していると信じる人々の集団への所属を選ぶが、これは地理的人口統計学や、最近ではソーシャルメディア・マーケティング手法によって強化される。埋め込まれた個人は、別の言い方をすると、監視実践の側面が展開するに従って、自分の「データ・ダブル」（データの分身）と相互作用するようになる。

社会的振り分けは常に行われている。ある人々は疎外される。またある人々は否定的に見られる。「誰が特別な措置を受け、疑われ、誰が資格を与えられ、包摂され、アクセス可能となるのか、様々な基準から決定するために、個人データや集団データが利用され[注52]」、こうしたプロセスは何ほどか流動化した二一世紀の社会階級の中に入り込んでいる。ジョセフ・テュロウが観察しているように、私たちは、個人がデータによって特定されたり害を受けたりするだけ、という考えからさらに一歩進めるべきなのだ。企業が私たちの評判を形成し、それが翻って、消費者がどのような情報を扱うのか、他にどのような監視を受けるのかといったことを決定する。それが私たちの機会や、私たち自身の「自画像」や、私たちが存在する世界、別の言い方をすると「監視的想像」や「監視実践」にも影響を与える[注53]。

一〇年以上前に英国で出された「監視社会についての報告書」では、「監視は地域によって強度が違い、社会階級、民族、ジェンダーによっても多様である」と結論付けている[注54]。さらに「各個人は、監視の影響をコントロールするのには、極めて不利な立場にある」とも述べている。というのも、アクセスと影響において多大なる格差があるからである。「個人も集団も、個人情報に何が起きているのか、誰がそれを操っているのか、いつ、どんな目的でそれを行っているのか、知るのは極めて難しい」。しかし監視それ自体が、こうした階級を作り出すという議論は、まったく正しい。

さらにこの報告書では、社会的振り分けによって、「異なった集団間で機会に違いができ、それが微妙かつ非意図的な形で、民主的な議論なしに政策を形成し、社会に影響を与える」とする。もちろんどのような行政システムも、集団間の差異に従って「振り分け」を行う。例えば税制でも、適切に徴収され、合意された基準に従って分配される。とはいえ二一世紀において、リスク・マネジメント依存の増大と、急速に普及するＩＣＴ技術は、社会的振り分けとしての監視に重大な変化をもたらした。

現代の組織は、鍵的な仕事のやり方として監視依存を深めており、翻って監視は社会的振り分けに特徴付けられている。リスク・マネジメントや機会マネジメントへの着目の下には、社会的振り分けや、新たなテクノロジーの広範な利用や、それと結びついた統計技法がある。国家財政による福祉システムが分担する責任が減り、その代わりに個人が分担する責任が増えて、リスクのマネジメント自体がビジネスとなった。アクセンチュアやエクスペリアンといった私企業が、リスクを整理し編成している。こうした企業ではビッグデータを分析して、リスクの多い個人を別のカテゴリーに分けている。

個人や集団の振る舞いを推定するために、ますますデータが活用されるようになっている。金銭的な利益を上げるために他人の個人データを使うことには、正義や市民的自由の点から懸念がある。誰が財やサービスを享受すべきであり、誰が容疑者となるのかを決めるのに、「スコアリング」（点数化）が重要な手法となった。アルゴリズムに個人データを代入して点数を出すのがスコアリングだが、ひょっとすると、ある集団のメンバーというだけで差別を受ける結果になるかもしれない。ヘルスケア、クレジット、保険、社会保障、教育、学生ローンや雇用などのサービスを受けられるかどうかに影響を与える。公安機関による不公正なターゲティングといった「脆弱性」をもたらすことにもなる。注55

たとえば数年前のことになるが、英国政府は、いわゆる「高コスト、高リスク」集団が排除されかねないような発表を行った。[注56] その中には「ニート」も含まれている。ある研究によると、一七歳時点でニートであった人はそれ以外の人と比べて、二八歳時点で納税者の負担になっている可能性が一〇倍だという。つまり福祉の厄介になったり、医療を享受したり、罪を犯して司法制度のお世話になったり、かつ、税金を払っていない可能性が高いというのである。こうした「社会的疎外」を防ぐためには、もはや妊娠中から政府の介入が要請されると言う。

こうした集団の位置を特定して標的にし、追跡することが重要だというのが、政府の考えである。より注意深く分類し、監視を組織的に行うためには、外部とも積極的にデータを共有すると言う。言い換えれば、ひとたびホームレス、薬物使用者、前科者といった集団に振り分けられてしまうと、通常厳しい精査が待っている。それが状況を悪化させるのか改善するのかは、定かではない。

無論たった一つの例で全体を代表させるわけにはいかない。他の政府部局は別のやり方で活動しており、もたらす結果も違う。しかし、基本にあるプロセスは似通ってもいる。運転免許証の場合にも微妙な形で振り分けが機能し、積み重なって人々のクレジットや購買履歴に影響を与える。運転免許を申し込む人の表向き無関係な通信販売の購買履歴が、(免許に関する)サービスの速さに影響を与えると想定することは、当然、まずないことだろう。この例が示しているのは、ある場所でのデータ(そしてデータ分析)が、他の場所に影響を与えることが増えていることを示す。些細なことに見える商業データが、人々を振り分け、行為を判定するのに使われるかもしれないのだ、現在でも将来でも。

他方、犯罪や暴力を制御するための説得力のあるデータを見つけるために、決定がなされることもあるだろう。例えば、イギリスのバーミンガムに住んでいるイスラム教徒は二〇一〇年、自分たちが、自動車のナンバーを自動で読み取る新型監視カメラの標的にされていることを知った。イスラム教徒が居住する地区に不自然なほど多く設置されていたのだ。反社会的活動や、自動車犯罪や、麻薬売買の多い地区に設置したというのが当局の言い分であったが、実際には英連邦警察のテロ対策部局の意向に沿ったもので、地域住民にはそのことは明らかにされなかった。[注57]

「社会的振り分け」は、各種の監視目的の個人データ処理が、社会的差別へとつながっていくさまに注意を喚起する。人々はジェンダー、社会経済的地位、宗教、民族、国籍といったカテゴリーによって振り分けられ、監視する組織の基準に従って、分類されたカテゴリーに属する人にチャンスやリスクを分配するために使われるかもしれない。「パイを切り分ける方法」は、微妙なものや複雑なものまで含めて無数にあるが、労働や旅行、消費、公的機関との関係などに応じて決まってくる。これまでの例でも示したように、そのようなプロセスは往々にして自己強化され、不利な者はますます不利になる。[注58]

右記の監視社会の報告書が「こうしたプロセスは投票で選ばれたものではない」と指摘していることは重要である。報告書は、「(こうしたプロセスは)政府、公共事業体、アウトソーシングされたサービスの結合や、技術企業からの圧力、その中の実践が嵩じて発生したのだ」と続く。社会的振り分けというプロセスは、公的でもなければ、法律に基づいたものでもない。統計に基づいて、異なる集団に異なる対応をするうちに、人々の機会に影響を与えるのだ。社会の倫理や公正性に影響を与えるものであるにもかかわらず、それはいかなる意味でも民主的ではない。

チャールズ・ティリーがかつて「永続する差異」と呼んだものが、今ではＩｏＴやビッグデータアプリの「賢さ」によって可能となっている。そのルールはソフトウェア・プロトコルの中に埋め込まれ、それによって影響を受ける人々の目には見えにくいものとなっている。但し、人口統計的なマーケティングの例が示すように、「データ・ダブル」（データが作る分身）を可視化することは、不可能ではない。これは監視的想像や、ひいては潜在的に、監視実践にも新たな要素をもたらすだろう。

結論

本章は、初めは魅力的に見える「新奇なもの」が、竟《つい》には監視を人々に受け入れさせるのに貢献してしまう、そのあり方を探究した。人々は日常生活において、日常生活の文脈やルーティンの中に埋め込まれたものとして、監視を受容する傾向が強まっている。そのプロセスの代表例が広く普及したスマートフォンだろうが、他にもスマートシティやＩｏＴ、ウェアラブルデバイスなど、データと人々との間に新しい関係を築くような、人と人だけでなく人とモノ、モノとモノとをつなぐようなコミュニケーションを行うより「抽象的」に聞こえる「オブジェ」にも現れている。

監視的想像と監視実践の重要な新要素は、「参加型」になったことである。もちろん、かつての監視に「参加」がなかったということではない。街頭の監視カメラも、空港での荷物検査などのセキュリティチェックも、あなたの存在および、あなたが役割を果たすことを前提にしている。しかし今日の監視では、「参加」がよりあからさまとなっている。ケータイやウェアラブルといったガジェットが、プラットフォームと交信していることを利用者は知っている。それがどの程度の範囲なのかを熟知していないとしても。

　例えば顔認識技術であったり、センサであったり、半自動運転車であったり、スマホに関するものだけでなく様々な文脈で、監視への参加が始まっている。そこには多様なアクター間での「交渉」があり、現在も探究や変化が続いている。[注59] ジュリー・コーエンが「参加への転回」と呼ぶ[注60]こうしたプロセスは、次章以降で扱うソーシャルメディアやゲームの世界でより顕著である。とはいえ、まさに参加している人々にとっては、その含意は理解しにくい。作動を導くアルゴリズムは、利用者にとってみると不透明だからである。

　公安や警察等で見られる伝統的な形の監視は、一般的に美的な快楽とは結びつかず、その代わりに各種の服従や注意を引き出すものである。新しいメディアにおけるイノベーションの水準の上昇と、日常における監視への慣れとによって、監視の文化への心配は薄れていっている。消費者関連技術であり、利便性や共生《コンヴィヴィアリティ》といった特質と結びついていることもそうなった理由であろう。あっという間に日常生活における必需品として当然視されるのか、それともあからさまに法と秩序を作るための監視に人々が慣れてゆくのか、そのいずれかである。

　しかし二一世紀の鍵的な技術革新は、スマホやソーシャルメディア等から見ると、より深い変化と結びついているように見える。いわゆる「ソフトな監視」は、服従を確保するいくつかの微妙な方法を有している。例えば一方には、消費者・利用者に開かれた選択肢を制限するような「社会的振り分け」がある。そして他方には、次章で扱うが、監視実践がますます私たち自身の意識的な服従を包含し、「Do It Yourself」型の監視へと関わらせている証拠がある。この両方、さらに参加の他の側面も合わせて、次章で見ていこう。

第四章　オンラインからオンライフへ

「本気の監視」を経験するのに警備やセキュリティに関わる必要はない。ラップトップパソコンさえあれば、ほとんど誰についても私生活やビジネス、犯罪の側面に触れることができる。エイダ・カルフーンは例えば、死んだばかりの人について調べる「タブロイド紙」的な仕事をするのに、ソーシャルメディアは恩恵だとしている。二〇一一年、米民主党下院議員のガブリエル・ギフォーズが銃撃された事件の際、カルフーンはすぐさま容疑者のマイスペースを発見し、地方紙に載った写真やユーチューブでの「宣言」なども見つかった。まさしく、「オリジナルの情報をたどっていくと、……昔のガールフレンドとの苦い思い出や、自費出版した偏執狂《パラノイア》的な小説が見つかるかもしれない」[注1]。

探偵になる訓練など受けていなくても、また目的が何であっても、知らない人について簡単に様々なことを探り出すことができるようになった。いかにしてこのような事態に至ったのか、本章では「観察」が生活の一部になっている人の視点から描き出す。本章で論じられるような種類の

「ソーシャルな監視」の大部分が職業的な（果ては、死に取りつかれた不気味な）ものであるという見方を、私は疑っている。そうではなく、ソーシャルメディアを「知らない人」の検索に使っている人も、主として友人たちの動向を探るために利用しているのではなかろうか。つまり日常の一環なのである。

ソーシャルメディアが、他人と「接触しつづける」という、これまで望まれていた手段を提供したとはいえ、カルフーンの研究によれば依然として対面接触の方が、より深いコミュニケーションには重要であることが示唆されている。むしろ順序としては逆で、人々はしばしば、既に実際に知っている人との関係を維持するために、ソーシャルメディアを活用するのである。知らない人をチェックするためには、それ以上の情報が必要となる。好奇心からつながりを辿っていくこともあるだろうし、セレブのファンとなって行動を追跡するといった形を取ることもあるだろう。いずれにせよ、私的な監視によって親密な友情を育みたいという意図はない。

「観察すること」はもはや現代人の生活の一部である。それが最も露骨に表れているのはオンラインにおいてであろう。今から見ていくように、これは無から生じたことではない。テレビ文化がある意味でそれを準備したと言える。そしてもちろん、ただ「観察する」だけではない。とりわけダイレクト・メッセージやテクストの伝達が許されているようなサイトでは、コミュニケーションが行われる。「他者を観察する」という部分だけでなく、観察する他者に対して自分を見せつけるという部分もある。政治や宗教に関しておしゃべりや議論をするというのは旧来からの娯楽だが、そうした議論が広い聴衆を獲得し、参加したりコメントもできるようになったというのは新たな事態である。

こうした「観察」に関わる欲望や道具を考える上で、鍵となる文脈はやはりソーシャルメディアである。ソーシャルメディアでは、プロフィールを書いたり、写真や動画を投稿したり、ネットワーク・ゲームに参加したり、リンクをシェアしたり、ニュースや家族・友人のゴシップにコメントしたり、といったことができる。デジタル化の初期段階では、サイバースペースは「現実の」生活とは別の場所であるとしばしば考えられていた。しかし、サイバースペースが実際には日常生活に根を持つものであることが明らかとなってくると、数年のうちにこうした概念上の隙間は縮まっていった。「オンライン」から「オンライフ」へのシフトの中で、サイバースペースは、観察されることに慎重となる場所から、観察されることを求める場所へと変わっていった。観察されることが、見られること、認められること、ひいては承認や地位確認がなされる可能性にまでつながるのだ。[注2]

ネットワークとつながったデバイスが現実環境のあちらこちらに埋め込まれ、日常での交流という文脈で取り上げられるようになり、人々が「オンラインでの生活」（オンライフ）に没入していくにつれ、社会的なものに対する感覚も全く新しく作り直されるようになる。監視もその一側面である。一方において、企業が行う監視は、「選択の自由」がスローガンである消費者行動と緊張関係にある。他方で、利用者が主導する「ソーシャルな監視」も消費者行動を表すが、そこは「良く見せたい、他人と張り合いたい、セレブを気取りたい」といった欲望が顕著な場である。オンラインからオンライフへという現在の流れには、こうした両義性が深く刻まれている。

オンライフと結びつく監視的想像および監視実践が空港や職場、街路におけるものと違うのは、いくつかの特徴的な点のみにおいてである。文脈が全く違うと考える向きもあるかもしれないが、米国の国境を守る役人はインスタグラムのアカウントもチェックしているのだ。ここでの変化は、生活のデジタル化に伴う問題、言い換えると、いかに主観的経験が歪められ、いかにアイデンティティが形成されるのかという問題と、最も明瞭に結びついている。監視しつつ監視されるという両義性が、デジタル化によって深化し、社会関係や責任に影響を与えているが、それが表に出てきたのは最近のことである。

本章は、オンラインでのより参加型の活動への「転回」および、それが監視文化にもたらすかもしれない結果について（特に、欲望が「デバイスに満ちた世界」を主導するありさまにおいて）、最初に論じる。そこには自発的な実践もあれば、受動的な実践もある。ソーシャルな監視は前者であろうし、消費者への監視は後者であろう。したがって問題は、「なぜこれほど多くの利用者が、自分のデータが見られ、使われるのを許しているのか」だけではなく、「なぜ人々はハイテクだが小規模な監視に自ら関わるのか」ということにもあるのだ。

これを適切に理解するためには、しかしながら、わずかながら過去を振り返ることが必要である。「個人データを他者が利用していいのはどのような状況の下でなのか」「それがどの程度適切なのか」「個人データへのアクセスを制限することは可能か」といった問題は伝統的に、少なくとも西側世界では、「監視とプライバシー」の問題として捉えられてきた。二〇世紀、ラジオやテレビといった古参の技術に囲まれた日常の想像力や実践の中で、これはどのように変化しただろうか？ソーシャルメディアやゲームが熱狂的に迎えられている今日においても、歴史に目を向けることが洞察を与えてくれるのだ。

しかしながら、こうした背景知識だけでは、ソーシャルメディアとゲームがこれほど「監視的」

であるのに、なぜ人々は個人データをやすやすと大量に明け渡してしまうのかという問題を解くのは難しい。既に触れたように、この問題はよく「プライバシー・パラドクス」と呼ばれる。これは二〇世紀、文化的に広く重要となった話法を思い起こさせる。「プライバシー・パラドクス」をリアルに感じる人が存在することを認めた上で、私たちは、その逆説的な性質のいくつかを「救出」してみたい。

二一世紀の最初の四半期において、「プライバシー・パラドクス」は再評価されなくてはならない。様々な組織が個人情報に触手を伸ばしている中で、あらゆる種類の文書や画像をシェアしようとする欲望は、確かに逆説的に見える。中心的な問題は次のようなものだろう。「なぜ人々は、自分に関するデータがマーケティング企業や政府や公安当局に利用されてしまうのに、個人データをインターネット関連企業、とりわけソーシャルメディア企業に渡してしまうのか？」

この問題に答えるために私たちは、ソーシャルメディアやソーシャルゲームが取ってきた特有の方向性に焦点を当てる。そして、利用者が他者を監視する機会としての「ソーシャルな監視」を検証する。今、「監視」（それが正しい言葉の使い方だとして）をしているのは誰か？　ゲームについて、個人データという「通貨」を、欲望が強力であり、それを実現する装置も揃っているような他の領域で利用できる「ライセンス」を見つけ出すために、もう少し追究を重ねていこう。

そうすれば、こうした変化を考える上でよりよい位置に立てるであろう。鍵となる領域は二つある。「見られたい」といった欲望はどんなものであれ、私たちがビッグブラザーを愛していることを意味する。ジョン・マグレスは、監視は楽しくかつ望ましくもなり得ることを主張したが[注3]、私たちはそれと類似した概念、例えば「窃視症」、「自己愛《ナルシシズム》」、「ソフトな監視」、「自己のアウトソーシング」との関連についても考えなくてはならない。これらはそれぞれ、なぜ人々は監視あふれる世界に個人データを委ねてしまうのかという「プライバシー・パラドクス」問題を解決するために提案されたものである。

もう一つはソーシャルメディアという領域で起きていることで、そこでは自発的なチェックや追跡が日常と化しているが、それを「監視」や「プライバシー」といった言葉を使って論じることは正しいだろうか、という問題である。こうした領域での想像や実践を理解するためには、もっと適した方法があるのではないだろうか？　普通の利用者が、自分の行動や考えについて語るとき、何が起きているのだろうか？　新たな「ポスト監視」や「ポスト・プライバシー」時代の幕開けなのだろうか？　それともそう言うのは行き過ぎなのか？

「参加型への転回」

「監視への参加」はソーシャルメディアの登場以前から始まっている。人々が監視に対して積極的な役割を果たすことに関して、最初期にコメントした一人がヒル・コスケラで、彼女はリアリティTVや、ケータイでの映像や、（今ではやや時代遅れとなったフレーズ感だが）「家庭でのウェブ・カム」について書いている。[注4]伝統的な監視分析の必要性は減じていないとしながらも、コスケラは、ニューメディアを使った「露出症指向」という新しい実践は、監視を再考する強力な理由になっていると提案する。「見る」「提示する」「映像を流通させる」新たな方法がもたらされたと言うのである。

ソーシャルメディアが登場してさほど間がない頃、監視の持つ「楽しさや娯楽的な価値」について気付く人も現れた。[注5] さらに、SNSで可能となった「監視への参加」にも注目が向けられるようになった。[注6] そうした文脈において、監視は「力を与えたり、主体性を構築したり、遊びにもなる」というのが、初期に参加した人々の結論である。オンラインとオフラインとを区別する見方を正当に批判しながら、アンダース・アルブレヒツルントは、この文脈での監視は、人を管理したり無力化したりするものではなく、ソーシャルメディアに注目を集めるような、積極的な「社会化」の衣をまとっていると示唆している。

既にあるような、企業や国家による監視を強める可能性を認めつつもアルブレヒツルントは、ソーシャルメディアの利用者は物事を別様に見ている、とする。彼らは継続的な自己開示（露出）と他者の監視を通じて、アイデンティティを構築している、と。ソーシャルメディアでうまくやっていくためには、他者が何をシェアしたのか、チェックをすることは必須である。別の言い方をすると、オンライン監視は、監視的想像と監視実践の点からして、その批判者が考えるほど不吉なものでも、高圧的なものでもない。

しかしながらこの「参加型への転回」を、別の見方から見ることもできるだろう。例えばジュリー・コーエンは、ソーシャルメディアにおける遊びの社交を無視してオンライン監視を考えることの不毛さを受け入れながらも、「監視への参加」をより広い文脈で見なくてはならない、とする。[注7] 監視が必要悪と見られた「監視産業複合体」から、監視が良い力だと見られるようになった、彼女の言う「監視イノベーション複合体」への、政治経済的なシフトの中で、「参加型への転回」が起きているとコーエンは言う。「監視産業複合体」の時代には、監視は市民の自由を奪いプライバシーを侵害するものとして制限されるべきとされたが、「監視イノベーション複合体」の時代に入ると、監視は法律や社会の制約を逃れるものと見られるようになった。

企業による監視的環境も、遊びやゲームとして位置づけられている。コーエンはフォースクエア、グルーポン、ナイキプラスを例に挙げて、報酬システムを使ったゲーム遊びによっていかに利用者が企業とのデータ共有を促されてしまうかを示している。企業側の目的は、ターゲット・マーケティングであり、利用者が何度も自社サイトにアクセスしてくれることだ。もちろん他のソーシャルサイトも同様の戦略を使っている。フェイスブック等はひっきりなしに通知を送り、見逃がしている投稿やメッセージに注意を喚起して、活動レベルをさらに上げるようにと説く。

では「参加型への転回」をどう評価すべきなのか？　この文化的シフトは、最適の取引を求めて新しいメディアを自らの社会的世界に好意的に位置づける普通の利用者にとって、「消費者監視」との「共謀」を含んでいる。確かにある種の「遊戯性」はオンラインでの娯楽となっているが、オンラインでの生活が意味する新鮮な想像力によって枠付けされた参加が、オンライン実践で中心的な性質になっていることを評価しないと、今日の監視における意味を捉え損なうだろう。

同時に、様々な次元で行われているソーシャルメディアへの日常的な関与は、政治・経済的な真空の中で起きているわけではない。無料のサービスやプラットフォーム利用には、それなりの「代償」が伴っている。多くの論者が警告するように、利用者・消費者は実際には彼らが商品、ひいては「容疑者」になっていることに、気が付いていないことがままある。人を商品にしたり容疑者にしたりするシステムがどれほどうまく作動するかは、監視的想像や実践によっても違ってくる。したがって問題は、いわゆる利用者がソーシャルメディアやゲームに参加する中で、どのような種類の識別性が生起するのか、ということになる。今日の社会生活を吸収する、メディアの評価を特徴付けるのは、どのような種類の関心なのだろうか？

まず、欲望が現れるさまを見ていこう。その後に、歴史的にどのようにしてここに到ったのかについて考えたい。

デバイスと欲望

英国国教会「聖公会祈祷書」の中の「一般の告白」を書いたトマス・クランマーは、デバイスという言葉が五世紀後にまさかポケットに入る電子機器を指す一般的な名詞になるとは、よもや想像しなかったであろう。クランマーの時代、デバイスは機械ではなく、陰謀や策略、偽りや仮面などを指すあまり良くない言葉であった。したがって告白や祈りの場では、欲望というやはり罪深い言葉と、まるで双子のように使われていた。「私たちは心の中の「デバイスと欲望」に従い過ぎてきた」。二〇世紀の末、P・D・ジェイムズの優れたサスペンスミステリー『策謀《デバイス》と欲望』ではデバイスは工学と関係するが、欲望は依然として、殺人容疑者たちの気質と結びつけられている。

この物語では、表向きは消極的な監視戦略が、強い欲望の対象となり得ると語られている。監視を忌避するオーウェル的な世界から、見られることを歓迎する世界へと文化的な転回が起き、ソーシャルメディア利用者の多くが、より慎重な観察を始めている。後でも検討するように、文脈が重要な要因である。ケヴィン・ハガティとリチャード・エリクソンの論文の、監視複合体に関する論文が手助けになるだろう。[注8] その中で彼らは、ドゥルーズとガタリの見識ある研究を引用している。

ハガティとエリクソンは、ビッグブラザーやパノプティコンのメタファーでしばしば語られるような、中央集権型システムでのみ監視を考えるのは間違いだと論じる。伝統的な政治学の統治モデルとは違って、流動的《リキッド》な力あるいは「流れ《フロー》」が、単に権力の作動のためのアイテムの複合体を、すっかり変えてしまったのだ。国土安全保障省とフェイスブックがその好例となるだろう。監視複合体の「流れ《フロー》」を形成しているのは、欲望である。ドゥルーズ＝ガタリによれば、欲望は積極的な力であって、欠乏などではない。[注9]

今日の監視複合体には、あらゆる種類の欲望が集まっている。「システムをまとめたい欲望、実践とテクノロジーとを結びつけて全体へと統合したい欲望によって、監視は作動している」と、ハガティとエリクソンは記す。[注10] それはかつてのように身体レベルで作動するというよりは、一連の記号が身体にまとめられ（それ自体が複合体である）、身体が情報によって知られ、むしろ身体は情報へと縮減されてしまう。マーク・ポスターが指摘したように、マーケティング企業や政府が「知る」私たちは、「データ・ダブル」（データが作る分身）となる。[注11] だが、私たちが進んで自分の「データ・ダブル」を交換に出し、そのコントロールを失うことと引き換えに便利さをこれほどまでに追求するとは、ポスターも想定しなかったろう。

概ね注においてであるが、秩序、コントロール、マネジメントを確実にしておきたいという欲求は、監視にまつわる欲望のリストをすり減らしはしない、とハガティとエリクソンは記す。CCTV（閉じた回路の監視カメラ）の映像や、「アメリカの最悪の犯罪者」といった番組に見られる「覗き見の娯楽的価値」は、欲望のまた別の次元を指し示している。とはいえこうした次元は、ドゥルーズ＝ガタリの『アンチ・オイディプス』にも見える。同書には「欲望は機械であり、欲望の対

象はそれと付随した別の機械である」と書かれている。[注12]

利用者自身が「欲望する機械」となり、他の「欲望する機械」や、デバイスやアプリやプラットフォームと結びついているのではないかと、バーナード・ハーコートは示唆する。[注13]常に新しいメッセージや書き込みや映像をチェックし、一日に九時間以上もオンラインで過ごし、常にオンラインで通知音やバイブに注意を向けていなくてはならないというプレッシャーから身を引きはがすことが辛いというのなら、これは「欲望する機械」文化の徴候と言える。ドゥルーズ＝ガタリによれば、大部分の欲望の源泉は他と同様にこの領域にある。「欲望の流れを解き放ったのは消費主義である」。[注14]

日常生活にデバイスが溢れるようになった。利用者はデバイスと共に生き、デバイスを求める。あらゆる種類の監視が許容され奨励されている、ビデオやテキストやフェイスブックの世界を、利用者は楽しんでいるとハーコートは言う。「私たちはオンラインでいたいし、また、そうすることが必要となっている。アプリをダウンロードしたい、メールにアクセスしたい、セルフィーをダウンロードしたいのだ」。[注15]消費主義との関連から解き放たれたこの事態を「欲望」から説明するのであれば、その欲望は「関心」として理解されなくてはならない。

こうした監視的想像の中で、欲望は中心的な役割を果たしている。欲望が人間を動かすとしたラカンの精神分析の観点からすると、これは驚くべきことではないだろう。[注16]これを重要だとするのはシャーロット・エプスタインである。というのも、逆説的なことだが、プライバシーが個人的な領域と政治的な領域の両方で目標とされている理由だからだ。もっともニッセンバウムが言うように、プライバシーにおいてはそれが置かれた文脈の中で考えなくてはならないのだが。この問題については、本章の中でさらに論じる。

誘惑する眼、もしくは警告する眼

監視が噴出するのはしばしば、プライバシーとの関連においてである。オーウェルの警告に見られるような二〇世紀の国家監視は、好ましからざるもの、否定的なものと見られてきた。多数の人が監視を逃れて私的空間に逃げ込もうとする、というものだ。しかしこのアプローチは、マスメディア、そして最近のソーシャルメディアの時代には、むしろ近視眼的と言える。セレブの世界が特権と見なされ、羨望される。アンディ・ウォーホルの言う「一五分間の名声」がテレビによる制約だったとすると、ソーシャルメディアはその障壁を打ち崩した。まなざしは疎まれるものから歓迎されるものに変った。「見られたいという欲望」のためにあらゆる種類の監視が自然なものとして正当化され、監視する者と監査される者の間の新たな協力関係が促進された。新しく生み出された監視的想像と監視実践が、これを可能にした。

かくして「監視文化」は新たな正統となった。もはや監視は例外状況ではない。市民をペテンから守るために司法による監視は不可欠で、自由民主社会の「最後の手段」「特別な探針」となったのだ。大規模監視に見られる「発見したいという欲望」が、ソーシャルメディアにおける露出性と出会ってしまった。私たちの日常が常に追跡されている今の時代、「全ての人に見られたい」という意欲はどのように説明がつくのだろうか？　ここにあるのはどんな欲望で、監視的想像や監視実践にどのような役割を果たしているのだろうか？

オンラインで広がった新たな開放性と、プライバシーへの懸念の縮小について、どのような説明が可能なのか、後で見ていくことにする。既に指摘したように、そこには窃視症があり、露出症があり、ナルシシズムがあり、自分の外見への並外れた関心があり、アーリー・ホックシールドが「外部委託《アウトソーシング》した自己」と呼ぶものがある。[注17] ここで私たちが考えるのは、ユビキタス機器を初めとする新たなテクノロジーの助けを借りながら、とりわけセレブと消費主義が先導する社会の中で、「公」が「私」と比べて重要度を減じたという大きな構図のうちにこの問題がどのように位置づくのか、である。

かつての監視的想像と監視実践が変化したことには、歴史的背景がある。例えばリチャード・セネットは、一八世紀パリの公的生活において、長期にわたる大規模な変化があったとしている。そこでは、知らない人たちとつながることが、「社会的」「文明的」となる鍵であるとされていた。[注18] 都市的な形の公的生活の開花は、一九世紀および二〇世紀のロンドンやニューヨークでも見られる。しかし資本主義や世俗化が進むと、都市では私的な個人が重要度を増し、個人的なことが「正統」となった。[注19] 人々は公衆の中でも、「放っておかれる」(let alone) 権利があると考えるようになった。自分への意識が高まり、私的側面の公的パフォーマンスへの侵入(例えば、公人を「本当の自己」といった点から判断する)が広まると、適切な公的生活は縮退する。公的なものへの関心を私的なものが反らしてしまう。その結果、かつては公的世界や非人称的な規約に属していたものについても、個人的な感情から判断するという混乱がもたらされると、セネットは言う。

しかしながら今日、逆説的にも、事態はまた変わってきている。新たにオンラインにおいて、そしてソーシャルメディアにおいて、私的領域と公的領域が融合している。かつては私的だと考えられていたものが、今では公的領域で共有されている。パフォーマンスや演技も盛んだ。[注20] だがこの傾向はテレビとともに始まった。ジョシュア・メイロウィッツが示唆するように、二〇世紀半ばの情報通信技術は、物理的に隔てられた社会空間についての新たな感覚をもたらした。[注21]例えば他人の生活空間や家庭について、お茶の間にいながら視聴することができる。見るために現場に行く必要がないのだ。

アーヴィング・ゴフマンは、人間には観衆がいるときの「公的な顔」と、舞台裏での「私的な顔」の二つがあるとの前提を置いた。[注22]しかしこの前提は、マーシャル・マクルーハンの言う「情報コンテクスト」[注23]に従って修正しなくてはならない。現実の都市空間よりも、電子空間や情報環境の方が重要になってしまった。年齢、性別、権限といった社会的地位は流動化している。ラジオやテレビが多様なストーリーを流すなかで、いかにして両親は子供たちに、物事のありさまを伝えることができるだろうか？　新たなメディアは行動を変えるとマクルーハンは主張したが、どのように変えるのかをメイロウィッツは示したのだ。

私的空間と公的空間の境がデジタル化によって揺らぎ、[注24]物理的な位置と社会的経験とのつながりが弱まったことは、現代文化の流動化に貢献した。さらに、双方向メディアの継続的な利用（SNSでの自己呈示も含まれる）を促進しているとメイロウィッツは示唆する。観察機械としてのテレビに慣れ親しむことは、「政府による説得や、企業および人々による監視」[注25]に対する寛容性を養う結果となるのではないかという洞察が得られる。

監視を増殖させ、プライバシーを「何かしら惨めなもの」[注26]と感じさせているのも、同様のプロセスが影響しているのではないかとR・ジェイ・マッギルは言う。さらに、テレビとラジオは、遠くにあるもの、想像でしか知らなかったものを、公共圏に持ち込むと指摘する。フランクリン・ルーズヴェルト大統領の米国人に向けた「炉辺談話」や、英国王ジョージ五世の一九三二年からの「クリスマス演説」も、放送で可能となった。これらはいわゆるソーシャルメディアの先駆けとも言える。

同時に、公的な「共有《シェア》」に見られるように、監視的想像や実践に対して、別の形での分析もある。例えばジグムント・バウマンは、オンライン・ディスプレイ・ビジネスや、公と私の境界がぼやけたことについて、やや違った見方をしている。バウマンは、ある種のテレビ番組は「告白儀式」になっているとする。こうした番組は、出演者に「心を開かせ」、気持ちを剥き出しにさせ、かつては親密な交際の中にしかなかったことがテレビのスタジオで共有されるようになった。

セネットにとってこのことは、公的領域を破壊的なまでに不安定化するものだろうが、バウマンは、今日ではこうした集団が、個人による公的な告白という責を担っていると示唆する。逆説的にも真のコミュニティへ到る道となっているのだ。[注27] バウマンは、社会的な告白はプライバシーの勝利であり、同時にプライバシーの裏切りだとする。プライバシーが公的な領域に進入すると、とりわけ親密な「共有」の世界において、秘密は失われる。[注28]

観察歓迎？

初めてソーシャルメディアを使った人は概ね、監視されることに合意したと思ってはいないだろう。しかし監視は行われ、ほどなくそれが明らかとなる。人々はソーシャルメディアを通じてつながりや移動、柔軟性などを求めているが、同時に追跡され記録されていることにも気付くのだ。直前に見たサイトに合わせたバナー広告が表示される。ソーシャルメディアはより広い種類の「コミュニティ」を提供するかもしれないが、個々人は消費や移動、行動を観察する抽象的なシステムに縛られている。九・一一直後、新設の国土安全保障省がすぐさま、まだ萌芽段階にあったフェイスブックを個人データの情報源として利用したことは、全く驚くにあたらない。

国土安全保障省による監視はフェイスブックによる監視と同じ空間に存在している。両者とも後期近代（流動化の時代）[注29]に生まれ、その中では監視が文化的・組織的に中心をなしている。両者の連携は、政府と企業の作動のありさまを示すだけでなく、私たちが「どのように考えるようになり、どのように生きるようになったか」までも示している。現代の監視文化は、「搭乗禁止者名簿」に恐れをなしたり、「テロリスト・ホットライン」を意識したりといった段階を超えている。監視文化はソーシャルメディアの中にも生きている。テロ対策とＳＮＳとは、一見すると別の生活領域に思えるが、両者は同じ土壌から成長し、同じ状況の中で生き残り、そしてここが重要なところだが、相互に関係しているのだ。

両者の関係を考える一つの方法として、テレビを引き合いに出そう。国土安全保障省の監視では、少数者が多数者を見ている。テレビでは、多数者が少数者を見ている。[注30]ソーシャルメディアでは、多数者が多数者を見ているのだ。国土安全保障省が活動を始めて間がない頃、「全情報認知」という考え方が導入された。ピラミッドの頂点に「目」が君臨し、光線を放って地球を見張っているという不吉な画像も使われた。世界のどこにいようと、「全てを見通す目があなたの存在を見つけ出す」というメッセージだろう。しかしフェイスブックの描き出す「地図」は全く違う。個々人は点で示され、その点同士を結ぶと、ネットワーク（ウェブ）・ダイアグラムが出来上がる。

国土安全保障省（国によって名前は違っても、各国に同様の組織はあるだろう）とフェイスブックが、同じ流動化した、デジタルな近代にいながら、無関係と考えるのは大間違いである。もちろん前者は領土や貿易を守るためのもので、（おそらく市民の心の中では）政府の最高レベルからの指令を受け、軍全体がそれをサポートする（と考えられている）。後者は、大学生が「友人」を結びつける新たな方法を得ようと作ったもので、一〇年の間に一〇億人を超える利用者を獲得した。しかし、フェイスブックにも国土安全保障省のページがあり、国土安全保障省はフェイスブックのデータを積極的に活用している。

国土安全保障省は、フェイスブックや他のSNSのデータを、捜査のために極めて有用と見ている。電子フロンティア財団（EFF）は二〇一〇年に、国土安全保障省の移民・市民権局が以下のようなメモを作っていたことを、情報公開請求によって明らかにした。

「多数の人が持つ自己愛的傾向は、「友だち」へのリンクを大量に増やしたいとの欲求を生み出し、知らない人からの友だち申請もしばしば承認される。これは、不正検出国家安全部が、不正な請求や受益が疑われる人の日常を観察する上で、有利に働く[注31]」。

二〇〇九年、オバマが大統領就任の準備をしていた時期に、国土安全保障省は「関心事」をソーシャルメディアで観察していた。個人を識別する情報は集めていないと彼らは弁明したが、公開されているものを利用するのは全く問題ないとも主張した。

フェイスブックの側でも、「新聞やショート・メッセージなど他の情報源からも情報を収集する」国土安全保障省のやり方を、嬉々として模倣しているように見えた。小さな文字までよく読んでみると、注意すべきことに「この情報はあなたがこのサイトを利用していなくても収集されます」とある。実際にフェイスブックは、「関係を結んでいる責任ある企業を含め、第三者とあなたの情報を共有することがある」とはっきり謳っている。[注32]あなたがプライバシーの設定を、「最も高い」にしていてもである。

カナダのプライバシー・コミッショナーであったジェニファー・ストッダートは、フェイスブック利用者の個人情報に、ゲーム会社など第三者が実質的にアクセスし放題であるという事実に気づき、フェイスブックに対して質問状を出した。それに対してフェイスブックは二〇一〇年に、「アプリ側は利用者に対して、どのような種類の個人情報を得たいのかを通知し、利用に関して同意を求めなくてはならない」[注33]と規約を変えて対応した。

これまで見てきたように、フェイスブックと国土安全保障省は同じように機能している。グーグルが成功した検索モデルは、国土安全保障省によってうまく利用され、フェイスブックによってグレードアップしたと言える。グーグルの検索は、「厳格で効率的な方程式」に依存しているが、フェイスブックは「友だち」のつながりによる「ソーシャルグラフ」の可能性を見抜き、活用している。[注34]グーグルはクッキーを利用して利用者の行動を追跡し、検索やブラウジングの履歴を観察しているが、フェイスブックは人々の実名や現実の友人関係、メールアドレスなどを使って、利用者の実際の嗜好や考え、ニュースなどをつなげて、プロフィールを追跡している。[注35]

フェイスブックのプライバシー・ポリシーは頻繁に質問・批判され、フェイスブックは何度も、利用者がコントロールする余地が広がるように、プライバシー・ポリシーを改定してきた。プライバシーに敏感な人々が、プライバシーに関するあらゆる設定を「高」にするのは自然なことであろう。そうしておけば、家族や友人以外の人が直接に、あなたのフェイスブックページから得られる情報はほとんどない。しかしマーケターや、マーケターのような手法を取る国土安全保障省などは、あなたのプライバシーに対する主張を考慮に入れない。

あなたもおそらく、フェイスブックに何百人もの「友だち」がいることだろうが、その中には、フェイスブックが情報を共有《シェア》すると言っている企業に情報を提供するという形で、意図せずにあなたを裏切ってしまう人もいる。実名や実際の嗜好、政治傾向、主義主張などを公開しているとき、フェイスブックのデータを利用する組織は、あなたがプライバシーの設定を「最高」にしていても、あなたについてもタグがつけられているのではないかと期待する。全く共通点のない人の「友だち申請」を受け入れる人は少数であろうが、同時に、嗜好や政治傾向や信念の「リアルさ」が、その人が何をシェアしているか、とりわけ若い人の場合には何を書き込んでいるかによって、保証されると期待できるのである。他人と違っていると思われることを恐れる人も少なくない。パフォーマンスの舞台はサイトのデザインであり、各人は想像や期待を満たそうとする。かくしてフェイスブックの監視は、社会的な監視と出会う。

この点において私たちは、イギリスの社会学者アンソニー・ギデンズの行ったような二〇世紀の理論を超えていく必要がある。ギデンズが、近代の制度の中で監視を正面から扱ったことは、まことに先見の明があった。[注36] またギデンズは、監視への対抗として、「言論の自由運動」を提唱した。しかし彼は、成長しつつあった新技術に注目せず、消費者資本主義の「新自由主義的転回」とでも言うべきものを予見できなかった。新自由主義は、彼の本が出る数年前に政権を握っていた米国のレーガンと英国のサッチャーが解き放ったものである。

新技術と新自由主義とは手を携えて、主として国家の活動と結びつけられていた旧来の監視概念を時代遅れにした。ギデンズが監視を近代の中核的次元としたことは正しいが、監視は国家だけに関わることではない（国家が依然として個人データへのアクセスを求めているとしても）。ギデンズの命題を裏書きするように、国家による監視は現在、表現の自由を深刻に脅かしている。スノーデンの事件以来、ジャーナリストにもネット利用者にも、萎縮効果は広がっている。[注37] 第二章で述べたように、今日の監視文化は、利便性、注意、服従を含んでいる。

しかしそれだけではない。監視文化には、消費者デバイスやコミュニケーションへの欲望も関わっている。これを予見した理論家はいないだろう。フィリップ・K・ディックやハーバート・マルクーゼはいい線まで行ったが。後知恵で考えると、ソーシャルメディアにもそこに至るまでの技術的な「前例」のようなものはあったが、交流のプラットフォームとしてのソーシャルメディアはまさに新しい可能性と新しい問題を生み出した。政治経済的、倫理的なリアリズムから見れば、ソーシャルメディアも、国土安全保障省の行う仕事に複雑さを付け加えただけ、とも言える。

二〇世紀後半のIT技術の進展は、労働の強度を減らしつつコミュニケーションを容易にすると同時に、全域的な監視の可能性を開いた。ジェームズ・ルールは初期の「監視の社会学」の中で、社会保障やクレジットカード、運転免許証などを例に、[注38] 新しい監視手法の特徴として、監視される人の多さ、取り扱われる情報の大量さ、意思決定の精妙さ、システムにおけるデータの中心性あるいは相互接続性、情報の流れる速さ、システムと個人とをつなぐ接触点を挙げている。

こうした監視の実践が、あらゆる人の生活にまで「溢れ出し」ている。「溢れ出す」ということ自体、無罪ではない。大量の監視能力があらゆる人の日常に開かれている、ということではないのだ。ソーシャルメディアの普通の利用者が、友人や知らない人の詳細をリアルタイムで遠隔から洗練された形で監視できるようになったのは確かだが、だからと言って普通の利用者が「力を与えられた」とは言えない。ケータイやラップトップパソコンによって、政府や警察などの「確立した権力」と個人の力の不均衡が是正されると夢想する人も一部にあるようだが、それは間違っている。ケータイやパソコンが現実に力の源泉になるとしても、方程式はもっと複雑である。第六章で見ていくように、新しいメディアを使ってどのように政治権力と対抗する可能性があるのかを指し示すには、現実に即した想像と実践が要る。

ハイテク監視を実際に行ったことがない人でも、新しいテクノロジーの利用を通してそのような力を与えられるといったことがあるために、監視に関わっているかもしれない。これは視覚的な監視とデータ監視、ビデオカメラによる監視からソーシャルメディアによる監視まで、いずれにもあてはまる。二〇世紀、組織によるIT利用は急拡大し、同時に様々な新しいメディアが日常生活の細部にも入ってきた。多くの国で、人口の大部分が、職場や家庭のコンピュータだけでなくケータイその他でネットにつながっている。過去の通信機器を「飛び越える」ことができる途上国で、この傾向はより顕著なのである。

ソーシャルメディアや電子ゲームが監視の手段として売られることは少ない。しかし、GPSや携帯電話用鉄塔によって位置が分かるフォースクエアや、フェイスブックのiPhone用アプリ「Places」は、人々が嬉々として友人の居場所を知ることを可能にしている。およそソーシャルメディアのサイトは、利用者が個人情報を流通させ、同時に他人の行動を追跡することを、奨励しているのである。これが何を意味するのかを人々が意識させられたのが、スノーデンによる暴露だった。スノーデンは、諜報機関が、電話会社やネット企業に蓄えられた個人情報にアクセスしていることを、白日の下に晒したのである。

だが、ソーシャルメディアを使ってどのような監視が行われ、(ネット)ゲームはこの構図の中にどうあてはまるのか？ ソーシャルメディアの利用法は複数あり、ゲームも予期せぬ形で監視的側面を持っている。ソーシャルメディアのプロバイダだけでなく利用者も、ソーシャルメディアを使うことで監視に関わっている。ゲームもまた、娯楽の名のもとに、監視への関与を可能にしているのだ。

ソーシャルな監視

ソーシャルメディアによる監視に気付いている人は少なくない。議論の一方の極には、「プライバシーはもはや過去のものだ」と主張するフェイスブック創始者のマーク・ザッカーバーグを喜ばせるような主張があり(しかし彼自身はそれにもかかわらず、プライバシーを確保できる住宅を多大な労力をかけて建設したのだ！)、他方の極には逃れられない不吉な管理の徴候を見る主張がある。[注39] これは相矛盾する傾向であって、議論は衰える兆しを見せない。何らかの見通しを得るために、議論をレビューする価値があるだろう。

ソーシャルメディアに対する初期の評論家の幾人かは、この文脈において、古典的なトップダウン型の監視が存在しているとしても、アリス・マーウィックが「ソーシャルな監視[注40]」と呼ぶような、より相互的な形の監視が広がっていると指摘した。しかしながら、知名度があることを称揚する世界の中で、プライバシーにどんな意味があるのかと疑問に付す人も多い。例えばダナ・ボイドは、矛盾して聞こえる言い回しだが「ネットワーク・プライバシー」ということを言っている。[注41]利用者はいつものやり方で他人の映像をアップロードしたり情報を共有したりしている。さらに、フェイスブックのグラフサーチのように、他人を見つけ出すための道具も利用することができる。他人のデータを「掘り出し」、パターンを見つけるために使われる。これは、ソーシャルメディアと監視をめぐる議論を、より一層複雑にする。

これについての最も面白い研究は、最も利用者の多い二〇代や三〇代を対象に行われている。しかし、ソーシャルメディアの利用開始時期はもっと早く、一〇代やそれ以下であったりする。ヴァレリー・スティーヴズの、子供・若者とソーシャルメディアに関する研究が見つけたことは興味深い。必要な知識は早期に学ばれ、子供たちは「新しいアイデンティティを試し、友だちとつながる」[注42]。一二歳から一七歳の子供たちは、親や先生の「監視のまなざし」を懸命に避けながらも、自らのアイデンティティを見つける手段としての文字通りの監視を歓迎するのだ。

子供たちが親による監視を「世話《ケア》」と受け取るとしても、一〇代の末にもなれば、親による「管理」に反抗するかもしれない。「ママはいつも私を監視してる」「フェイスブックにいるのはやめて、自分の仕事をして！　友だちになるんじゃなかった」[注43]。もちろん彼らも、親が自分たちを守ろうとしていることは知っているが、自分の力だけでしたいこともあるのである。もっとも、親への態度は、学校によるフィルタリングや、その他のブロッキング措置への態度と比べれば、比較的穏健と言える。一〇代の子供たちは、ほとんどパノプティコンのような状況の中で、自分が信頼されていないと感じている。彼らはソーシャルメディアというネットワーク空間を好む。視覚的に様々なものが提供されるからであるが、同時に観察されている。

ソーシャルメディアにおいて実際に何が起きているのかを知ることが重要だとマーウィックは語る。ソーシャルメディア利用者が、他の人の上げたコンテンツをじっくりと見、他者の目で自分のコンテンツを見るとき、そこで起きているのは監視だとマーウィックは主張する。権力やヒエラルキー、互酬制といった観点からすると、古典的な意味での監視から変質していることは認めつつも、やはり監視であるとするのだ。毎日、社会的差異が権力のミクロな関係に影響を及ぼし、社会的役割が変化し、情報の慎重な共有や切断を通して人々はネットワークに包摂されたり、そこから排除されたりする。

マーウィックらが示すように、利用者は「心の中の観客と共にデジタル行動を観察している」[注44]。監視的想像の鍵となるのはこの点である。人々は他者を観察し、同時に他者から観察されることに気付いている。それで他者が自分を見張っているとの強い意識につながると、多くのアナリストは認めている。ただし彼らは必ずしも、他の水準の監視（多くはビジネス上のもの）も他の参加者に影響を与えることには気が付いていない[注45]。マーウィックは三つの鍵的な領域を探究する。一つは、ニッパート＝エングが「周縁労働」と呼ぶもの（通勤など）で、そこではソーシャルメディアの文脈は破綻している。二つ目はフェイスブックを使ったストーカー行為で、他者を陥れるために詳細な情報が探られる。三つ目は、利用者は「見られるために」どのようにソーシャルメディアを使っているか、である。

こうした監視の影響は、旧来型の監視の影響ほどには直接的ではない。しかしソーシャルな監視は疑いなく、他の利用者の「自己監視」を作り出している。観察によって行動が変わったとき、そこには「内部化された監視のまなざし」があるのかもしれない。行動が単に強化される場合もある。マーウィックにインタビューを受けた一人であるメイ・シンは、「フェイスブックでは友だちが、自分と同じことをしていることがよくある」と観察している。[注46]

ソーシャルメディア内での権力関係に気付くまでは、ソーシャルな監視は無害と思われているかもしれない。ジェンダーや人種、その他「脆弱性」が交わるところで、権力関係は顕在化する。ヴァレリー・スティーヴズとジェイン・ベイリーが、若い女性のオンライン生活について調べた研究において明白に示しているように、ソーシャルメディアの設定によってこれが拡大する。[注47] 彼女たちは、扱いの不平等だけでなく（「男の子たちは何でもやりたい放題なのに！」）、性的なまなざしを向けられることも意識している。「女性の性的解放」の名のもとに、女性の体は過度に露出しているとするのだ。

この研究は、直接に大組織や制度が関わることのない形で行われる監視を説明する点で、洞察に溢れている。個人間レベルでの「まなざしの権力」は依然として顕著である。それは差異を作り出すからだ。例えば、ひっきりなしに他人の動向を気にしている人は、こうした権力関係に気付いている。国際世論調査では、米国、カナダ、イギリスにおいて、ソーシャルメディア利用者の三割がこうした「ストーキング」行為をしており、かつ、監視されている側がそれを知ったならば当惑するだろうとも想像している。[注48]

かつて言われていた領域以外でも監視が行われているのを知ることは重要だが、それを可能にしたものにも注意を向ける必要がある。ソーシャルな監視を行っているのは普通の利用者だが、それを可能にしたのは大企業のハイテクノロジー（アルゴリズム、機械学習、顔認識など）だ。つまり、こうした種類の監視の機会は、利用者自身の「まなざし」や他者の記録への欲求ではなく、独自の目的やビジネスモデルを持つ大企業から生まれていると言える。

ダニエル・トロッティアーによるフェイスブック調査[注49]については前にも触れた。ソーシャルメディアが居場所のようになっており、知人たちとともに長い時間がそこで過ごされているとするものだが、トロッティアーは、ミシェル・ド・セルトーの言う「所有者」と「住民」との区別に従い、後者ではなく前者が、空間を作り替えたり規制したりする力を持つ、とも指摘する。空間の利用を決めるのは住民だとしても、どんな風に空間を経験させるのかを決めるのは所有者であるとするのだ[注50]。

トロッティアーは、ソーシャルメディア利用には「四つの水準」があるとする。第一の水準は、ボイドやマーウィックなども論じている「ピア・ツー・ピア」、すなわち利用者同士での情報交換であるが、それ以外にも、企業や政府が関心ある人の情報をソーシャルメディアを使って観察する水準、マーケターが大規模データを使って各人のアイデンティティを並べ替え可能なデータにする水準、警察や公安などの政府機関が隠れて行う水準、の四種である。しかしながら、この四つの水準も分離しているわけではなく、接着している。動的に相互作用し、しばしばその能力を互いに強めていく。

これらの研究は、ソーシャルメディアと監視についての研究におけるある種の葛藤を表している。アルブレヒツルントやダブルドはネットワーキングの楽しさや支援の側面に光を当てるが、それに対し、マーク・アンドレジェヴィックやクリスチャン・フックス[注51]などは、一部の人たちにとっては楽しい場所だとしても、監視の中で「デジタルな囲い込み」が起きていることを強調する。こうした場合、無邪気な楽しみが、多くの利用者も理解している「思い通りになりにくい状況」の中で生起する、ということになる。

私が採用するのは、この議論のどちらか一方につくことではない（両者の間で対話も行われてきた）。ソーシャルメディアの持つ「楽しさ」が、監視の否定的な側面を最小化するために常にメディア側と交渉しなくてはいけないという認識によって、どのくらい弱められるのかを理解しようとする方が建設的だろう。[注52]オンラインゲームや、日常のゲーミフィケーション（ゲーム化）についても、同様のことが言えるだろうか？

ファンとゲーム

学問研究も含めて、あらゆる活動には、ゲーム化した側面がある。[注53]例えばオンラインの学術ネットワークである「リサーチゲート」もゲーム的に作動し、参加に対して報酬やインセンティブが与えられる。参加者数は常に表示され、「一〇〇人が読んだ」「二五人が引用した」といった基準値を超えたり、新しい「フォロワー」が現れたりすると、当該研究者にお祝いのメッセージが届く。

同時に、すべての人の利益になるようにゲームを作動させるという強い圧力も働く。あなたが一人で参加していても、ネットワークの中では一人ではない。例えばあなたが、ダウンロード可能な形で論文を上げていないと、そうするようにとせっつくリマインダーをひっきりなしに受け取る。企業や、業績中心の大学では、「リサーチゲート」の世界は現実の鏡であって単なるゲームではないことにも、多くの人は気付いているだろう。学部構成員がみな、こうした「アカデミックメディ

ア」に参加を要求される日は遠くないかもしれない。[注54]

劇場監督のジョン・マグラスが言うように、ゲームの名は「プレイ（遊び）」である。一般的な考え方の中では、監視は大部分、犯罪管理や安全確保、プライバシーと関連づけられて、「恐怖」や「リスク」というフレームの中に入っているが、可能なフレームはそれだけではない。ジェニファー・ウィトソンが指摘するように、今日では、「強化、誘惑、欲望」もまた有力な候補である。[注55]彼女はアーヴィング・ゴフマンに従って、いかにゲームを真剣な社会的交流とみなすべきなのかを示す。規則と儀式性のある出会い、それがゲームなのである。

「ワールド・オブ・ウォークラフト」や「アングリーバード」といったオンラインゲームは、しかしながら、隠された規則などの独特の特色を持っている。プレイヤーはゲームをしながらそれを学んでいくことになるが、上達するにつれて規則自体も変わってゆく。表からは見えないアルゴリズムに基づいて、プレイヤーもまたサイバネティックスの言う「フィードバック・システム」の一部になるのだ。ゲーム自体だけでなく、Academic.edu やリサーチゲートといった「真面目な」サイト内のゲーム的要素も、資本主義組織のより広いプロセスを反映している。[注56]学界関係の「ゲーム化された」サイトでは、謎の数式を使う、透明性を欠いた点数付けシステムが、「セルフ・ブランディング」の世界でランキングを作っている。他の無料《フリー》プラットフォームと同様に、無料なのは学界側の労働力で、それがプラットフォーム側の利益に貢献している。

ゲーミフィケーションは幅広い分野でゲームのような楽しさをもたらしているが、その根本には「点数付け」がある。ウィトソンはランニング用デバイスなどの肥満対策や、財務状況改善用のアプリを例に取り、その自己監視機能について評している。それらは、データを細かく分析し、フィードバックを返すことで、利用者の楽しさや業績が増すという同じ前提に基づいている。こうしたシステムは、かつてはプライベートであったものを測定し、図表化する。こうした製品には欲望への誘引が埋め込まれており、容易に「監視的想像」の一部となる。私の主治医は、私の水泳、自転車漕ぎ、ランニングのパフォーマンスを測定する機器を身につけることを勧めてきたが、今のところ私はまだ従っていない。彼自身がそうした機器の熱心な利用者なのである。

こうしたことが嵩じると自己のケアの数量化につながると、ウィットソンは結論付ける。[注57] どのような「ゲーム」の分野であれ利用者は、入ってくるデータに合わせて、点数が最大化するように自分の活動のレベルやふるまいを調整するかもしれない。特に仕事関連では、こうしたデバイスの導入が、雇用者側の利益にかなうことを見るのは難しくないが[注58]、「ゲーム」の魅力や快楽ばかりに目を向けると、それが私たちの管理や調整を容易にする側面に目がくもりがちになる。[注59]「自己監視」として行っていることが、他者からの監視の可能性を開く。

フォースクエアは広告で、「場所の検索や発見を行うモバイルアプリで、利用者のために検索を行う」と謳っているが、ウィトソンによれば「ゲーム化されたネットワーキング」という別の側面を持っている。他人がどこにいるのかを地図で探せば、バーやクラブやコーヒーショップで、友人を見つけるといった行動が取れてしまう。このアプリのゲーム的側面が作動するためには、参加者は「チェックイン」を行うことが必要だが、もし参加者がこうしたことに乗り気でないのなら、当然のことながら、議論の余地があるだろう。

ゲームやゲーミフィケーションの持つ「あいまいさ」はこうした点にある。さきほども述べたが、経営者側は、数量的なフィードバックを使って生産性を上げることが、組織にとって有利であることに気付いている。従業員のモチベーションを上げるために、職場で「アングリーバード」などのゲームを奨励したり、[注60]あるいは経営戦略の一環としてゲーム化された「自己監視」を取り入れるような経営者が現れるかもしれない。ゲームがゲームでなくなるのはいつだろうか？　おそらくそれは、雇用する側がゲームでプレイするのを強要した時だろう。ゲームが娯楽ではなく、効率や収益性を上げるために使われることに気付かない労働者はほとんどいないだろう。会社の利益という本来と違った目的のために、ゲームをしたいという欲望を利用する可能性があるのだ。

経営とは関係ないところでも、ゲームの質は「隠れたルール」というユニークな特質に依存しているとウィトソンは示唆する。ゲームのプレイヤーは、ゲームを作動させているアルゴリズムが公正かどうか、特別のやり方を有利にしていないか、見破る方法はない。そうしたゲームでは、ゲーム内のルールについて、プレイヤーには交渉する余地もない。ゲームにあらかじめ特定の価値判断が埋め込まれており、もしかするとそれは全プレイヤーを平等に扱うものではないかもしれない。

ゲームと監視を考えるもう一つの方法は、ゲームというメタファーが、監視の現場においていかに重要となったかを見ていくことである。監視に参加するさまざまなプレイヤーの動機は多様で、規律と権力だけが鍵的要因ではない。ヒル・コスケラとリサ・マキネンは、管理と享楽とが融合した今日の監視を表す比喩として、「追いかけっこ」「かくれんぼ」「迷宮」「いかさまポーカー」などを使っている。[注61]

彼らは「ゲームとしての監視」「遊びとしての監視」を、伝統的な監視の定義に挑戦し、理論の評価を変え、市民の自由への懸念に光を当て、予期しない抵抗を行うチャンスを提供するものだと見ている。「追いかけっこ」の例として彼らは、イギリスのサイト「インターネットアイズ」を挙げる。そのサイトでは、登録した利用者が店舗や企業に据え付けられた監視カメラの映像を見て、(異状があれば)カメラの設置者に盗難の危険を知らせる警告を発することができる。「私たちの生活に監視が充満するにつれて、新しい形の社会的行動が起こってくるだろう。まだ知られていない新しい抵抗、新しい道徳を、私たちは認識しなくてはならない」[注62]と彼らはコメントする。

監視の充満は、特に「監視文化」というレンズを通して見ると、日常生活における新たな様式の行動に加えて、出現しつつある想像の中で新たな様式の警戒が要請されている。ビジネス上の監視が「ゲーム化」していることについては、ジュリー・コーエンがその陰鬱な面を描いている。「特定の行動モデルに基づき、文化的主体としての私たちの内部から参加を抽き出している」というのが、コーエンの主張である。[注63]「自己のテクノロジー」が、数値化され、観察され、フィードバックに入れられる中で、「自己を改善するという軌道に乗せられてしまう」と言うのだ。かくして、利用者自らが作るのではないかたちで「自己という物語」が構築されてしまう。[注64]こうしたゲームは、表面的には楽しそうであっても、忍びよる別の機能へと文脈が移されてしまい、利用者に高い代償をもたらすかもしれない。

コーエンは、こうした監視における遊戯性を「煙幕」と捉える。利用者には見えないアルゴリズムは、「主体性を制限し、特定の向きに方向付けて、個人の行動をより予想が付きやすい方へと導く」[注65]。新たな「物語」の中で監視は厳格なものから、より軽い、遊び心のある、時には笑えるようなものへと移り変わったが、「ゲーマーとしての自己」は、新しい徳目が社会的に強化されていることに気付くことになる。「ハイスコアを維持せよ、自分の過去のベストを超えろ」という要請である。それが商業的なプラットフォームの中で行われる。純粋な楽しみかもしれないが、その楽しさは深層で他者によって作られている。

こうした見方からすると、「参加型への転回」は、起業の自由と呼応した典型的なネオリベラルな戦略だということになる。「ゲームのプレイヤーは自発的であり、合意しているのだ」という考え方は、特権がネオリベ的に分配されていることを考えると、浅薄なものと言える。

もし欲望が、ゲーミングを通して監視的想像の基本要素として現れ、アイデンティティを形成するために注意深くカモフラージュされた基準の主体としての自己の創造に貢献しているとすると、ゲーマーたちは単にシステムの手先に過ぎないのだろうか？　ゲームやそれに類する行為を行うことは、「ビッグブラザーを愛する」ことなのだろうか？　『一九八四年』の最後で、ウィンストン・スミスがそのように告白することを「自己が監視国家を畏れ最終的に降伏する」と捉えている人にとっては、当惑する結論かもしれない。

ジョン・マグラスは、監視が延命する理由の一部は、私たちがそれを欲しているためだとする。言い換えると、私たちは監視を享楽し、監視で遊び、監視を慰めに使っている。「繰り返し見ることを通じて私たちは、自分の身体や精神の再配置を行っている。監視空間と……関連して」[注66]。オーウェルやジュリー・コーエンと違いマグラスは、ビッグブラザーを愛することを、「自己の敗北」とは捉えない。マグラスの扱っているゲームは主としてインターネットよりテレビに関係している。とりわけ、「リアリティTV」というジャンルの代表作と言われる番組「ビッグブラザー」がマグレスの研究対象である。

「ビッグブラザーを愛する」とはマグラスにとってどのような意味なのか？　監視に実際に関わっている各主体は、必ずしも監視する側の意図に沿っていないとマグラスは見ている。監視の

「再配置」が起こるとしているのだ。この「再配置」という概念はおそらく、コスケラとマキネンの言う「新しい形の抵抗」に近い。マグラスが推し進めるのは、監視空間におけるパフォーマンスの中で、「権力を持つ側の欲望」が返り討ちに遭い、監視を恐れず創造的に監視と共に生きるような、能動的な社会的自己が出現する可能性だ。ただ難しいのは、キース・テスターも示唆しているように、[注67]ビッグブラザーを愛する者たちが、大いに資本（文化資本および経済資本）に依存しているという事実をマグラスが無視していることである。出演者たちには演劇経験があり、パフォーマンスを行うための舞台も要る。それを「転倒」させるためであっても。

マグラスはテレビ番組の「ビッグブラザー」を論じているが、その出演者たちは生活という点から「失うものはない」ということを知っている。結局、彼らの日々の必要は満たされる。彼らは、現実に監視の世界で生きている人たちのようには、欠乏や貧困や罵倒を知らない。テスターが言うように、「現代資本主義で周縁に追いやられている人たちにとっては、監視は親切でもなければ支援もしてくれない」。それに加えて、ここで登場する資本主義的社会関係は、単なる資本主義ではなく、ズボフの言う「監視資本主義」という特定の資本主義であることを、思い起こす必要があるだろう。

競争から服従へ

プライバシーの侵害が自由の喪失だとする「オーウェルの読者たち」は、ソーシャルメディアの利用者たちが自分に関するデータを不用意にまき散らしているのを見て、頭をかきむしるかもしれない。「なぜ個人データを吸い上げることを基本業務としているようなシステムに、考えもなしに進んで服従してしまうのか?」、また「プライバシー・パラドックスがある」と。オーウェルの読者からすると、ソーシャルメディアの利用者は、自分の情報が流出することを心配していないように見える。ただ、ダナ・ボイドも言うように、問題は複雑である。[注68]

国土安全保障省は、むしろ遠慮気味に(そして見下し気味に)、ソーシャルメディアを始めた人たちの「ナルシスト的傾向」について言及している。[注69] おそらく関係者は、クリストファー・ラッシュによる批評書『ナルシシズムの文化』を読む羽目になったのではないだろうか。この本は、ソーシャルメディアの開始よりもはるか前に出版されたものだが、一部では、ニューメディア文化において自己に没入する傾向が強まることを予見した書、とされている。[注70] 既に三〇年以上前に書かれたラッシュによるアメリカ文化への「告発状」は、人々が自分についての考えを肥大させ、愛や承認が欲しい時でさえも他人を自分の満足の道具に使うという病理に陥っている、とするものだ。ラッシュは、人を道具のように使うことに重点が置かれ、深い人間関係が築かれなくなっている官僚制的世界の中で、人間の性格が変わってしまったことを心配していた。国土安全保障省はその呼び声を今日聞いているのだろうか?

いずれにせよ、国土安全保障省が広い文化的な傾向に言及したことは、ソーシャルメディアが技術的可能性の追求であるといった類の煽り言説が溢れる中では、その「解毒剤」として機能する。マーク・ザッカーバーグは、ラッシュが非難し、リチャード・セネットやジグムント・バウマンが社会学的に分析した文化の申し子である。国土安全保障省がナルシスト傾向を強調するのは、安全を脅かすものに関する情報を集めるためである。しかし、ソーシャルメディアから情報を取得するのは、ソーシャルメディアのインフラ自体と同様のテクノロジーに依存している。同じ「流動的な現代文化《リキッド・モダン・カルチャー》」の中で単に方向が違っているだけだ。

国土安全保障省の言う監視とナルシシズムとの関係について考える有用な方法の一つは、「露出」という概念を利用することだ。クリスティ・ボールが示唆するように[注71]、監視は様々な方法で人々を露出するが、ソーシャルメディアの世界では、個人の活動に関わって「内面」までも露出してしまう。そうした露出を避けながらソーシャルメディアを楽しむ可能性も存在する。「露出」という概念は露出される内面についてのコンテンツについて考える機会を与える。「いかにして内面が表に出てくるのか」「それが他人によっていかに検証されるのか」といった分析である。

クリスティ・ボールは、メディア文化と心理療法《サイコセラピー》への強制とが融合して、各人が自分について公表すべきという考えが広まったのではないかと、「露出」概念を利用して注意を向けている。「データを人に与えることは、不安を鎮めたり、個人が愛国心や参加の価値を表象する効果がある」ため、監視はただ許容されるというより、むしろ求められるとボールは主張する。人々が監視に対して両義的な感情を持つのは、時として監視している者が誰か特定できず、あるいは管理を体感できないため、もしくは、「パフォーマンスを露出する快楽が、『自白』と手を携えた『精査』をも上回っているから[注72]」とも。こうしたボールの研究の先駆性は他の著述にも見られる。

もちろん、消費者の「ソフトな監視」という文脈は、それ自体が露出を奨励する。ソフトな監視は、ゲイリー・マルクスによれば侵襲性が少なく、特定の言葉が使われ、特定のメディアと文化的な雰囲気のあるところでは、身体データの提供も議論にはなりにくいと言う。これは「説得による服従」だが、意味のある選択を否定し、個人の利害ではなく共同体を強調し、親密な身体接触よりは遠隔での走査《スキャン》である。また、満足を得るために露出したいという文化的な傾向とも関連している。こうした文脈の中で、個人による露出と自己の私的側面の捕捉の拡大が、「無害で望ましく、当たり前」と受け入れられているのかもしれない。[注73]

フランク・フレディは、「セラピー文化」の勃興が、脆弱な部分を公的に晒すことを正当化しているのではないかと主張する。[注74]公私の境界が溶解してきたのは、セラピーでの「告白」と関係しているというのがフレディの考えである。私的なことを公開することは、ソーシャルメディア以前にテレビで広まっていた（たとえばオプラ・ウィンフリーを想起せよ）。ソーシャルメディアはそれを単純化し、拡大し、グローバル化したに過ぎない。もし感情が個人のアイデンティティの核となるならば、それを表に出して他者と共有することは、その人にとって癒しであるばかりでなく、社会的責任であるとフレディは言う。表に出したものは管理し得る。これは、「アルコホリックス・アノニマス」のような支援グループにも見られる。

共有することは気持ちがいい。たとえそれが、健康を取り戻すというよりむしろ、「回復という立場」に人を置くものだとしても。共有する人々は社会の中での居場所を教えられる、とフレディは言う。例えばパロアルトに、パール・ワズラウィック（ファミリー・セラピスト兼精神科医）が主宰する「メンタルリサーチ研究所」があるなど、カリフォルニア州がこの種のセラピーの一大拠点となっていることは偶然ではない。親密な共有を奨励することが、コミュニケーション的要請の一部となり、ケアの定義ともなっているようだ。第五章ではこれについて、共有とケアとを監視的につなげる、強迫的な架空のアカウントに関連して述べる。

これに関しては、ソーシャルメディアのような「近視眼的な見方」にとどまらない見方をしている論者もいる。彼らは、共有を奨励しているのは現代経済の要請であって、単に私的な問題にとどまらないと言う。例えばジョディ・ディーンは、大量の情報が「繰り返された露出や秘密の暴露を公的領域へと投げ出す」[注75]中で、賢明でなくてはならないと主張する。したがってこの場合、露出したいという表面上の意欲は、今日の技術文化《テクノカルチャー》がより多く、速く、安価な情報生産に価値を与えていることに関係しているのかもしれず、そこでは負担が次第に「公的なものとなっている」。こうしたつながりがなければ、隠したいと思っていたことかもしれない。ディーンによれば、現代の「コミュニケーション資本主義」と国家の編成が一体となって、露出や自己開示といった状況を作り出しているという。[注76]開示の義務と監視への欲動とが結びついて、個人的なもの（あるいは少なくとも個人データ）の政治を動かしている。

　しかし、なぜソーシャルメディアの利用者が気ままに自分についての詳細をオンラインで流してしまうのかについては別の説明も可能である。アーリー・ホックシールドは「外部委託《アウトソーシング》された自己」が論理的に成長したためだと言う。ホックシールドは二〇世紀の米国を混乱と動揺の場所と捉え、家族が近隣の共同体の援助に頼れなくなり、すべて自前で行っていくことが必要になったとする。労働者数は男女ほぼ同数となり、離婚も増え、ケアについて家族と市場の間の「すきま」が拡大した。ヨーロッパ型の政府の援助も期待できない。アメリカ人たちは、生産はもとより、服を作るとか、料理といった点においても、市場に目を向けた。旧来のサービスは、民主化し、より専門化し、それればかりかさらに「かつては市場から隔てられていた、私たちの感情的生活の奥深くまで」[注77]入り込んできた。ベビーシッターや保母だけでなく、「マリッジ・カウンセリング」「ラブ・コーチング」といったサービスまでもが販売されている。

このように自己が「外部委託」されると、心の奥にある事柄の多くにまで市場が入り込んでくる。社会生活がこうしたサービスを軸に構築されてしまっているなら、それを勧めるサイトやアプリの出現もまた意味があるのだろう。一般論として、高度に個人的な事柄が市場で共有されるという文脈が既にあるのであれば、同種のサービスがネット上で展開される土壌となり、個人データを喜んで放出することにつながるだろう。そうしない理由があるだろうか？

言うまでもなく、新たに入手可能になったデータによって、オンライン・マーケターたちは利益を得ている。感情の世界や、家族・愛情関係の世界はこれまでもお金儲けに利用されてきたし、そこへ遠隔的に踏み込むのはまさしく「次の一手」であった。マーク・アンドレジェヴィックは、消費者が購買行動をする時の感情的なコミットメントを強調して、「感情経済」と呼ぶ。[注78]その目的はと言えば、人々の社交をコントロールするために、感情のコード化及び分析を行い、監視資本主義の非常に「ソフト」なバージョンの中で、「感情」を搾取のための基礎的な資源とすることである。

もちろんこのことは、利用者の感情的なコンテンツと、オンライン参加のプロセスとの間の距離を、縮めるのにも役立つだろう。ところで、奇妙な話が私の心を捉えた。ひっきりなしにチェックしたり、観察したり、「いいね」をしたり、書きこんだりといった面倒を避けるために、「自動セルフエージェント」を雇うことができるというのだ。[注79]この「ボット」が安い値段で、あなたの代わりをしてくれると言う。もし「感情アルゴリズム」がうまく機能するならば、このシステムは上手な買い物をするためだけでなく、人間関係を整えるためにさえあなたの感情の状態を推測できるだろう。なんとお手軽なことか。

利用者は語る

本章では多数の人の声を紹介した。ソーシャルメディアやゲームの世界で起きていることについては、自己愛《ナルシシズム》を説明原理とする国土安全保障省から、欲望や窃視、さらによりストレートに「ビッグブラザーを愛する」ことについて語る学者まで、様々な見解があった。それぞれ一理あるが、利用者自身が自分のオンラインでの行為について触れたものは少なかった。利用者の見解もまたさまざまで、時には複合的な監視的想像を持ち、評論家たちによるカテゴリー分けには必ずしもあてはまらないようなオンラインでの実践も行っている。

人がインターネットを使うのはしばしば情報を探すためとされているが、実際にはコミュニケーションやネットワーク作りが目的の方が多いことも、そうした実践が行われる理由の一つである。オンラインの世界で個人データの流出は監視の結果である（だからプライバシー保護が必要）とは必ずしも思われていない。もし研究者がソーシャルメディアの利用者に、「監視の経験」や「プライバシーへの懸念」について尋ねたとしたら、彼らはあまり詳しく答えてはくれないだろう。

しかしもし、監視やプライバシーといった枠組みを使わずに、オンライン経験についてフォーカス・グループでのインタビューを行ったとしたら、様々に複雑な結果が得られることだろう。しかしながら、彼らは自分の個人データについてとても敏感であり、ある種のマーケティングや企業活動が不適切であったり正統性を欠いていたりしていると感じている。いかなる意味でも、「全てに同意」などしていない。個人データを組織が利用することがどのように解釈されるのかは、文脈によって大きく違ってくる。社会的な地位や、性別や年齢、オンライン活動に「投資」している時間などでも違ってくるように。

この問題を考える有益な方法が、ヘレン・ニッセンバウムの言う「文脈的統一性」(contextual integrity)であろう。ニッセンバウムは、個人データが多様な径路を通じて自由に流れ、あらゆる使い方をされる時代には、データで示される本人にとって何が重要なのかを知ることが重要である、とする。例えばソーシャルメディア利用者の多くは、自分の書き込みやページについて、「企業が見ることのできること」よりも、「オンラインで接触した人々が見ることのできること」に、関心を向けている。[注80] 関心というより意識の欠如という方が正確かも知れないのだが、いずれにせよ、異なった文脈には異なった基準が適用されるのである。

ニッセンバウムは、文脈を四つのクラスに分けることを提案する。「情報の流れ」「利用者の行動の容量《キャパ》」「問われている情報の型」「伝達の原理」の四つである。[注81] 四番目についてだが、「リンクインで接触を求めてきた」「アマゾンが購買を勧めてきた」「医師が病院で患者に同意を得る義務があった」「受取人が秘密を守ることに同意した」といった場合に応じて、「伝達の原理」は違っているだろう。なぜある種のデータがより「暴露的」「問題含み」と見られるのか、なぜある種のデータ収集が少なくとも特定の集団を怒らせるのか、といった問題を理解するのに、「文脈」を考慮することが助けになるとニッセンバウムは主張する。さらに彼女は、データを一定以上公開することは、データ主体の期待に反したとしても、データへの権利の否定につながると主張する。[注82]

ヘレン・ケネディらの研究グループが、英国、ノルウェイ、スペインで、ソーシャルメディアの利用者に「オンラインでのデータマイニング」について尋ねたところ、多くの利用者は、例えばフェイスブックのような企業が別会社にデータを販売しているといった「第三者のデータ利用」について、あまり考えていないことが分かった。注83 大半の人（八一％）が、データが同意なしで他の企業に共有されることについて「反対」、企業が従業員のソーシャルメディアでの行動を観察することについても、ほぼ同じくらいの人が「反対」と答えた。「つながっていること」と「追跡」との間にトレードオフ関係があることを感じている人も多く、プライバシーの設定を「高」にしておけば、ソーシャルメディアのプラットフォーム企業はデータを他と共有しないと考えている人もいた。

ソーシャルメディアにおける個人データのマイニングに関する議論では、「公正《フェアネス》」という単語がしばしば登場する。利用者は、例えばアカウントを作る時に、ある程度の情報が伝わることは予期しているだろうが、企業側が同時に、広告のためだけでなく、他の様々な情報まで嗅ぎつけてしまうことまでは予期していないだろう。利用者の側では、契約について分かりやすく同意を求めて欲しいと思っている。利用者が「プライバシー」という言葉自体を使っていなくても、「ソーシャルメディアのプラットフォーム側は、公正さや倫理についての利用者側の規範的期待の中で行動している」かどうか気にかけていることを、この研究は示している。

結論に向けて

（特にソーシャルメディアにおいての）個人データ利用について、「監視」や「プライバシー」といった言葉がかつてほど力を持たなくなったという事実から何が学べるだろうか？　こうした概念を超えて、オンラインの世界は「ポスト監視」「ポスト・プライバシー」状況にあると論ずるべきなのだろうか？　この問題は一考の価値がある。第一の問題について、もし私たちが「監視文化」

を適切に理解したいのであれば、現在の状況を語るために「監視」が最初に浮かぶ概念ではなく、同様に、現在の状況に不満を持ち権利を主張する場合に「プライバシー」が最初に浮かぶ概念ではないことを、意味しているだろう。

それとは矛盾するようだが、第二の問題については、ソーシャルメディアの世界で起きていることや個人データ一般について、広い視野に立てば、監視やプライバシーといった概念は、依然として維持されるべきと考えられる。企業や政府といった文脈では、権力関係が必ず存在している。今日の監視文化について、理解するだけでなく批判するのであれば、「監視」「プライバシー」概念は依然として重要である。これは、ソーシャルメディアやゲームの愛好者の享受する快楽や、彼らの欲望が共有《シェア》や遊びの中で表出されているということを、否定するものではない。ただこうした感情や行為も、文脈の中で見ていかなくてはならないと言いたいだけである。

文脈について公正に評するのに十分なだけの記述はここまででしてきたと思う。技術面から言えば、急速に拡大を続ける「監視資本主義」が、デジタルな近代の広い文脈となる。だがこれは技術面の話で、他の語り方もあるだろう。その一つを次章で展開する。次章のタイトルは抽象的に、「完全な透明性」としているが、そのガイドとなってくれるのは小説『ザ・サークル』である（映画化もされた）。これは、近未来SFに属する大衆文学で、監視資本主義を象徴するようなシリコンバレーの企業が舞台である。これまで行ってきたような社会科学的な手法を補完するために、文学を使うのは良い方法である。それだけでなく、より批評的に、この状況を振り返る機会も与えてくれる。ユートピアなのか、ディストピア（反ユートピア）なのか？

第三部　共創——文化、倫理、政治

企業や政府は監視にとって極めて重要な領域であるが、そうした領域のみならず日常世界の中の監視的想像について考えること。私たちの社会的、文化的世界は、対立する流れの産物である。感情や、遊びや、関与や、経験でできている。

ハイテクおよびグローバル政府の、聳え立つ制度やプロセスは、私たちの人生を圧倒するように見えるけれど、実は「さまよう獣」を減速させ、その活動を手なづけ、より人間らしいものへと変えるチャンスはある。人間の介入の否定は、希望の否定である。

「共創」(co-creation)という概念は、スノーデン以降、何百万人ものネットやケータイの利用者が、自分たちの想像や実践が今日の監視に関与していると意識することで、実証されているかもしれない。インターネットそれ自体が変容する集合体であり、企業や政府の圧力だけでなく普通の人々の活動に従っていて、しばしば協調して作用し、時にはその「再想像」や「再形成」の構築を手助けする。

第三部ではまず、あるフィクションの世界を取り上げるが、実世界も不気味なくらいこの世界に向かっているのではないだろうか。そこでは「完全な透明性」が組織の目標となっているばかりでなく、普通の人々が喜んでその目標に参加し、デジタル世界の可視性を熱狂的に高めようとするのだ。これまで扱ってきたテーマの多くが再び登場する。便利さがもたらす服従(警告の呼び声も弱まってゆく)、オンラインへの関与を特徴付ける「オンラインでの人格《ペルソナ》」やパフォーマンス、目新しいものに慣れて別の形の監視まで許容してしまうプロセス、魅力的で欲望をそそる、一見無害に見える技術革新がアイデンティティを形成し、微妙に「自己」が作りかえられてしまう……。

『ザ・サークル』を読むことで私たちは、どこまで透明にするのかを、自分で考えて決める機会を与えられる。何らかの「利用者」になることは必然的に、この小説で描かれるようなデジタル世界に入るということだ。この小説の核心と言える、魅惑的で精妙な監視の世界に、登場人物たちはどのように従ったり、対処したり、疑問を感じたりするのか？　私たち読者は現代を、ユートピアと思うのかディストピアと思うのか？

そして最後に私たちは、「良きまなざし」の文化のありさまを探るために、新しい監視的想像と監視実践について考える。これは要約でもなければ、安楽椅子に乗ったままの思索でもない。監視的想像は様々なものから構築され、とりわけ、ソーシャルメディアの若い利用者たちの行動の中には、費やした時間に応じた「径路《アプローチ》」が既に作られているだろう。監視的想像に対して建設的な批判を行う要素はどのようなものだろうか？

「参加」はごく当たり前となっている。だが、「デジタル民主主義」「共通善」「人類の繁栄」といった事柄を推進するのは、いかなるあり方の「参加」なのだろうか？　かつては「プライバシー」「データ保護」といった概念がよく使われた。しかし今日の監視世界の中で、こうした概念はどの程度有効なのだろうか？　それらを超えてゆくにはどうしたらよいだろうか？

第五章　完全な透明性

インターネットが使われはじめた頃、「グローバル・コミュニケーションで世界を変える」「情報を即座に利用できる画期的な『世界脳』が作られる」といった、たわごとのような夢がたくさん語られた。そして当初は、インターネットの持つ監視の次元についてコメントする者はごく少数だった。しかし二〇年経つと、特にグローバル企業や政府機関による「まなざし」に対して、恨み事も随分と聞かれるようになった。原爆は例外かもしれないが、ほとんどのテクノロジーは、否定的な側面を人間寄りに緩和させることができる。したがって、ディストピアとユートピアを識別することが、現今の課題である。

歴史哲学者のミシェル・フーコーは、ユートピアに対して鋭い目を持ち、また、軽蔑もしていた。「それは透明な社会という夢だった。社会の各部分が可視的で認識可能となり、王室や特権企業の『闇の部分』、無秩序の部分はもはや存在し得ないという夢想である」[注1]。ここでフーコーはジャン・ジャック＝ルソーによる、かつては全てが開かれていて平等で自由だったという民主主義的な夢想に遺憾の意を表しているのである。フーコーはこれと、ジェレミー・ベンサムによる全てを見通す一望監視という同様にユートピア的な考えを対置する。これは「パノプティコン」と呼ばれるが、自己規律を通じた完全な管理という、全く対照的な結果を実現する。しかしこの両方とも、透明性が、社会の病理を癒す万能薬として見られている。前者では世論が役割を果たし、後者では、ある種の社会工学《ソーシャル・エンジニアリング》が社会のスムーズな作動を確保する。

監視に関する議論では、透明性の問題は避けて通れない。二〇世紀の監視批判ではしばしば、監視の秘密性が批判の対象となっており、私的とされていたことを明るみに出すことが重要とされていた。しかし「監視文化」においては、さらなる透明性を推進するだけでなく、ニューメディアで私たちが残念な産物を生みだしていないか、それとも、それ自体良いことなのかといった判断をせざるを得ず、両義性を追究しなくてはならない。

今日の透明性をどのように制御するか？　日常生活の中で人々はいかにお互いの関係を取り結んでいるのか、他人に対して隠したい／見せたいことは何か、他人が彼らについて（そう望むのなら）知るだろうことは何か、といった問題を提起する。それだけではない。透明性をどれだけ期待すべきか、という問題もある。例えば誰かが私の写真を撮り、知らないうちにフェイスブックやインスタグラムにアップし、顔認識技術を使って私の「いいね」が特定される、といった状況は許容すべきだろうか？　最近私は、ワシントンポスト紙に、自分の写った写真が載っているのを発見したが、撮影されたことさえ知らなかった（タウンホール・ミーティングの写真で、カナダのトルドー首相の後ろに写っている）。フェイスブックでも知らないうちに、私の写真がタグ付けされている。

エガーズの話に入ろう。デイヴ・エガーズが二〇一三年に書いた小説『ザ・サークル』は、テクノロジーが可能にした透明性がテーマである。[注2] オーウェルの『一九八四年』が、「ビッグブラザーが君を見ている！」という二〇世紀型の国家監視を考える素材であるとするなら、『ザ・サークル』は二一世紀型の監視文化を評価するのに適切な素材であると言える。サークル社はシリコンバレーの会社で、敷地には緑があふれ、くつろいだ雰囲気を醸し出している。透明性に完全に魅惑されており、そのことは象徴的なガラスの社屋や、休みなく二四時間何が起きているのかモニタリングする、といったことに表れている。ビッグブラザーを忘れよ。「起こったことは全て知らされるべし」というスローガンが、社員の心を落ち着かせるために使われる。「なぜ、誰にとって」という疑問を持つまでは。

文化の共通理解を形成するにあたって、小説は重要な役割を果たし、私たちの想像に燃料を送りこむ。その中でもオーウェルの『一九八四年』は、数十年間にわたって、「監視的想像」を形成するのに中心的な役目を果たしてきたと言える。現代の社会諸科学に触発された監視文化を、一冊の本から「絞り出す」ことは難しいことではあるのだが、『ザ・サークル』は一つの見方を提供してくれる。この小説はそれ自体で完成したものであるのだが、それだけでなく、新しい監視状況の性質について、想像も実践も含めて、鋭い光を当ててくれるのだ。

想像力に溢れた小説や映画がそうした機能をうまく作動させたとしても、実際に何が起きているのか（私たちの場合には、透明性の真実について）を見極めるのは、読者もしくは観客の仕事である。ゲイリー・マルクスが思い起こさせてくれるように、「映像と音楽を伴った物語は、監視文化の重要な一要素であり、私たちの心や日常にしみこんでくる」[注3]のである。『ザ・サークル』は、類似した洞察を与えるテレビシリーズ「ブラック・ミラー」の一話分としても提案された。読者のみなさんは、他の大衆文化的な提案についても考え及ぶだろう。本章の中心は、これまでの章で追究してきた矛盾や課題のいくつかに焦点を当てて、読者に自分の立ち位置や、監視文化にどのように参加するのかを考えてもらうところにある。

『ザ・サークル』の冒頭は、メイの「すごい、ここは天国だ」というつぶやきから始まる。その四九一ページ後に読者は、この言葉が正しかったのかどうか判断しなくてはならない。サークル社の新入社員であるメイ・ホランドの経験を軸にして物語は進んでいく。彼女が仕事にのめりこんでゆく描写には説得力がある。休まず出勤し、常にディスプレイに向かい、監視活動を必要かつ有益と自分を合理化してゆくのだ。メイは不快感を抑圧する。常に仕事をし続けるとはどういうことなのか、この物語は笑いと遊び、そして風刺に満ちたやり方で描き出す。しかし、彼女がスイッチを切ったりコンセントを抜いたりできないこと、全データが永久に残り彼女自身につきまとう可能性は、暗い影を投げかける。

『ザ・サークル』は監視文化に関わっている。「サークル社」がユートピアなのかディストピアなのか、読者は判断するように誘われるが、答えは書かれていないため、チェックリストを作る必要がある。物語は一種のSFではあるが、現実世界とあまりにも似ているので、実際の近未来の姿だと思えてしまうほどだ。シリコンバレーに本社を置いている点も現実感を強めている。ユートピア小説やディストピア小説は、読者の見方や行動に最もよく合った登場人物に感情移入することで、世界の見方を変えることを手助けしてくれる。同時に、話の筋を追っていきながら、当初は不快だった人物や疑わしい人物がすぐ隣にいるように感じられるかもしれない。ユートピア小説やディストピア小説を読むことは、このようなダイナミックな経験である。

『ザ・サークル』のストーリーを追いながら議論をすることで、本章はいくつかの鍵的なテーマを振り返る。一つはソーシャルな監視の増加で、それが国家や企業、職場の監視と結びついている。これは監視的想像や監視実践をどのように形作っているだろうか？　二点目は、日常の全てが可視的になることの両義性や矛盾である。三点目は、「私的な」圏域を企業が所有することおよび、それがもたらす想像や実践について。四点目は、この小説自体の、ディストピア的批評、倫理的および政治的分析に向けた構築である。

ザ・サークル

メイは、長らく探し求めていたものをサークル社で見つけた。入社を熱望していた、世界の主導的なインターネット企業にたどりついたのだ。この会社で働くことは、およそ想像し得る限り最高のチャンスであると、メイは思った。サークル社は、フェイスブックやヤフー、世界最高の会社にしばしば選ばれるグーグル[注4]、その他のインターネット企業が混じったように書かれている。メイはそれまでの、不安に満ちた取っ散らかった人生は、過去のものになったと感じた。彼女はサークル社を「呑みこみ、味わった」。その前に働いていた公益事業局の、魂を削られるような、つまらないルーティンの仕事とは何もかもが違っていた。彼女は夢を見つけたのだ。

サークル社では、メイは未来の一部だった。緑あふれる、明るいくつろいだ環境。社屋では、何が起きているのか、どこで社交上のイベントがあるのか、誰からも見える。夜遅くまで働く社員のために、無料で様々なサービスが用意されている。サークル社が天国であると信じ込んでいたメイは、他の考えには耳をふさいだ。元恋人のマーサーが、同社がユートピアなのか疑問を呈した時にも、厄介な意見として聞き入れなかった。同僚が、なぜメイが全面的に会社に没入しないのかを尋ねてきた時、メイは、自分にも私生活があるという当初の応答を慎重に抑圧し、自分を完全に会社に与えていないことを認めた。

メイはほどなく、サークル社の創業者で重役である「三人の賢者《ワイズマン》」のうちの二人と顔を合わせることになる。エガーズの筆は三人の顕現《エピファニー》に疑問を呈している。そのうちの一人が「シーチェンジカメラ」開発者のベイリーで、スティーヴ・ジョブズ風に数千人もの観客をとりこにし、「私たちは全てを見、全てを知るようになる」と朗々と話しかける。聖書に出てくるヘビを思わせないだろうか。この言葉に従うと、自分たちが裸であることに気が付くからだけではなく、「知ること」「見ること」がデータの形に縮減されてしまうからだ。これが「三人の賢者」を導く星であり、サークル社の数値化された社員たちがかくも満足し、ビッグデータが「聖杯」のアウラをまとっている理由である。

マーサーは、メイがサークル社に取り込まれつつあることに対して、苦言を呈する。何でも「共有《シェア》」という大渦に巻き込まれる前に、それが良いことなのかどうか、考えてみるべきだと主張する。ネットワークから切れるべきだとも。

マーサー「ある種のカルトが世界を征服しようとしていると、今ほど感じたことはないよ」

メイ「あなたパラノイアじゃないの」

マーサー「ずっと机に向かって、ムカマークやニコマークやらをクリックしてれば、魅力的な人生を送っていると思いこんでいるんじゃないか？　コメントをつければ何か行動したと思いこんで」

しかしメイがサークル社に疑惑を感じるのは束の間だけのことだった。楽しいし、暖かいし、仕事に報酬で応えてくれるとなれば、辞めることなど考えられない。建物の明るさ、包みこまれているという感覚、どうしてそれを捨て去るだろうか？

デジタルの助けを借りて、『ザ・サークル』にはＳＦと現実生活の両方が融合している。二〇〇二年に公開されたスティーブン・スピルバーグ監督の『マイノリティ・リポート』も監視をテーマにした傑作だが、スピルバーグはこの作品のために最新技術を注意深く研究し、それを上手にプロットの中へとはめこんだ。『マイノリティ・リポート』に出てくる犯罪予防局は、九・一一テロ直後の安全を確保するために同年に設立された「国土安全保障省」の中に、ぬっと現れたもののようにも見える。エガーズもおそらく技術を勉強したことだろう。『ザ・サークル』はＳＦ小説のようだが、言及されている技術の多くは既に実用段階にある（その中には、業界内では忌避されているものもあるかもしれない）。とりわけ、個人データを利益に変えるやり方は、ソーシャルメディアにはありふれている。つまり未来はもう来ているのだ。

小さな例として「シーチェンジカメラ」を取り上げよう。このカメラはどこにでも設置することができ、継続的にインターネットへ情報を送る。これは今日、現実に起きていることだ。小型の「ウェブカム」（これが、あなたが気付いていないかもしれないものについての正しい単語であるならば）はどこにでもある。例えば（現実世界の）「ドロップカム」は、犯罪や風景や親しい瞬間を捉える安価でインストールしやすいカメラだが、一分間でユーチューブ一〇〇時間を大きく超える分量の映像がアップロードされる。一分間で一〇〇〇時間である。安く、かつ使いやすいために急速に普及した。[注5]

ケータイを使って記録・追跡が行われるだけでなく、このスマートシティのような敷地を持つサークル社では、日常環境もまた監視されるようになっていった。この小説にはさまざまなデバイスやアプリが登場するが、その中の一つに、多目的に使えるワンストップIDの「トゥルーユー」システムがある。乗り物もどのように利用されたかが記録され、そのデータを交信する「ログジェクト」となる。[注6] 自動車にしても、GPS、インターネット接続、データレコーダー、高精細度カメラを備えていることが標準になりつつある。[注7] もし現実世界で人やペット、ものなどを見失ったら、探し出すためにブルートゥースを使ったアプリ「タイル」を使うという方法がある。これは何にでも付けることができ、近くだけでなく遠くでも、クラウドソーシングを使って本人や家族に知らせる。[注8]

エガーズがこの作品を「監視小説」だと読者に思わせようとしていることは、「秘密は嘘である」「共有《シェア》は思いやり《ケア》である」「プライバシーは盗みである」といったオーウェル風の簡潔なスローガンを使っていることからも明白である。『ザ・サークル』の中でこれらは警告として登場するが、魅力的な衣をまとっている。例えば「共有《シェア》は思いやり《ケア》である」は、望ましい美徳として描かれる。このスローガンはザッカーバーグの、「人々が多くを共有《シェア》するほど、世界はよりオープンになり、つながれる。よりオープンで、よりつながった世界は、より良い世界だ」[注9] といった言葉と共鳴している。「起こったことは全て知らされるべし」というスローガンは、何らかの聖典から抜き出した

「叡智の言葉」のように聞こえる。それはおそらく、次第に透明になる生に、宇宙規模の文脈を与えているからだろう。『一九八四年』では、ビッグブラザーのスローガンは、ウィンストンやジュリアが望む生活とぶつかるが、『ザ・サークル』に出てくるスローガンは見た感じ自然で受け入れやすく、道徳的でもあり、メイが疑いを持ったのはごく短時間だけで、この快適な「共通感覚《コモンセンス》」の中に入り込んでいった。

なぜメイはサークル社にこれほど同化したのか？　一つには、周囲が優しく、しかし強力に、彼女にそうするようにと要求したということがあるだろう。メイは常に、何でもいいから「ジング」に投稿するように言われた。例えば湾でカヤックを漕ぐような、静かな一人の時間においても。書き込みによって、ゲーム的な「参加ランク」が決定される。メイは最初はためらっていたが、最上のランクを保つようにと要請されるようになったのだ。[注10]両親の性生活のような深い困惑をもたらす場面や、技術への耽溺と全体主義的傾向を指摘するマーサー（メイの元恋人）の警告にもかかわらず、メイはサークル社が掲げる「透明化」という方針に関与し続ける。エガーズが伝えているメッセージは見出しのように微妙なものだが、「メイは私たちだ」ということだろう。

遂にメイは信者になってしまう。

「全てのものが、全ての人が見られるべきなんだわ。見られるためには観察される必要がある、この二つは不可分よ」
「四六時中観察されたい人なんている？」
「私がそうだわ。見られたいの。自分が存在したという証が欲しい[注11]」

メイはもちろん若く、理想に燃えていて、シリコンバレーで働く人の多くがそうであるように、よりよい世界に向けて自分が貢献していると信じている。メイはサークル社のビジョンを自分の使命とするが、エガーズの筆はそれをカルトへの没入のように描いている。本当に「メイは私たち」なのだろうか？　本章の残りの部分でこの問題を追究しよう。

「ソーシャルな監視」再訪

『ザ・サークル』の重要テーマの一つがソーシャルメディアであることを、見逃がす読者はいないだろう。全員が常に複数のプラットフォームでつながり、互いに「ジング」したり、「ニコマーク」や「ムカマーク」を送ることで、賛同や反対の気持ちを表す。見られたい、他者に承認されたいという欲望に沿って、メッセージが送られるという現実を、エガーズは認めている。同時に、家族や友人や上司に恥かしい姿を見られるというリスクだけではなく、個人には見えない・認識できない径路を介した個人情報の流れによって自由が奪われる危険についても、文字通り警告している。

今日のネットにかかわる社会生活、特にソーシャルメディア現象のダイナミクスについて、どのように理解するのが最善だろうか？　あまりにも多くの人が日常の中で、シェアし、投稿し、メールし、フォローし、ツイートし、状態《ステータス》をアップデートすることに没頭しているため、それが世界にとってどんな意味を持つのかじっくりと考えるほど身を引き離すのは難しい。これはどのように出現し、以前とどう違うのか？　どのような構造を持ち、基礎的な価値や規範は何なのか？　過去の歴史的研究や社会学研究を探るのも有用だろうが、現在を知るには一本の映画や小説を取り上げることも、仕事や余暇で急成長しているデジタル領域での私たちの姿を捉えるまた別の方法となる。

著者が「人類学者」として、あまり知られていない文化を理解するエスノグラフィー的研究もまた、もう一つの分析を与える。その最良の例の一つが、クリスティーナ・ニッパート＝エングの『プライバシーの島』だろう。この著作は、監視に関わるメイの主観的な経験ともつながる。ニッパート＝エングのきめ細やかな研究は、オフライン世界についても扱っているが、デジタルコミュニケーションについて述べられている個所は、「サークル社の事例」と照らしても、実に説得力がある。ニッパート＝エングは、プライバシーが常に移り変わる現代においては、プライバシーを「コミュニケーションをどのくらいコントロールしたいか」[注12]であると理解するのが適切であるとする。

多くの人にとってプライバシーという考え方は、社会集団の成員としての生活と、「ユニークな個人」としての自己とを、結びつけている。[注13]プライバシーの「島」という概念でニッパート＝エングは、公的世界という「海」の中で個人が波に晒され、境界をめぐるせめぎあいが常に起きていることを示唆する。その場所で、「プライバシー感覚を守る」もしくは、「誰が、どのような状況においてであれば、プライバシーに侵入してよいのか、限定する」といった「仕事」もしくは実践が行われる。スパムフィルターや、別のメールアドレスを持つことも、こうした作業を軽減するのに役立つだろうが、ニッパート＝エングがインタビューした人々が本当に気にしていたのは、個人情報を（自分の所に留めておくというよりは）安全に保つことだった。こうした洞察は、ソーシャルメディアで起きている問題を枠付けるのにも役立つだろう。

メイはほどなく、彼女が他の人々をチェックしているように、他の人々もまた彼女をチェックしていることに気が付く。これはマーウィックの言う「ソーシャルな監視」[注14]すなわち、ツイッターやフェイスブック、インスタグラムやワッツアップなどの利用者が他者をチェックしているあり方と同型である。単に「見る」と表現すれば無害に聞こえるが、「ストーキング」「忍び寄り《クリーピング》」とも言える。そして呼び方はどうであれ、「パノプティコン」的な効果がある。こうした空間では、「観察し、観察されること」が当たり前となり、「水平の監視」「参加型監視」[注15]だと論ずることもできよう。

「ソーシャルメディアは、情報が消費されかつ生産されるという二重の性質を有し、そこでは、観察者もまた観察されることを予期し欲求するという「監視の対称的様式」が作り出される。……対面で得られるような手掛《キュー》かりがないため、人々は利用可能なデジタル情報から身元などを推測する」というのが、マーウィックの結論である。[注16]しかしながら観察にも二つの作用があるとマーウィックは言う。[注17]利用者の中で監視を期待することは「このメディアの本能的な側面」である一方、それは不安や葛藤ももたらしかねないと彼女は付け加える。『ザ・サークル』でも後者の例には事欠かない。個人情報の流れによって、メイと上司、友人、両親との関係はかつてないほど不安定となる。

マーウィックは、ソーシャルな監視がこれまでと異なる点を他にも指摘する。まず権力があらゆる社会的関係に巻き込まれ、監視も組織を通じてというよりは個人間で行われる。それも相互的なもので、どちらの側も観察し、観察される。しかしその結果として、監視という行動が飼い慣らされ、より一般的なものになると彼女は言う。ソーシャルな監視で気にかけられるのは、政府や企業よりは、両親や上司を含む他の利用者である。ここから、「文脈破綻」という経験が重大なものと

して立ち現れる。職場と家庭、学校と私生活（家族や友人との関係）の境界が次第にぼやけてしまうのだ。[注18]

フェイスブックの「友だち」のような共通のカテゴリーを使うことで、表向きはヒエラルキーが平準化したように見える。しかし局所的な関係において、依然として権力は作用しているとマーウィックは言う。ソーシャルな監視という実践がまさに、「知識を得ることで弱さを補う」とか「失われた親密な関係を取り戻そうとする」といった形で、「権力追求」のために使われることがある。メイのように人々はソーシャルメディアを、「見られる」ため、「存在を見せる」ために、利用するとマーウィックは主張する。ステータスを求めるため、あるいは注目を集めるために、人々は「見えない観衆」に対して慎重にパフォーマンスを行う。「ソーシャルメディアは、情報が消費されかつ生産されるという二重の性質を有し、そこでは、観察者もまた観察されることを予期し欲求するという「監視の対称的様式」が作り出される[注19]」と、マーウィックが鋭くコメントしている通りである。

マーウィックはそのほのめかすパノプティコン的効果について、監視一般は人々に影響を与えたりコントロールしたりするのに対して、ソーシャルな監視は「自己マネジメント」や「方向《ディレクション》づけ」を作り出すと言う。この場合、監視のまなざしは内面化され、関係する利用者の行動を修正させる。フーコーの作り出した用語で言うと、この監視はミクロレベル、毛細管の規模で起きる。「人間の生活を形作っている、日常活動の中で機能している[注20]」。ソーシャルな監視の中心には、かくして、自己規律と印象操作が居座る。これはサークル社でのメイの経験でも顕著である。

同じことは「ブラック・ミラー」シリーズでも言える。特に二〇一六年のシーズン3「ランク社会」エピソードがそうだ。脚本家のチャーリー・ブルーカーの頭の中には、皮肉を書く時にソーシャルメディアがあったろう。「高評価」になりたい利用者は、自分たちがレートやランキングのゲームに巻き込まれていることに気付く。「いいね」をつけるだけでなく、他者の評価に参加することができる。『ザ・サークル』の世界と同様に、全ての交流は今や、他人を五点満点で格付けする普遍的なプラットフォームで行われている。その結果が企業や国家に伝えられると、誰が何をするのかが決められてゆく。レイシー・パウンド演じる主人公は、熱心にランクを上げようとするが、結局は派手な失敗を遂げてしまう。サークル社の場合と同じように、社会的な承認が力になる。クラウドソーシング的なレビューシステムが、イェルプ社の場合のように、世界の判断になるのだ。

次節では、サークル社の「透明性」「可視性」という二つの側面に焦点を当てる。現状を社会学的に把握し、現在の監視を理解するのに、この二つの概念が助けになるからである。ここで私が透明性と言っているのは、現在の監視が、われわれの生活の細部を大企業へとかつてないほど筒抜けにしているだけでなく、お互い同士のこともソーシャルメディアを通じて筒抜けになっていることを表している。これが『ザ・サークル』のメインテーマであり、これに異を唱えるものは、マーサーのように災厄に見舞われる。「可視性」とは他人に対して透明となるような経験だが、ここで示すのは人々が可視性に抗うだけでなく、順応したり満足したり、さらには透明性へと繋がるかもしれない事態である。メイも次第に可視性に順応していった。当初は反発していたが後にはそれを望むようになった。

透明性と可視性

「間もなく、秘密や恥のない、見ることや知ることに許可を得る必要のない世界が、わがままに隠れて生きることもなく誰もがお互いをありのまま余すことなく、世界中のどこでも、いつでも知ることができる世界がやって来るのだから。新しく輝かしい開かれた世界、永遠の光の世界に[注21]」

これは『ザ・サークル』の最後のページにある言葉である。「起こったことは全て知らされるべし」という（語頭を大文字で書いた）スローガンは、オーウェル風に、この小説の随所に登場する。このスローガンは、社屋の構造の中に見えない形で書かれているだけでなく、入社したメイが同僚から叩き込まれたことでもある。「完全な透明性」は目標であり、一部の人にとっては課題でもある。入社して一週間後、メイは、「業務外」だと考えていたことが、この会社では本質的なのだと思い知らされる。メイはジーナにこう言われた。「当社では、社員のソーシャル・ネットワークのプロフィールとかアクティヴィティを社内活動の不可欠な部分とみなしているの[注22]」。

ジーナはメイを手伝って、メイの机に三つのスクリーンを取りつける。一つは顧客対応だけに使われ、一つはチームとの連絡に使われる。そこには「サークルサーチ」というアプリがあり、チームメンバーの誰がどこにいるか、さらにその日どのように動いたかという履歴まで、分かるようになっている。第三のスクリーンはソーシャルおよびジングのためのもので、一〇〇四一人のサークルの社員と即座につながることができる一方、社内と社外とは分けられている。物語の終わりでは、メイは七つのスクリーンを備えたワークステーションで仕事をしている。仕事時間の全ての行動は記録されている。では余暇時間はどうなのか？

メイはカヤックを趣味としているが、ある日無邪気に湾で漕いだあと、カヤックをしたことも報告しなくては、と考えた。入社当初、メイはこうした考えに反発した。夕暮れ時、あたたかな風を受けて光る水辺をパドルするのは、個人的な楽しみと考えていたからである。直属の上司との不快な面接のあと、彼女は、孤独を求めて共有《シェア》をしないというのは、会社の方針に反するだけでなく、人間としての利益にも反するのではないかと考えるようになった。それまでになかったことである。全社挙げての目標が、完全な透明性の実現にあるのなら、共有《シェア》は必須である。

メイは熱心に、サークル社の「完全な透明性」という哲学と一体化しようとする。しかし様々な場面で、（磨滅とは言わないまでも）摩擦が生じる。メイは時に、「参加への圧力」や「スピード」に対しても、自分のペースを守ろうとする。同僚たちとのパーティーで迷子になったり、データの過剰負荷《オーバーロード》を経験したり、とりわけ彼女自身が観察や測定の対象になっているときには、羞恥心を感じた。しかし強いプレッシャーは、サークル社にも問題があるという警告としてよりも、達成への執拗なインセンティブとして機能した。仕事時間以外での行動も、共有すべきだとメイは感じるようになったのだ。

作者のエガーズは、メイのジングでのニックネームを、不安をこめて「メイデイ」とした。マーガレット・アトウッドが皮肉っぽく指摘するように、このニックネームを少し変えると、祝日である「メーデー」と同じになる。これは実際には、『一九八四年』で風刺されているスターリン的な「休日」、苦痛を表すものだろう。[注23] 起こったことは全て知らされるべしという考え方を受け入れ始めたメイは、健康診断の結果にも恐れをなす。エガーズが描いたのはソーシャルメディア時代の道徳劇だ。そこでは大勢順応が悪い結果をもたらす可能性がある。

「透明性」は、『ザ・サークル』と監視の社会的分析とをつなぐ鍵的性質である。もちろん透明性は、データを収集し処理する者はその行動や理由、望ましい結果などを明白に公開しなくてはいけないという文脈で、ポジティブな意味で使われることもある。私たちは政府や企業に透明性を要求する。二一世紀の今、この要求の緊急度は増している。というのも、組織の側で私たちを観察し、私たちの生活をプロファイリングして、私たちの行動や交友や好みや信念はかつてないほど透明にさせられているからだ。こうした傾向について調べた私たちの研究グループは、今日の監視の性質を前面に出すために、報告書のタイトルを「透明な生活」とした。[注24]

このように時として、透明性は良いものと見られてきた。何も隠すことがなく、何も恐れることがないというのは、理想世界では確かに良いことと思われるだろう。一九九〇年代、デイヴィッド・ブリンは「透明な社会」を主張した。[注25] 相互に透明な状況、言い換えると、お互いに情報を共有し合う状況を作ることで、情報へのアクセスの不均衡を是正できるのではないかと、ブリンは示唆した。「電子の村《エレクトリカル・ヴィレッジ》」では、私たちは暗い面を隠すことができず、騙すことは難しくなる。透明性が監視を掘り崩す。[注26] ブリンの主張は原則的にはもっともらしく聞こえる。

何人かの研究者も明らかにしていることだが、公開性を備えた透明性という夢は、依然としてシリコンバレーの（先駆的な若い白人男性の）一部に残っている。[注27] アリス・マーウィックが言うように、「技術の現場では、公開性、透明性、創造性が理想化されている。しかしこうした理想は、「起業主義」や資本主義、労働と生活の一体化、ソーシャルメディアのヘビーな利用、多数の聴衆の巻き込みなどに参加することで実現する」。エンジニアやプログラマたちは、こうしたイメージを追ってソーシャルメディアの発展を先導してきた。「地位は大事だが、正しい種類の地位でなくてはならない[注28]」。

こうした「過激な透明性」はうまくいくのだろうか？　この理想に関する最大の問題は、シリコンバレーの賢い起業家たちが、それ以外の人々も自分たちと似ている（若くて裕福な白人男性）と想像していることである。しかし実際には、違いは大きい。まず、権力やアクセスについて違いがある。例えばクレジットのレート、採用時の事前篩分け、警察官によるチェック、空港でのセキュリティなど、日常の様々な監視の場面で、不平等な扱いが行われている。普通の市民、消費者、従業員が、警察官や公安機関、マーケターや経営者に対して、同等の完全な透明性を求めたとしても、それが実現する可能性は極めて小さいだろう。

完全な透明性を阻止するために、ある種の監視は法的に禁止し、許容できる範囲を超えた観察は罰するべきだ、とする論者もいる。「技術が進めば自由な世界が作れる」という、「シリコンバレーの夢」をブリンも共有しているようだが、それが実現する前に、企業や政府部局は監視を行い、ソーシャルメディアによって何百万人もがソーシャルな監視を行えるようになった。ブリンが『透明な社会』を書いたのは九・一一テロ（およびその後の政府による監視活動）以前であり、新たなテクノロジーによってほとんどの人が想像するよりもはるかに生活の隅々まで公安機関が見張っているとスノーデンが暴露するより前である。

興味深いことにエガーズは、二〇一三年のスノーデンによるＮＳＡの諜報活動の暴露について、次のように書いている。この年は『ザ・サークル』が出版された年でもある。

あなたがこれまでに送信した全メッセージを思い起こして下さい。あなたのこれまでの全通話や、これまで行った検索も。それで誤解が生じるのか？　それによって、「次のマッカーシー」「次のニクソン」「次のアシュクロフト（ブッシュ政権下の司法長官）」があなたにダメージを与えることがあり得るか？　現在私たちが直面している、最も危険で、最も心が打ち砕かれる可能性がこれです。何が収集され、記録され、分析され、蓄積されているのか、そして将来それがどのように使われるのか、正確に知っている人は誰もいないのです。[注29]

これはエガーズにとってカフカ的な瞬間だろうが、エガーズの目的は明白である。エガーズは記者やジャーナリストに注意を喚起し、この事態を告発するという仕事を思い起こさせているのだ。これを理解したのが米国弁護士兼脚本家のワジャハット・アリで、スノーデンによる暴露への怒りに対して「私たちの世界へようこそ」と言った。アリのような、米国に住むムスリムは、数十年間にわたって、犯罪者予備軍として扱われてきたからである。「私たちは全ての通話、メール、ソーシャルメディアへの書き込み、メッセージが、何らかの方法で観察されていると前提しなくてはならなかったからです」。アリのメッセージは、エガーズと同じように明白である。「抵抗せよ、抵抗せよ、抵抗せよ」だ。それには法律や、プライバシー権やデータ保護が助けとなるだろう。

しかし、現在の「透明性」には、まだ私たちが十分に論じていない重大な側面がある。私たちの生活の細部が多数の見知らぬ他者に見られているだけではない。利用者自身が、知ってか知らずか、あるいは、意図的にか非意図的にか、このプロセスに参加しているのである。多数のソーシャルメディア利用者が、メイがジングでしているように、他の参加者を「いいね」などでランク付けしている。消費者はエアビーアンドビーやウーバーなどのシステムでランク付けを行っている。これらのデータは、巨大な単一のプラットフォームにまとめられてはいないが、こうしたデータの共有は普通に行われている。

「透明性」だけに焦点を当てることは、エガーズのメッセージを誤解することにつながる。「起こったことは全て知らされるべし」というのは、恐ろしさを秘めた「全知性」を思わせるが、メイはそうは捉えない。彼女はこの「新しい世界」に新参者として臨み、その中に入ろうとし、疑いや彼女自身がかつて持っていたためらいさえも克服しようとする。物語の終盤ではメイは、内部者、使者、信者となっている。彼女はもはや、一日二四時間休みなく、「サークル社」に住んでいる。いかにこうした状況が生じたのかについては、常に観衆に見られているマルチスクリーン生活をメイがどのように経験したのかに、耳を傾ける必要がある、

本書の前の方で既に記したように、規律に基づいた労働者としてのアイデンティティを二〇世紀型とすれば、二一世紀は消費者としてのアイデンティティが支配的となり、その特徴は誰からも見える「パフォーマンス」である。これがソーシャルメディアによって増幅されるのは驚くに当たらない。ゴフマンの言う、生活の「舞台裏《バックステージ》」はほとんど残っていない。私たちはどこで本当の自分になれるだろうか？　常に「オン」でなければならないとしたら何が起きるだろう、とマーガレット・アトウッドは問いかける。「そうなったら二四時間監視の監獄にいるようなものだ。常に「公」で生きることは、一種の独房封じ込めである」[注30]。

メイは熱心な「志願者」となり、時が経つにつれ、多くのことを公開するようになっていった。

心の不安も薄れていった。時には、サークル社に全面的に飛び込む（社員は心からそうすることが期待されている）のではなく、いくらかのことはプライベートとして残しておきたいという「不純な」気持ちも感じていたのだが、次第に多くのことをポストするようになっていったのだった。そうすることで、「深い達成感や可能性を感じた」[注31]。オンラインのプラットフォーム上の様々な仕掛けが、達成への欲求を煽った。エガーズが暗黙のうちに、「不純さ」を支持していることは容易に推測できる。微妙な表現や耳障りな表現もある。風刺の成果を上げたいのだろう。

同時に、メイはいくつかの点においては「スローラーナー」（学ぶのが遅い人）である。一人でカヤックをするため夕方に湾へと出かけた時、貸出人が不在だったために、カヤックを黙って持ち出した。会社に戻った後で、彼女は自分の行動の説明を求められ、失策だったことを認める。上司の一人であるベイリーはメイに、不可視性のおかげで守られたことがあるかどうかを尋ねる[注32]。会話が進むにつれてメイは、カヤックを持ち出すべきではなかったということだけでなく、全てが記録されていることを意識すべきだったと、恥じる。「共有《シェア》することは思いやり《ケア》」だからだ。

可視性、とりわけ社会的可視性は、これまでみてきたように、社会学のカテゴリーとして重要である。自分がどのように見られるかを選ぶこと、自分の見られ方を競うことは、このプロセスを生成し管理しようとの努力の中で、戦略の範疇に属する。差異に対して公正な取り扱いを得ることは、認識の政治の中で本質的である。可視的か不可視的かというのは、実際上の技能だけでなく道徳にも関わるが、それ自体で「抑圧」か「解放」かを意味しているわけではない[注33]。

可視性をめぐる交渉に焦点を当てることは、プライバシーのような可視性からの保護についてだけでなく、私たち自身であることやお互いであることの責任をめぐる技能について、考えることである。撤退ではなく、多方向への動きである。[注34]これが可視性の調整を通じて、私たちが社会関係を編成するやり方である。不可視性は、どのデータが収集されるべきかについて疑問に付す。これはケアの批判的倫理学の一部だと言うこともできる。[注35]人類の繁栄に向けて潜在能力を解き放つ実践である。

ビッグデータ監視

「賢人《ワイズマン》」ベイリーは、データしか知らない。「データを使えば、みなが全てを見、全てを知ることになる」。これは「全知」に見えるが、実は厳しい制限の下にあると、エガーズは繰り返し語っている。「感情分析」で感情は捉えられないし、神経網を走査《スキャン》しても思考は分からない。こうした試みは、実用的な目的を持つアルゴリズムによって制約されている。データによって実際以上のことができるという印象を与える点で、現実世界でのデータ依存には危険な面がある。

メイは、データが全てを語るわけではないことを身を以て知る。メイにサークル社の職を紹介してくれた友人のアニーが、病気で昏睡状態に陥る。くやしいことに言葉でコミュニケーションを取ることができず、メイは苛立つ。共感の道具であるはずの言葉が役に立たない。データだけではどうにもならないとメイは悟る。データに頼るだけでは大事な手掛かりを見過ごすこともあると、エガーズは言いたいようだ。人生という企てにとって、不適切な状況があるばかりでなく、アプローチとしておそらく間違っている。

ビッグデータを語る言説はあふれているが、ベイリーと同様の前提に立っている。ビッグデータに熱狂する人々は、利用可能なデータを全て吸い上げて保存し、分析するという未来を信じているようだ。ビッグデータ監視は、「ますます自動化されるデータマイニング、分類、分析を巻き込み、……パターンや傾向、相関を見つけ出す[注36]」。データベースにアクセスする人々は、新たなデジタル・デバイドを作り出すだろう。そのことは『ザ・サークル』にもほのめかされている。公安当局にとって母集団レベルでのインテリジェンス情報の獲得が中心になっている。「まず追跡し、標的を絞るのはその後で」これは以前の監視活動とは逆の順序である。全てのデータが潜在的には関係している。マーク・アンドレジェヴィックが簡潔に、だが皮肉に表現しているように、「あなたが容疑者だから情報を集めているのではなく、容疑者を絞るためにあなたの情報を集めているのだ[注37]」。ビッグデータに匿名性はない。関心はしばしばスムーズに、因果から相関へと移っていく。

ビッグデータ時代の監視文化について私たちが見つけたものは、しかしながら、私たちについて知られていることは元は私たち自身が提供したものであり、それは主としてソーシャルメディアに依っている、ということである。そこで共有されるものが、メイの場合のように、個人的な欲望と満足とをもたらす。同時に、クリスティ・ボールの「露出についての研究」に関して議論したことを思い起こしていただきたい。「メディア文化」と、「セラピーへの強迫観念」が結びつくと、主体は自分に関する情報を露出しなくてはと思いこむかもしれないということに、この概念は注目させる。クリスティ・ボールの『露出』は次のように言っている。「データを与えることは個人の不安を和らげる。個人の愛国的もしくは参加的な価値を代表するものかもしれない」「パフォーマンスを行う快楽は、そうした自己暴露がもたらす詮索を、上回ってしまう[注38]」。

ゲイリー・マルクスは「個人の露出によって、自己の最もプライベートな側面が捕捉されることを好ましく当たり前で無害だという概念は、いったいどこにあるのだろうか」と問いを立てている。彼自身の出した答えは「消費領域におけるソフトな監視」だ。そこではさほど侵襲的でない方法で個人データが収集されており、特定の言葉使いやメディア、文化状況においては、身体データもさほど議論なく受け渡されてしまう。[注39] 同時に、こうした身体データは、「サークル社」やさまざまな巨大企業が同じ目標のために渇望しているものでもある。

メイが、自分の生活を他者にさらけ出すことに納得したのは、上司の期待に依るものだが、消費者的な報酬や満足も関係し、同僚に受け入れられたいという「精神療法《サイコセラピー》」的な衝動もあるだろう。このことはもちろん、各従業員の「効用」は企業利益への貢献で測定されるものであり、仕事仲間とは競争関係にあるということも意味している。[注40]

このことがズボフによる、ビッグデータに依存した監視資本主義のグーグルを基にした分析とつながるのは、驚くことではない。[注41] もし身体を持った個人を想定しないでデータが分析されるのであれば、人的資源やマーケティング部門において、その二つをなぜ結びつけるだろうか？ ここにもズボフの言う、従業員、消費者、利用者に向けた新しいビジネスモデルにおける「形式的無差別性」がある。雇用者側は労働者が休まずにチェックしていると期待をするだろうが、労働者は同種のケアで報われることはない。例えば二〇一四年のギャラップ社の調査では、三分の一の雇用者が、労働者が労働時間外でもメールをチェックしていることを期待している。[注42]

ジョディ・ディーンの言い古されたフレーズ「もし隠すべきことがないのなら、恐れることはない」は、公開されたものでないなら隠されているという考えを示唆している。[注43] クリスティ・ボールが言うように、「あからさまに監視の標的となった人の中には、それ以上の精査を避けるため、あるいは自分の中の『真実』を広めるために、自分自身についてより露わにする人もいる」。「技術文化《テクノカルチャー》は、秘密を暴露することが民主主義の鍵であるとの信念を具体化する」。これもディーンの発言である。

『ザ・サークル』はユートピアかディストピアか？

小説『ザ・サークル』は、ユートピアともディストピアとも呼ばれるだろう。果たしてそのどちらなのか、あるいは両方なのか？　マーク・ザッカーバーグを思わせる三賢人の一人、ベイリーは、パーカーを着た、「完全な透明性」の完全な信者である。ベイリーにはまた、ジェレミー・ベンサムを思わせる胡散臭さがある（ベンサムは有名なパノプティコンの設計者）。ベイリーの次のような発言が典型だ。「私たちはどんな病気も治すことができるし、飢餓でも何でも終わらせることができる。私たち自身の弱さや、つまらない秘密や、情報・知識の死蔵に引き摺られるわけにはいかないんだ。最終的に人間の可能性は完全に開花するだろう」。ベンサムは次のように自らの計画を説明した。「道徳は改革され、健康は維持され、工業は活性化し、教育は普及し、公的な負担は軽減される。経済は盤石になる。救貧法という『ゴルディアスの結び目』は、斬らずにほどくことができる。全てただ一つの設計図によって！」[注44]。

『ザ・サークル』よりずっと前だが、バウマンはこう書いたことがある。「これは流動的な近代《リキッド・モダニティ》の基準からしたら、ディストピアに思える。オーウェル的、あるいはハクスリー的な悪夢での恐怖を代替するものだ」[注45]。このフレーズは、まさに『ザ・サークル』に当てはまるのではないか。バウマンが心に描いていたのは、空間と時間の関係が変化することで、社会的なものが分解し、「個人の選択と、集合的なプロジェクトや行動とを結びつける紐帯」[注46]が溶けてしまうことである。新しいテクノロジーは加速を可能にし、翻って生活において機動性《モビリティ》を常態とする。あらゆるものが「短期」となり、期間が終われば廃棄される。今や社会的関係も例外ではない。バウマンは「社会主義、活発なユートピア」を希求していた頃と比べれば悲観的になっていただろう。バウマンはそれでも、パウロを引用する。「見えているものは希望ではない。誰が見えているものを望むだろうか？」[注47]。

それとは対照的に、マーガレット・アトウッドは『ザ・サークル』を評して「ザ・サークルを『ディストピア』と言う人もいるでしょうが……、緑にあふれ快適な、私たちの時代の「皮肉なユートピア」にいるのです。リサイクルやオーガニックがあふれ、人々はお互いにどれほど好きかを言い合い、ヴァーチャルな共有《シェア》と思いやり《ケア》の『素晴らしき新世界』が怪物を養うのです」[注48]と主張する。すなわち、サークルはディストピアというより、「皮肉なユートピア」と受け取ったわけだ。もちろんほとんどのディストピアは皮肉なものであり、『ザ・サークル』が皮肉なものだからと言って、それでユートピアかディストピアか決まるものではない。アトウッドは鋭い文芸批評家であるだけでなく、彼女自身がよく売れた何冊ものディストピア小説[注49]の作者であり、彼女の意見には考えさせるものがある。私の願いは、読者自身が私の要約だけでなくこの小説そのものを読んで、心を決めてくれることである。

『ザ・サークル』は強い筋を持った、デジタル時代の日常生活を描いた小説である。それを理解するのに、監視を学ぶ学生である必要はない。エガーズの強みは細部ではない。シリコンバレーの大企業が「完全な透明性」を目指しているところが本文に緊張をもたらしているが、それだけではなく、著者はかつての監視ディストピア小説、ザミャーチンの『われら』やハクスリーの『素晴らしき新世界』、オーウェルの『一九八四年』にも、わざわざ言及している。エガーズはメイが消費文化に「根付いている」（この言葉の使い方が正しいとして）ことも、彼女が「カスタマー担当」の部署に配属されたことで、示している。

エガーズによる描写はドラマチックだが、時として痛ましい。エガーズ自身は『ザ・サークル』をディストピアとしていただろうと、私は確信する。ディストピアとは、私の理解では、好ましくないが回避可能な未来のことで、フィクションでよく使われる言葉である。監視分野で最も有名なものはオーウェルの『一九八四年』だろうが、他にも多数の小説や映画がある。それらは、現在の傾向の好ましからざる部分に焦点を当てることで、このまま行くと何が起こるのか、方向を変えないとどうなるのかという、警告を与えるのだ。

ディストピアと呼ぶためには、出口や別の方向に向かう手掛かりを与えていなくてはならない。『ザ・サークル』を「皮肉なユートピア」とするマーガレット・アトウッドは、私がポイントを外していると言うかもしれないが。実際のところ、サークル社の創業者たちは、そこを光と愛の場所と見ていた。エガーズの描写では、あらゆる病気、貧困、退廃といった事柄は、サークル社の敷地から排除されている。メイの生活は最終的にサークル社に呑みこまれるが、エガーズはこれを、好ましからざること、回避し得ることとして描いている。

したがってこの小説は、バウマンが『リキッド・モダニティ』や『リキッド・サーベイランス』（邦題は『私たちが、すすんで監視し、監視される、この世界について』）で語った意味では、ディストピア小説である。[注50] かつての本でバウマンは、「パノプティコンの終わり」を、「相互関与の時代の終わり」と見ていた。[注51] バウマンの見解によると、今では、定住する多数派は、ノマド的で国境を超えるエリートに支配されている。軽快で流動的なエリートが、権力を（楽しんで、と私なら付け加える）行使する。固定的な社会的紐帯は、流動的なもの、廃棄可能なものの中に溶けてしまった。だからこそバウマンは、オーウェルやハクスリーが描いたものとは違う、別の時代が出現したと考えるのである。

『ザ・サークル』には切れ味の鋭い苛立ちの描写がある。物語を語りながら、今いったい何が起きているのか、読者の認識を助け、筋立ての展開の中で読者は様々な登場人物の立場に身を置くことになる。エガーズ自身はシリコンバレーに呑みこまれてはいない。メイに語りかけるマーサーのように、内部からというよりむしろ外側から語っているのではなかろうか。シリコンバレーの住人たちは、エガーズによる描写に疑問を抱いたり、理解できていないといって反論するのかもしれない。しかし、正確な記述をするために、その状況の一部になる必要があるだろうか？　大海の潮汐や流れ、温度などを知るためには、水深の浅いところを歩くくらいで十分ではないか？

希望の暗い側面

マーガレット・アトウッドは言う。「批判的ディストピアは希望の暗い側面であり、出口を希求する。反ユートピアはユートピア自体の暗黒であり、出口で攻撃されることを私たちに伝える」。[注52] ザミャーチン、ハクスリー、オーウェル、ル・グイン、そしてアトウッドによる二〇世紀の偉大なディストピア小説は、まさに読者を、出口で攻撃されるような世界へと落とし込む。冷たい暗闇が圧迫する。しかしエガーズの小説は、圧政へと向かう軌跡のとば口を描いたに過ぎない。圧縮された場面や、生き生きとしたメタファーの中に、今日の日常的現実が描かれている。読者がメッセージを受け取り損なうのではないかと、エガーズは心配している。私たちがとばりを開けて目を見開き行動を変えることを、彼は求めているのだ。

さらにそれ以上に、現状の社会的、政治的、経済的、文化的体制への別の選択肢《オルタナティブ》を追求するような、より批判的なユートピアに行き着くことはできるだろうか？ 社会を変える触媒作用となるほどに。スノーデンは、インターネットの本来の価値を思い出させることで、そうした変化を引き起こそうとしたのだろう。思想を持つ技術者としてスノーデンは、インターネットが持つ、民主主義や人間の能力の開花への可能性を信じており、それを押し広げた。もっとも新自由主義《ネオリベラル》的な政治経済や消費者監視文化などが、どのようにしてインターネット監視の世界を作り上げたのかを、スノーデンが語ることは少ないが。

現状の政治経済体制が、多数派に貧困をもたらし、貧者にも富者にも等しく疎外や抑圧、競争や葛藤、脆弱な人間関係や分断をもたらすことは多くの人にとって明白である。今日の監視は疑いなく、こうした世界に貢献し、促進している。監視が発展する道程において、疑いが信頼に取って代わり、「カテゴリー分け」が不利を累積し、人間は脱身体化した抽象的なデータとして特徴付けられる。そこに本当の出口はあるのか？ エガーズは何を言っているのか？

エガーズの小説は出口を示しているのか、それとも、「希望あるディストピア主義」というよりむしろ「人を麻痺させる反ユートピア主義」に屈しているのか？『ザ・サークル』は明確ではないかもしれないが、決して皮相的でも些末でもない。エガーズの目的は出口を提案することよりは、私たちに監視社会の到来を示す所にある。人々（あなたや私）がいかに服従し、流されて生きていくことがいかに当たり前となるかを認識することは、ある意味で、デジタル世界においてより批判的、かつ、より注意深くなるための最初のステップかもしれない。メイが魅了され、最後には呑み込まれてしまう世界は、ユートピアに見えて実はディストピアだというのが、エガーズの主張の核心部だろう。メイにとっていかに魅力的であるかを描き出しながら、その労働の暗部を重々しく皮肉るエガーズの筆は、風刺の域に達している。エガーズは読者に立ち上がってもらいたいと望んでいるが、まさに小説家として、読者が何をすべきなのかまでは語らない。

束の間ではあるが、サークル社の支配的文化が、潜んでいた「スパイ」によって脅かされたことがある。メイが秘密の逢引をし、「常に見られていたい人なんている?」と、「全てが見られるべき」という思想に納得ができないと告白した相手であるカルデンは、実は三賢人の一人であるタイ・ゴスポディノフで、立場を偽っていたことが分かった。この「改心」は、社の重鎮が別の考えを真剣に追究していたことを物語る。彼はメイを、全体主義になったとして今や恐れているサークル社を掘り崩す陰謀に引き込もうとする。メイは合意したふりをし、陰謀は明るみに出る……。

ユートピアかディストピアかという視点は、私たちの現在の選択への意識を刺激する。それがソーシャルメディア世界においてであろうと、より一般的に、九・一一テロ以降やスノーデン以降の監視に関してであろうと。エガーズのように対立を設定することは、物事がこうであるべきかどうかという問いをもたらす。表向きの「天国」が実は皮肉にも、魅力的でなくむしろ地獄に近いことを示したのは、エガーズの貢献である。この、より微妙な点を示すために、物語は時に一本調子にならざるを得なかった。もし『ザ・サークル』が、私が言うようにディストピアであるなら、ユートピアが実は別物だと示すような、「監視社会」のディストピア以上の見方が必要だろうか？ 別の選択肢《オルタナティブ》を提示するためには、おそらく頑健なユートピア主義が要る。単なる想像上の社会や、非現実的な提案や、逃避主義者のファンタジーではなく、現状への現実的なオルタナティブを描かなくてはならない。何かしら違ったもの、何かしらより良いものへの欲望に燃料を注ぐものが、現状でのバリエーションを超えて、ユートピアを作り、ユートピアとして機能する。[注53] 私の心にはエリック・ストッダートの問い「誰かを監視するのではなく、誰かのために監視するという方へ、向かう可能性はあるのか」が、つきまとっている。[注54] あるいは、アマルティア・センの概念「人類の繁栄」を、監視とプライバシーの世界で利用するというジュリー・コーエンの提案にも心惹かれる。「人類の繁栄には、物質的な幸福だけではなく、文化的・政治的な参加を含めた、精神的・社会的な幸福が必要である」とコーエンは主張する。[注55] 共通善との関係で、監視はいかに考えられるべきか？[注56] エガーズもこうした思想家と同様に、単に害悪を最小化するのではなく、人々の日常的実践を考慮した、より慎重な解釈的アプローチへと向かっている。エガーズが強く示唆してくれているように、監視的想像や監視実践も、同じところにとどまっている必要はない。最終章では、未来の可能な選択肢について検討する。

第六章　隠れた希望

日常における想像と実践というレンズから見た監視文化は、今日多くの人の持つ監視についての見方に一石を投じる。監視と言えば普通は、スパイや、街路の監視カメラや、企業や政府が保有している個人データなどが思い浮かぶだろう。本書はこうしたイメージを超えて、人々の日常経験としての監視を考えようとした。人々が監視をどのように考えているか、知識を基にどんな行動を取るのか、といった問題である。監視を受け入れ、自分でも何らかの評価のために監視を行う人から、監視に抵抗する人まで、反応はさまざまだろう。

これまでも見てきたように今日の監視はより複雑な文化的光景を成しており、「彼ら」が「私たち」のプライバシーに侵入し権利を侵害するといった、「彼ら」と「私たち」の二分法では、事態は捉えられない。もちろんこうしたことも起こり、強まった監視の中で、警戒感も高まっている。しかし時として、普通の市民が新しいテクノロジーの使用に同意したり、ソーシャルメディア利用者が監視という道具を互いに向け合うことによっても事件は起きている。公安機関の逸脱は従順な市民の責ではないし、ソーシャルな監視が警察による監視と同等ということでもない。監視文化に関与することは、テクノロジーや利益や政治を分析することだけではなく、心や精神、日常の態度や行動に問いかけることである。

こうした緊張関係が、この最終章での議論を形成する。本章で議論するのは、どのような種類の想像や実践が展開し、人はそれをこれからどう発展させてゆくのか、である。本書は監視資本主義と監視文化とをつなげ、それがどう共生していくかという道筋を示す。二一世紀のデジタルな近代《デジタル・モダニティ》という状況の中で、オーウェルの『一九八四年』の枠組みを超え、今日の現実をより適切に描きだすことが必要だということは強調したい。私は多数の選択肢の中から『ザ・サークル』を選んだ。それは今日の社会的・文化的な現実を、明確かつ賢明に捉えているからである。[注1]

『ザ・サークル』が『一九八四年』のよい引き立て役なのは、前者が後者と同様に、監視の拡大が提起する深遠な問いに触れているからでもある。西側世界で『一九八四年』ほどインパクトを与えた小説はないが、私が出会った現代の小説の中では、本書の議論を展開する上で、その風刺にこれほど共感したものはもし、より優れた映画でもあればそちらを使っていたかもしれないが、『ザ・サークル』の他になかった。それだけでなく『ザ・サークル』は、監視文化の異なった要素を典型的に示す、記憶に残る人物を登場させている。

『ザ・サークル』は小説上の形式として、監視資本主義と監視文化の問いを同時に扱っている。一方においてメイが、「透明性」に慣れ親しんでいく過程、すなわち、最初は懐疑的で、時として不満を持つが、最終的には受け容れるという過程を、上手に描き出している。メイは前進し、模範的な社員となる。彼女の気まぐれなカヤック利用や、報告やカメラの拒否といった態度は、改められ、社内の規範に合わせせられる。シリコンバレー企業が透明性を要求しそれを言祝ぐのは、それで機械がよりスムーズに作動し、プロセスが加速するという監視資本主義にかかわる点を思い起こさせる。[注2] サークル社は、標準化されたスタイルを好み、異なったものや見慣れないもの、（大文字の）他者を嫌う。

さて、本書の中央部をなす第二部の三つの章では、パフォーマンスと服従や、監視の正常化や、監視文化の中で自己が形成されるあり方について検討した。第五章では小説『ザ・サークル』を題材に、同様のテーマが小説の中でいかに扱われているかを示した。社会的もしくは文化的分析の一方だけでは、監視文化の精神を魅力的に捕捉したり、その欠点やジレンマを説得的に描くことは望めない。いわば社会的・文化的分析は、監視にあふれスマホやソーシャルメディアが利用される世界の現状を診断しようとするものだが、『ザ・サークル』のような小説の診断の対象は「私たち」だ。「診断」という語は臨床的に聞こえるかもしれない。この語の使い方として必ずしも正しくないかもしれないが、私はこの語を選んだ。出現しつつある監視文化のいくつかの側面は、あまり歓迎されていない。

本章は、この診断に、言い換えると、今日の社会的・文化的状況の評価に、応えるものである。既に言及したようにジョナサン・フィンは、「監視はもはや警察や国家、企業の範疇のものではなく、生活の要素となっており…」「私たちが自分や他人の生活を観察、記録、提示したいという意志や欲求に対して、自省的な目を向ける必要がある」と主張している。[注3] したがって本章では、本書の中心テーマである想像と実践に依りながら、倫理および政治として技術的に構築可能な二つの領域に焦点を当てる。

「承認と責任」という節では、可視性と露出といった重要な問題の背後に、人にまつわるより重要な問題、「いかに人が承認されるのか」「いかに人は責任を取るのか」といった本当の問題があることを示唆する。その次の節は「権利と規則」というタイトルで、権力は普通の人に覆いかぶさるものというよりは、普通の人の間で作用していると解した方がよいと提案する。公正さに関して「良きまなざし」という概念が、こうした権利や規則へのアプローチに存在し得る。

「全てのものに亀裂が入った」と主張するのはレナード・コーエンである。「そこから光が差し込んでくる」とも。[注4] 監視文化を創り出す亀裂については本書の各所に記しているが、それではどこに光が差し込んでくると期待したらよいのだろうか？　本章のタイトル「隠れた希望」は、その開口部への接近をもくろんでいる。これまでの章の中身を振り返る箇所もある。グローバル化した巨大な力に対しては、何もできないという分析もあるけれど、人間の営みは「支配的文化」のコードの中に収まるものでは決してない。別の選択肢《オルタナティブ》の追求や、公然たる反抗は、不毛ではないのだ。しかし同時に、「希望の充足」は、それを求める人にとって理解されたり、経験されたりするものではないということも、本章では言わざるを得ない。私たちは物事の進行を事前に知ることはできない。しかし明確に発言し、より望ましい未来に向けて努力することは可能である。

『ザ・サークル』と監視文化

『ザ・サークル』は私たちが自分を写す鏡となっている。おそらくあなたも常に「オン」であること、常にコンタクト可能であること、常に世界に開かれてあることの重要性を説かれて、メイと同じように「三賢人」の考えに次第に慣れて行くだろう。そしてあなたは、業績達成を数値で測定して煽る仕事の世界を受け入れるか、あるいはソーシャルメディアの「誘惑の歌声」の犠牲になるかもしれない。いずれにせよ、パフォーマンスが目的となる。メイの物語の中に私たちは、直接や間接に知っている人がいるのを見ることができる。そして彼らも、メイと同じように、監視文化の「支配的」要素を表しており、監視資本主義の技術・政治・経済体制の現状、言い換えると、「隠すことがなければ恐れることもない」といった呪文を唱え異人《ストレンジャー》のチェックを当然とするような現状と、最も関係している。

いやひょっとするとあなたは、メイよりむしろ、メイの元カレのマーサーに感情移入するかもしれない。マーサーは「透明性」や「常にオン」といったことに疑いを抱いている。もちろんメイ自身も、カヤックをしている時、束の間「オフ」になれてホッとしていることは忘れてはならない。エガーズは、時としてオフになることが、オンラインを続ける手助けになると言いたいのだろうか？ 私はそう取る。マーサーは、「オンラインでの生活が人生の意味だ」といった信念には屈しない。人生はオンラインだけではない！ マーサーは、監視文化の「残滓的」要素を代表しているようだ。マーサーは歴史的な意味で、新しい技術に倫理的・理性的に疑いを抱く「打ち壊し屋《ラッダイト》」である。結局彼はトラックを運転し、ラジオを聴く。マーサーが逃亡を図るのは技術恐怖《テクノフォビア》のためではなく、メイが追跡プログラムを発動したからだ。

第三の可能性としてあなたは、謎の人物カルデンに惹かれるかもしれない。メイと気まぐれなロマンスで結ばれた人物である。メイはカルデンと共有《シェア》するが、彼女の彼に対する立ち位置はよく分からなかった。カルデンの正体は、サークル社設立メンバーの一人であるタイ・ゴスポディノフで、

「光」を見たらしく、自ら設立した会社の全体主義的傾向を認識し、それが悪をなす前に打ち壊そうとする。カルデンは監視文化の中の「創発的」要素だ。彼は支配的文化と親和性が高いが、だんだんと過激になり、他の選択肢《オルタナティブ》を探すだけではなく、内側から公然と反旗を翻す。

私は本書全体を通して、いかに監視文化が主流の監視戦略（いわば監視資本主義）の影として見られるかを強調してきた。こうした「主流の活動」には、犯罪のコントロールや都市の経営、交通および通信システムの精査などが含まれるが、この全てが、ミシェル・ド・セルトーの言う意味での権力の「戦略」である。ド・セルトーの刺激的な分析では、日常生活は、管理や効率という支配的コードとは対照的で、時には対立するような、権力の「戦術」を見つけることである。想像や実践を通じてこうした戦術を理解しようと努めることで、人々が自分にとって重要な意味を同定し追求する新しい種類の創造性を発見できる。デジタル環境における新しい見方、新しい存在のあり方を、他者は教えてくれる。

もちろん時には、戦略の側面の中に、戦術的活動を見つけられるかもしれない。カルデンについて考えてみよう。あるいはマーサーの場合のように、両者が混合していたり、インターネットに対して否定的な傾向もあるのかもしれない。もしくは例えば、しばらくの間スイッチをオフにするといった、同調性の圧力（快楽かもしれない）に押しつぶされる可能性のある、無垢で健全な戦術もあるかもしれない。これはもちろんメイの経験である。これから述べていく戦術は、本書の各部で描き、追究した状況や技量を基にしている。公安当局の行き過ぎや、企業の貪欲な個人データ収集といった圧力の中で、何を優先すべきなのだろうか。

もし本書が、広い視野を得るために「一歩後ろに下がる」ことを奨励しているとすれば、その際には三つのことを心にとどめておくべきである。第一に、監視にまつわる小さな経験についても、それが置かれたより広い文脈を知っておかなくてはならない。IoT、スマートシティ、ウェアラブルといった名称はプロモーションのために付けられた「ラベル」だが、例えば雇用主が従業員にトラッカー付きの服を着せるといった形で、ミクロレベルで起きる経験を指してもいる。こうした事例はどのように信頼を掘り崩したり、ある種の人々を不利にしたり、もしくは他者を脱身体化した抽象的データとして扱ったりしているだろうか？

第二に、現在出現しつつある想像や実践は、責任の共有となり得るような、実際の倫理的・政治的な応答と、どのように関係するだろうか？　当初は個人的なトラブルと見られていたものが、しばしば公的な問題であったことが判明する。[注5]同じ心持ちや目的を持った人々と協力する余地はあるだろうか？　こうした活動のために、オンラインでの関係はどのように利用し得るだろうか？　今日の監視は人々を社会的なカテゴリーに分類するが、同じカテゴリーに分類された人々が、現在の潮流に対する別の選択肢《オルタナティブ》を提案するために、民主的な方法で力を結集する手段は与えない。

第三に、繰り返しになるが、利用者の行動や態度によって事態は変化する、という点は心に刻んでおいた方がよい。スノーデンの暴露によってインターネット利用者に間接的に明らかになったことの一つは、ソーシャルメディアなどインターネット利用から得られるデータに、インターネット企業のみならず公安機関まで依存していたという事実である。GCHQ（政府通信本部＝NSAのイギリス側パートナー）からアマゾン、ウーバーまで、日常のオンライン活動が恒常的なデータの流れを作り出すという意味で、利用者の作り出す監視が、多くのプラットフォームやシステムを成功させるために極めて重要となっている。主体を商品として、あるいは被疑者として構築するシステムがどのくらい上手くいくのかに、監視的想像や監視実践が影響を及ぼしている。ここで言う監視的想像や監視実践の要素は、個人的・局所的なものと、グローバル化した企業や国家の規模のものの、両方を含んでいる。

承認と責任

本節では可視性についてもう少し追究したい。監視文化における可視性の重要さについては既に記したが、ここでは「承認」として言及される可視性に重点を置く。メイは存在する者として、オンラインで見られたいと願った。特別なアイデンティティを持つ者として承認されたいと願ったのである。この欲求は、多数のインターネット利用者、ソーシャルメディア利用者に共通するものだろう。私はここで、私が「良きまなざし」と呼ぶものの可能性を引き出したいと思っている。「良きまなざし」のもとでは、人類の繁栄と結びついた「ケアの倫理」が、監視的想像を形作る。

私はしばしば、インターネットやソーシャルメディアに関わる人々のことを「利用者」と呼ぶが、これは彼らの生活の他の側面を無視した便法であると見られるかもしれない（私は彼らの人間性《パーソン》を公正に扱いたいと思っているが）。本書の前半で、データ分析の利用を議論した際、人間が個人であるという前提や、人間のアイデンティティや関係がビッグデータ実践によっていかに影響を受けるのかが、重大な問題であると私は考えていた。[注6] 同じことは、ソーシャルメディアやインターネットを普通の使っている人の監視的想像にもあてはまる。個人性は極めて重要であり、あらゆる水準で主張され追求されなくてはならない。可視性と承認は、その一つの側面である。

別の言い方をすると、ニコラス・ミアゾエフの言う「見ること」とも関わっている。[注7]彼の優れた歴史書『見る権利』は、プランテーションから植民化、軍産複合体まで、可視性に関わる大規模な文化様式に焦点を当てているが、出発点は個人レベルで「友情、団結、あるいは愛を表すために他者の目を見つめる」といった「見る権利」である。それは相互的でなくてはならず、意味するところは大きいとミアゾエフは言う「権利を主張し何が正しいかを決める足場を確保するために、他者の承認を要求する」。[注8]私が言わなくてはならないことも同様の軌跡に沿っていて、個人的なことから政治的なことまで、途切れない線でつながっている。

可視性への欲求は、ニューメディアの消費主義によって便利に演出されるが、不可欠の要素である。しかし時にそれは、国家安全戦略やそれが逆説的に生み出す危険など、別の情報源からの不安によって鎮められる。インスタグラムに上げた写真や、フェイスブックへの書き込みを見てほしいという願望には、ひょっとするとその結果として起きることへの恐れが貼りついているかもしれない。露出に関連する想像や実践は、感情と行動の結びつきをさらけだす。しかし承認、関係、責任についての問題に、積極的な応答をもたらすのはどちらなのだろうか？

第四章において、「オンラインでの自己提示をどのように想像しているか」という問題を扱ったことを想起していただきたい。既に触れたが、安全保障の専門家の中には自己愛《ナルシシズム》という観点から考えている人もいる。オンラインで知らない人々に対して自己提示をする際、多少なりとも人工的な人格を作って、それに没頭するというアプローチだ。しかし自己愛が常に関係しているとは限らない。自己愛が関与している場合があるからといって、それが全体に関わっているとするのは間違いだろう。ケイト・ホーキンズは、フーコーの言う「告白」の方が、自己愛よりも優れた標識ではないかと示唆する。[注9] 彼女の見方では、オンラインの主体は私たちから告白を引き出す権力の主体であるだけでなく、告白の主体でもあり、自らを知識のある、考える主体と見ている。前者は力を奪い、後者は力を与える。この意味でオンラインでの告白は、どのように見られているのかを決める上で、正確な提示もしくは真実を求める探求として見ることができるかもしれないとホーキンスは言う。

二〇世紀半ばにゴフマンは、自己提示のパフォーマンスは例えば仕事のインタビューの後でのように、リラックスして見えることもあると書いている。しかしオンラインでの生活は、そのようなリラックスは認めない。一つの人格《ペルソナ》を保ち続けるのはつらい仕事だ。同時に、複数の情報源を利用しているインターネット企業は（そしておそらく公安機関も）、個人の実体は表に出ている部分の背後にあるとの感覚を持っているのではないか。[注10] インターネット利用者が自分の可視性や自己提示について持っている基準は、企業や公安機関のものとは違う。第一に目的が違っている。インターネット利用者は、知らない人よりはむしろ知っている人向けに、自己提示をしている。

可視性は現実世界においてはあまりにもリアルな側面で、常に交渉を必要とする。[注11] 見ることと、見られることが相互的という点で、関係的な概念でもある。また、私たちのものの見方は、社会的に形成され、多様でもある。何らかの意味で見られることなしには、承認されることも同定されることもないだろう。オフラインと同じように、オンラインでも努力をすれば、普通の人には見えない存在になり、存在自体をほとんど消すこともできる。他方で、ソーシャルメディアでセレブと言われる人たちは、過剰に見られる存在となる。[注12] こうした点を踏まえてエリック・ストッダートは、可視性をめぐる交渉を「不／可視性」の概念を使って語っている。[注13]

ストッダートにとって、「不／可視性」は能動的なもの、おそらく遂行的《パフォーマティブ》なものである。というのは、見る／見られるという状況は個人で値踏みでき、何らかの戦略的目的をもって自分をより可視的／不可視的にできる「資源」であるからだ。[注14] 特にソーシャルメディアにおいては、巨大インターネット企業に対して何を開示し、何を開示しないかという態度を、この「交渉スキル」で決めることができる。日常において、電話やタブレットといった表に出ているものから、財務情報や移動情報といった深層に属するものまで、どのようにデータと相互作用するかという問題はあらゆるレベルで考え得る。意識的もしくは無意識的に、人々が自分のデータに対するアクセスを認めるのは、どのような条件においてなのか？[注15]

『ザ・サークル』や「ブラック・ミラー」が日常の現実を風刺交じりに反映しているように、新しいオンラインメディアが最も基礎的なレベルでいかに関係に影響しているのかというさらなる問題が浮かび上がる。他者と一緒に扱われるのか、それとも別々に扱われるのかが常に流動的な状態の中で、可視性について決めなくてはならない。ロジャー・シルバーストーンは、現代メディアの鍵となる問題として、人々をまとめることも、バラバラにすることもできる能力を挙げている。[注16] 距離ではなく近接性こそが、道徳的な応答のためには必要だと、シルバーストーンは論ずる。もちろんエマヌエル・レヴィナスが主張するように、「敬意」と「責任」の文脈を提供するためには、自己と他者の間に何らかの分離も必要ではある。主体が深いところで立ち上がってくるのは、他者に対する責任のゆえであると、レヴィナスは強調する。その時に大事なのが「顔」であるとも。[注17]

逆説的なことだが、今日の監視実践を考える上で、「顔」の倫理は希望を与える。レヴィナスにとって他者の「顔」は、他者の福祉や開花に対する人間の基本的な責任を思い起こさせる。データ処理技術が人と人との距離を広げてこうした責任を忘却させるのに「貢献」しているのも事実だが、文字通りの近接性が人間性にとって必要なのかどうかも再考されねばならない。組織や（好奇心に駆られた）個人が行う監視が、肉体を備えた人間にではなく、データイメージやオンライン人格に依存しているということを、「顔」は思い出させる。インターネット技術を用いて遠隔から、「責任」を維持する方法は本当にないのだろうか？

バウマンなど何人かの論者は、近代は道徳的近接性のない社会的空間を創出したとする。例えばクレイグ・カルフーンは、現代の状況、とりわけIT依存によって、人間関係がどのように影響を受けたかを追跡している。[注18] もし、対面状況《フェイス・トゥ・フェイス》を一次的関係、メディアを介した関係（官僚制など）を二次的関係とするなら、さらに続けて第三次、第四次と考えることもできる。例えば文書の誤りについて銀行にメールするといった「第三次関係」では時空間を共有する必要がなく、第四次関係では直接の接触も必要ないだろう。後者は多くが監視の産物である。例えばワッツアップでは、誰かがメッセージを送ると、そのデータが分析される。元の文書に由来するさらなるコミュニケーションが、元の書き手が気付かないうちに開始され、彼もしくは彼女が推測できないような結果がもたらされる。

シェリー・タークルの批判的な社会心理分析である『つながっているのに孤独』(Alone Together)の中にいくつか、印象深い議論がある。この本の後半はインターネットを利用する若者がテーマだが[注19]、多くの利用者にとってネットは必要であるだけでなく、もはや強迫観念となっている（タークルが心理療法士であるからこうした言葉を使っている面もあるかもしれない）。若者のデジタルへの没入を、年長者はほとんど理解できない。特に、リアルタイムでかかってくる電話が、「編集されない」生のパフォーマンスを要求する点で脅威に感じる気持ちは、分からないだろうと思う。タークルによれば、若者は他の利用者のことを、「利用されるべき資源」か「解決されるべき問題」と捉えているのかもしれない。これなど私には、監視資本主義と同じように不吉な事柄に思える。他者をケアすべき個人だと考える姿勢を否定しているから。

タークルの精神分析的アプローチや、調査対象の狭さを批判することはもちろんできる。しかしタークルは、インターネットの政治経済学を研究したいのでもなければ、ネット利用者の代表となるようなサンプルを取り出したいのでもない。タークルの研究が注目に値する理由は以下の二点である。第一点は、タークルが「人間とコンピュータとの関係」を研究し始めてからすでに数十年経っており、その初期にはコンピュータを「第二の自己《セカンド・セルフ》」と呼ぶくらい楽観的に見ていたことである。[注20] タークルの結論は今日ではより評価されている。第二点は、第一点とも関連するが、タークルの研究が倫理的な性質を持っているところである。人とテクノロジーとの関係というよりは、人々がお互いをどう見ているかにおいて、つながりの線が交差しているか、タークルは問いかける。

したがって私は、「承認」が重要なカテゴリーであると確信する。自分の可視性を調整することはまさに、監視に関わる取引なのである。可視性を求めるところで話は終わらない。人は自分が誰であり、どのような価値を持っているかを承認して欲しいのだ。承認についての現代の議論を始めたチャールズ・テイラーは、承認はアイデンティティにかかわり、人間としての感覚であると言う。[注21] アイデンティティは他者との関係で発達するのであり、個人で生成するものではない。民主主義の基盤である尊厳とも関わる。

監視資本主義の世界の中では、これは不可能な目標のように聞こえるかもしれない。監視文化にとっても、かなうことのない願望のように思える。しかし、監視的想像の核心に、「そうした承認が望ましい」とする感覚があるのであれば、おそらく全く別の性質を持った監視に貢献するのではないか。実際、こうした監視は「良きまなざし」と解することができ、人間をデータイメージに還元するのではなく、人間性を再確認するものである。他者を、ライバルや出世の道具と見るのではなく、ケアすべき人、さらには責任を取る相手と見ることは、人間性の縮退ではなく、その繁栄に貢献するだろう。言うまでもないがこれは、想像だけでなく実践に関わっている。

権利と規制

「承認」の便益は、想像から実践へと広がっていく。私たちのアイデンティティは承認によって形成される部分があるが、その承認は翻って、民主主義の重要な次元である。他者と平等に承認されるということは、民主主義の恒久的な目標と言える。『ザ・サークル』のメイが、透明性という理念を受け入れて新たなアイデンティティを築いていくにつれ、彼女は民主主義発展の音頭を取るという役割に自分を駆り立てていく。「三賢人」が、全社員を投票者にする民主化を行いたいと表明すると、メイはそれをさらに進める。投票の義務化である。純粋な直接民主制である！　ただちにベータ版が作られ最初のテストが行われた「ランチにもっと野菜の多いメニューの選択肢が要りますか？」。

サークル社の幹部たちにとって、「全知」性と参加は、民主主義を通して確認され得る（彼らは民主主義を、デモシー（demoxie）という独特の言い方で呼ぶ）。知識と、「あらゆる経験への平等なアクセス」は、人間の基本的権利であるというのがベイリーの持論である。すべての人がアクセスでき、意見を言える。ここで読者は一瞬、「どこに皮肉があるのだろう?」と訝るかもしれない。人種、ジェンダー、セクシュアリティ等にかかわらず平等に包摂せよという主張が、現代の政治では高い優先順位を与えられている。ソーシャルメディアを政治に利用する可能性は、ヨーロッパやブラジルでポピュリスト集団が、政府の施策に対して直接のコメントを獲得するために「リキッド・フィードバック」を使っていることから、懐疑的に見られている。[注22]

サークルの「完成」で何が起きるのか、メイがナイーブに信じている内容に皮肉が込められている。「今にも差し迫る完全化は、平和をもたらし、団結をもたらし、今までの人類の混乱と、サークル以前の世界の不確実性は、もはや単なる記憶になるだろう」。人間には根深く混乱や不確実性がつきまとうということを、「サークル主義者」たちはどうやら忘れているようだ。平等なアクセスや発言権も、一見すると良い目標のようだが、本当にそうなのか議論はあるし、達成も容易ではない。政治プロセスにおける技術革新には、例えば投票者の監視などがあるだろうが、これは民主主義の活性を殺ぐ危険があり、「リキッド・フィードバック」を壊しかねない。[注23]

人類の繁栄や共通善を追求する民主的発展を本当に支えるのは、どのような種類の監視実践なのだろうか? 人間の可能性を見据えつつも、混乱や不確実性は人間に必然的につきまとう条件であると認めるような、希望のある現実主義は存在するのだろうか? 新鮮な監視実践を発展させる道筋をもたらすようないくつかの問題を、簡単ではあるが検討する。まずは行為主体《エージェンシー》の問題から始め、続いてデータの正義と公正さ、文脈とデータのケア、そして最後にデジタル市民権を考える。

支配的コードに抗して

レイモンド・ウィリアムズは、行為主体《エージェンシー》は支配的コードには従うとは限らない、と論じた。最も極端なケースでは、別の選択肢《オルタナティブ》を持ち出すこともできるのである。企業や政府の持つ力を前提にすると、個人は無力と考えがちにもなる。しかし、既に提案したことだが、もしフィードバックループに関する知識がさらに増えれば、個々のインターネット（および他のテクノロジー）利用者の行動によって世界が変わることを示せるだろう。

これらは、大規模組織のグローバル戦略に対する、ローカルな戦術である。大規模組織はコントロール、効率、利益を追求するが、個人は関わるものすべて（街頭のカメラからオンラインゲームまで）に、自分にとっての意味を求める。日常生活で人々は、自分たちの想像力の中で、テクノロジーの利用を解釈し、そこから実践が生まれる。フェイスブックという巨大企業でさえ、すべてを思い通りに動かしているわけではない。利用者が新しい機能に異議を唱えることで、この巨大企業が思い直すこともある。

服従するしか仕方がない、もしくは、主体側か権力側の偏った見方を受け入れる以外の選択肢はない、と前提すること。こういったネガティブで敗北主義的な考えは、バリバールや、イシンとルパートが主張するような、[注24]「政府と結びついたグローバル大企業の束縛の中では、普通のインターネット利用者は『権力に服従する』しかなく、同時に『権力の主体』であることはない」といった見方によって培われてしまったものだろう。グローバルな公安機関や大企業を「ビッグブラザー」とするイメージのために、監視的想像は容易に、「手の届かない大組織」によって支配されてしまう。結局のところ、大組織の持つ力は大きく、その活動をよりオープンにして説明責任を果たせという声に対してしばしば抵抗する。

もちろん市民の側でも、きちんと説明を読まずにサービスを受け入れたり、空港で「セキュリティ劇場」を演じたりといった形で、服従に「参加」してしまっているかもしれない。しかしこうした状況の中でも、質問したり交渉したり、状況を覆すチャンスさえも開かれている。こうした形の「参加」によって、権利要求でインターネットを変え、セキュリティ手続きの緩和に貢献することもあり得る。小さいが大事な行為によって、実践が多くの人に共有されていくかもしれない。

問題は巨大であり、簡単に解決できないのも確かである。技術に関する知識がない人にとって、監視は不透明であり、それがどのように作動するのか熟知している者は少ない。監視のデジタル化が進んでいることも、それを不可視にしている。容易に隠せる小さなカメラ、バーコードのついたプラスチック・カード、各種のセンサは氷山の一角である。さらにアルゴリズム化もされている。監視はしばしば隠されているが、特に警察や公安関係では不適切な形で公表されたりする。同時に個人は軽視され、人生でのチャンスが直接・間接に影響を受ける。こうした問題は「データの正義と公正さ」に関わるとして、公的な精査および参加が必要である。

データの正義と公正さ

社会的振り分けは監視がもたらす代表的な問題であり、政治的・社会的な課題として適切に対処しなくてはならない。チャールズ・テイラーがこの問題について、彼の言う「承認の政治」を通して言及しているのは興味深い。彼の見方では、資源は公正に分配されるべきであり、マーケターによる消費者の「人生全体の価値《ライフタイム・バリュー》」といった不透明な基準に抗して、公正な資源分配を実現させるのが「承認」である。この問題に関して、ナンシー・フレイザーは「分配」と「承認」は相互に還元できないと主張し、アクセル・ホネットは「承認」によって分配が公正かどうか確かめることができるとする。[注25] 大規模監視の主たる特徴が社会的振り分けであり、巻きこまれた人が物質や機会の点で影響を受けるとすると、「承認」の重要性は明らかである。

監視文化が万人に影響を与えることはここまでも強調してきたが、その政治もまた日常の中に、例えば買い物や、ソーシャルメディアの利用や、他者や自分のデータを職場その他でどう扱うか、といったところに溢れている。もしそこに監視が埋め込まれているなら（それは文化的な想像や実践によってもたらされ、翻って文化的な想像や実践を作り出す）、普通の人々の考える枠組みの中における監視を見ることは重要と言える。アルゴリズムや暗号化といった技術と叡知が求められる事柄だけでなく、より一般的な「データの正義」[注26]および、差異を作り出したり主体性を行使したりといった日常的な手段もまた、大きい問題と関わっているのである。ヘレン・ケネディとジャイルズ・モスは、「データマイニングの状況は、人々について知るための手段となるだけではなく、人々が自分たちを知るための手段にもなる」と想像している。[注27]

既に記したように、ヘレン・ケネディらは米国、ノルウェー、スペインの三国を対象に、利用者の反応を調査したが、そこから、鍵となるのは「公正」だという結論に到った。[注28] 彼らはソーシャルメディアを使った量的調査ではなく、ソーシャルメディア利用者を対象としたフォーカスグループ・インタビューを行って、インターネット利用におけるデータマイニングについて質問した。回答者の見解は多様であったが、公正さについて懸念を持っている点は共通していた。文脈が重要であり、[注29]豊かさや正義よりも公正への関心が顕著だったのである。フォーカスグループに対して監視やプライバシーといった言葉でフレーム付けをせずに、自分の言葉で語ってもらった結果である。

もし公正さに関連する監視実践を理解したいのであれば、「データの正義」という点から考えるのが適当である。ポイントカードやソーシャルメディアの使用にとどまらず、街路を自由に歩いている時でさえもビデオカメラに記録され、私たちの日常に関するデータは他者が利用できるようになっている。そうして得られたデータを関係組織が分析し、良かれ悪しかれ私たちの機会に影響を及ぼす。アメリカの都市におけるサービス提供の世界では、「線引き」が社会的な不平等を再生産している。人種構成を理由として、サービスが提供されなかったり、アクセスできなかったりする地域がある。こうした「自動化された監視実践」によって、全国的な人生のチャンスや選択にどのくらい影響があるのだろうか？　資本主義がデータ操作に頼る部分が大きくなるにつれ、それはさらに強まるだろう。

デジタル領域でスノーデンに続く政治的アクティビズムが復活すると考える評者やアナリストもいる。[注30]例えばカナダでは「オープンメディア」が、インターネット関連では主導的な理論家・活動家集団となっている。暗号化、安全なネットワーク、データ監視へのその他の対抗策など、洗練された形の政治的活動や抵抗運動が行われている。こうした仕事はしばしば、専門家集団へアウトソーシングされる。ただ専門家たちが、専門家が開発したツールを使って利用者が自分で身を守るだろうと期待しているのは残念なことでもある。

このような「分裂」に関してリナ・デンシックらは、行動可能な範囲を広げるために、セキュリティ・エンジニアたちは単に個人の自助ではなく集合的行動という「ことば」を学ぶべきとしている。[注31] 利用者に、技術専門家の見解を理解するように奨励することも、もちろん役に立つ。望まない監視に反対することを超えたところに、さらに、いかにしてインターネット利用者が、データマイニングを有力企業の道具ではなく自分たちの利益になるように活用できるか、という問題がある。

文脈とデータのケア

公正さとデータの正義の点からの、もう一つの個人データに関する懸念は「文脈」で、そこからあらゆるデータ問題が立ち上がって来ると言える。企業も諸官庁もデータに高い価値を置いている。生きている個人が、マーケターや公安機関によって「データ・ダブル」に縮約されるという問題がある一方で、コインの裏面として、個人データに対して必要なケアが与えられないという問題もある。こうしたデータは、企業の利益のため、警察の捜査のためだけに重要なのではない。それが重要なのは、例えデータが部分的、不完全に見えても、それが実際の人間を指しているからである。対面での接触で払われるべきケアは、どのような文脈においても、個人データを扱う際にも払われるべきなのである。もちろん、深く対抗文化的な監視実践は、実質的に多様な文脈の中で作動させなければならないが、特にその出発点は個人志向でなくてはならない。

文脈は重要である。監視実践は、まさにその置かれた状況に敏感でなくてはならない。ニッセンバウムの「文脈的統一性」に関する洞察は役に立ち、この分野で広く引用もされている。ニッセンバウムの研究は、インターネットの普通の利用者が、個人情報の扱いをどのように理解しているのかに関する多数の研究を触発し、生み出すことになった。[注32]文脈を無視すべきでない、とニッセンバウムは主張する。人々は、ある特定の文脈において情報を開示しており、その文脈で適切に使用されると期待している。それを無視するのは権利の侵害だ、とニッセンバウムは論ずる。インターネット上の個人データ流通だけでなく、消費者の監視に使われるポイントカードや、公的私的なビデオカメラや、指紋・顔認証といった生体認証についても射程に含めている。

ニッセンバウムの「文脈的統一性」に関する初期の研究が公表された時期はちょうど、ソーシャルメディアの離陸期にあたり、彼女の提案はまさにその領域に適用可能であった。[注33]言い換えると、ニッセンバウムの研究は、監視文化に高度に適合的であった。監視的想像の持つ意味や、当該領域の実践に多様な規範が存在していることについて、エビデンスを提供した。

今日のインターネットの重要性に鑑み、現在出現しつつある実践がどんなものかを知ることは肝要である。インターネット「についての」監視情報の収集と分析の問題があるだけでなく、それに関連してしばしばインターネット「を通じて」議論がなされている。監視文化として議論されていることの大多数は、何らかの意味でインターネットに関連している。国家によるセキュリティ関連の監視から、ソーシャルメディア、IoT、さらにデバイスや環境にいたるまで、ますます相互に連結され、自分で記録し、データが共有されるようになっている。人々がオンラインでどのように交流しているのか、そのことで日常の実践がどう変わっていくのかといった問題が再提起される。

デジタル市民権

日常生活には「役割の束」があり、人々は絶えずそれを演じたり交渉したりしなくてはならない。その中には家族などの親密な関係もあれば、友人・同僚・チームのメンバー・近所の人とのつきあいもあれば、銀行や裁判、教会や慈善事業、市役所や国の政府といった組織・制度とのかかわりもある。現在、そうした関係の一部はデジタルで行われており、ここまでで明白になったことと思うが、デジタルはもともと監視的な性質を有している。エンギン・イシンとイヴリン・ルパートの共著『デジタル市民になる』は、監視だけに関わる本ではないが、なぜ「監視の政治」が今日、新たな形態を取っているのかを説明するのに有益である。

「デジタル市民」という考えは、エドワード・スノーデン、ジュリアン・アサンジ、チェルシー・マニングといった有名な（もしくは悪名高い）活動家だけを指す呼び名ではない。インターネットがメディアとして機能しているところにはどこでも「デジタル市民」が現れる。法律や技術の書類ではネット利用者のことをしばしば「データ主体」と呼ぶが、これは彼らがデータで作られるか、少なくともデータにコントロールされていることを示唆している。他方活動家の中には反対に、利用者を「至上の主体」として、彼らのできるはずのことがインターネットに制約されている、とする者もいる。イシンとルパートは、デジタル市民はある面では従順だが、権利を主張し、現実と戦うこともある、としている。

「主体（subjects）」というのは聞こえのよい単語だが、これは同時に二つの方法で考えなくてはいけない。私たちの生活が良くも悪くもデータやインターネットに深く影響を受けているという点で、人々は「権力に服従している」（subjects to power）のだが、オンラインでの生活において単に服従するだけでなく反抗を示すこともできるという点では「権力の主体」（subjects of power）でもあるのだ。デジタル市民が出現した理由の一つは、データ政治が認識できるようなやり方で形成され始め、「世界、主体、権利」を生み出したことである。[注34]私たち市民と国家との関係も、今ではデータやインターネットが媒介し、私たちがデータについて権利要求をすると、そうした要求を通して私たち自身や他者を統治することにつながる。

結局著者二人が言っているのは、データは何もしない「死んだデータ」ではない、ということだ。政府から何らかの便益を受ける資格があるかどうかとか、これまで議論したように、空港のセキュリティチェックで拘束されるのか、といったある種の現実を創り出すのに貢献しているのは、データなのである。データに関する議論は流れ星に似ているところがある。一瞬だけ明るく、強い光を放ち、例えばセキュリティ違反で個人データが乱用される恐れがあると論争が起きたり、グーグルのような企業が当局よりも正確に流感の発生を予測できると主張したりするが、そうした光はいずれ収まり、次の炎が立ち上がるのを待つ、といった具合である。実際のところこうした問題は続き、データ政治のパターンを成しているのかもしれない。

残念なことにデータ政治は個人レベルに還元される傾向にあり、より広い視野で見られることが少ない。自己保護の例として推奨される、暗号化や、果てはコンピュータ備え付けのカメラをテープで隠すといった手段は「アトミズム」の症例であり、データ政治に対抗する集合的行為の可能性から目を逸らさせることにつながる。この観点から、デジタル市民が最もデータ政治に関わっているのは、権利を要求しているときである。確立された市民の自由や人権を、インターネットやデータに関連しても維持しようという要求であるので、なじみ深い要求とも言える。あるいは、例えば誰とどのようにデータを共有するのかといった問題について、最初は曖昧でも徐々に明確にしていく権利要求である。

いかに前へ進むか

政府や企業による監視が急拡大する中で、データ政治の面から「監視の政治」は重要な活動となっている。批判的なものだが、コリン・ベネットのプライバシー擁護研究は好例で、「自分についての情報をコントロールするのは基本的な権利だ」との考えに基づいている。[注35] ベネットは、グローバルな法律事務所の多くの弁護士にインタビューし、この問題を広く捉えている。また、スノーデン以降に何が変わったのかについても興味深い。多様な弁護士の実践活動を取り上げ、別の事務所がどう協力するのか（あるいはしないのか）についてもコメントしている。

もし監視が社会に埋め込まれていて、文化的実践から生まれたり、逆に文化的実践を生み出したりしているのならば、普通の人々の認識枠組みにおける監視を知ることは重要である。これまでの議論でも述べてきたが、操作者《オペレータ》だけではなく利用者、外部者《アウトサイダー》だけでなく内部者《インサイダー》の視角である。今日の監視を問うているのは誰で、それはなぜか？　インターネット利用者、旅行者、労働者、市民、消費者がプライバシーと監視にまつわる疑問を呈している。これらのカテゴリーで考えたことはなくても、公正さについて関連する疑問を持っている人は多くいるだろう。したがって問題は、私が直面している課題に対して、最も妥当な（必ずしも最適でなくても）種類の実践はどのようなものか、ということなのである。その答えは年齢、ジェンダー、文脈、その他の要因によって違うだろうが、耕すに値する沃野が広がっている。[注36]

最も興味深い発展は、スノーデン以降の文脈であろう。多数のプレイヤーが現れ、例えば活動家とジャーナリストなど、新しい協力関係が生まれた。公安組織の諜報活動および、それがビッグデータに依存していることは、近年にない規模で新しい実践を促した。「自由で開かれたインターネット」を目指す活動をめぐって協力が形成され、同じメディアやプラットフォームを盛んに使い、権力に従うリスクを認識した市民権の新たな局面を明白に示す一方、同時に「権力の主体」となる新たなチャンスを捕捉した。「権力の主体」になるためのいくつかのアプローチがとられた。

一つのアプローチは、認識された問題を直していく、というものである。新しい監視の世界は、直接であれ間接であれ、部分であれ全体であれ、明白であれ暗黙であれ、新しいテクノロジーの産物である。最悪の困難を緩和するための弥縫策ならばいくつもある。PETsという略称で知られる「プライバシー強化テクノロジー」は、データが漏れやすいシステムのセキュリティを強めるために、暗号化その他の方法を使う。より精妙かつシステム的なアプローチは、監視によるリスクを低減する方策を探るために、テクノロジーには社会的な責任が必要という雰囲気を醸成することである。いずれにせよ、こうした種類のアプローチの限界の一つは、それらが単に技術的な改善策あるいは経済的に引き合うソリューションと見られるであろうことだ。

もう一つのアプローチは規制を使うことである。ある種のデータ利用を制限したり、重大な事柄にはインフォームド・コンセントを保障したり、データは定められた目的のみに利用し一定期間が過ぎたら破棄することを確約したりするために、プライバシー法、データ保護法、FIPs（Fair

Information Practices ＝公正な情報の取り扱い）といった制度を導入する。もちろんビッグデータ時代には、合意《コンセント》自体が問題含みではある。また、データの収集と、それを特定の目的のために分析することは、別の事柄だ。

組織が個人データを扱う際にFIPsを真摯に導入するのであれば、克服すべき課題は多い。不幸なことだが、あたかもそのデータ主体とは何の関係もないように、個人データを、合法的に差別や利潤目的に使う方針を取りながら、組織が「プライバシー（を重視しています）」というリップサービスをすることは容易である。不適切な監視（データの量や種類だけではなく、データ分析の様式も含む）を長期的に制限するには、やはり規則と法律ということになる。[注37] 同時に、「プライバシー」を広く定義するならば、そこには人間関係や社会参加の重要性といった、社会的価値や公正さの問題も含まれる。[注38]

第三のアプローチとしては、個人データのより慎重な取扱いを求める運動への動員がある。例えば米国のＣＡＳＰＩＡＮ（スーパーマーケットでのプライバシー侵害と番号付けに対抗する消費者の会）のような消費者集団や、二〇一〇年の英国でのＩＤカード導入案に反対したNO2IDのような反身元特定キャンペーン、あるいはカナダの「国際市民自由モニタリンググループ」のような、特に国境とセキュリティの問題に関わる、「市民の自由」組織などが挙げられよう。こうした集団は多いが、課題に対してうまく対応できていない傾向もある。特定の、短期的な問題だけに焦点を合わせていることもあるだろう。それでも、「プライバシー擁護」や、データ政治の中での権利要求や、利用者レベルでの監視実践の拡大などを求める運動は増えている。[注39] 権利の追求、特に「自由」に関する権利の追求は、極めて価値のある監視実践である。

第四のアプローチは、より根源的に現代の監視を問い直すものである。本書は、技術的媒体に依存し、インターネットを利用し、ソーシャルメディアを介してつながるような、もはやおなじみの現代生活にアプローチしているが、その主目的は「おなじみに感じるものをおなじみでなくする」こと、監視的想像と監視実践を区別すること、監視資本主義が重要なあり方で日常生活にいかに反映しているかを示すことだ。さらに、人類の繁栄や共通善を追求するのにそれがどのくらい適切であるのかを問い直すことも含まれている。この「おなじみでなくする」過程で、人はものの見方が変わり、物事を別様にするにはどうしたらよいかを考えるのだ。

監視はしばしば、顧客を知るための「カスタマー・リレーションシップ」に取って代わり、救助を求める人の話を聞くよりも移民データに注意を向けさせる。監視文化は実際の談話を容易にコード化された文書に置き替え、子供と遊ぶために（電話を持たずに）休憩したり、バラの匂いを嗅いだり、髪に風を感じたり、といったことを、「無休常時オンライン」に置き換える。

情報へのアクセスに関しては大きな不均衡がある。データ主体にとって利益がある可能性のある情報であっても、秘密のアルゴリズムや「私的財産の秘密」によって、データ主体の目からは隠されている。「管理社会」では管理する側は責任を問われず、責任を取るのはむしろ弱者となりがちな者たちで[注40]、彼（女）らは自分の運命を自分で決めるよう期待されている。アクセスやオープンデータを推進するというのも一つの道である。こうした見通しや行動は継続的に拡大しており、今日の社会の機能に欠かせないものとなりつつある[注41]。

近代官僚制は人間の行動に対する道徳の影響を否定する。「倫理は我々の受け持ちではない」というわけだ。今日の監視資本主義においても、様々な形で、実践から倫理が切り離されている。バウマンは、「倫理的トランキライザー」が使われていると示唆する。手軽な解決策や弥縫策（テクノロジー物神崇拝《フェティシズム》）が主体を道徳的に分断し、「自分には責任がない」という感覚を植え付けるのだ。

現代の監視が提起する問題は明白であり、かつ深遠である。必要なのは倫理的に真摯に向き合うことであって、技術を使って尻ぬぐいすることではない。管理よりもケアを、データイメージよりも人間を重視することが、こうした倫理の出発点である。新たな監視的想像や監視実践が「点火」することによって、家庭や職場といった日常の文脈で、草の根から対抗活動が出てくると考えるのは期待し過ぎだろうか？

表現やアクセス、プライバシー、開放性、イノベーションといった事柄に関して、デジタルの権利を要求する運動は既に起こっている。新たな実践がデジタルな近代《モダニティ》の中で既に可視化しているのだ。こうした奮闘の結末はまだ見えないが、それが必要なことであるのは見えてきている。これまでの世紀・時代で獲得されてきた「政治参加の拡大」「自由の拡大」「人間の安全」「不平等の緩和」といった利益を、消費主義や自己没入的疑似優先順位、ビッグデータ物神崇拝《フェティシズム》の時代にも失うべきではないとするならば、デジタルな近代《モダニティ》に適した新たな想像と実践を探るのは急務であり、探求するだけの価値がある。

「監視文化」および、「日常の一部としての観察」の出現についてはこれまでも述べられてきたが、建設的な貢献もしている。新たな監視的想像と実践が、共通善、人類の繁栄、他者のケアといった大きなキャンバスに結びつくのであれば、その時、真に建設的となるだろう。もちろんこれは言うは易く、実際に行うにはリスクがある。他者のケアや人類の繁栄を第一目標にすることは、自分を後回しにしてより弱い立場に置くことにもなる。自分を犠牲にして他人を行かせる、ということだ。

可能なものへの情熱

本章は閉ざされたものではなく、開かれている。私の役目は処方箋を出すことではなく、監視文化がどこに向かっているのか、新たなトレンドが監視文化を新鮮な方法でどのように導いているのかといった「開かれた問題」に対して、何がしかの提案をすることである。[注42] 冷たく計算高い監視資本主義へ向かう傾向に抗して、人類の繁栄[注43]や様々な公正さを育てようとする近年の文化的展開についても指摘した。これは「方法としてのユートピア」概念とも呼応する。[注44] そこでは、理想世界をフィクションとして説明することを超えて、社会学が当面の文化的方向を批判的に説明するだけでなく、別の選択肢《オルタナティブ》を提案・推進し、より民主的な想像と実践を全体として考える試みである。

『ザ・サークル』は巨大企業が支配する「あり得る未来」を描いており、私たちの酔いを醒まさせる場面がある。ユートピアの衣をまとったディストピアである。しかし、逃避の手段としてではなく、別の選択肢《オルタナティブ》を探す手段として、ユートピアとしての役割も果たし得る。気を逸らせる迂回路を避け正しい道に戻す役目である。監視文化の中に出現しつつある想像の、どの側面を発展させてゆくべきなのだろうか？　想像される別の選択肢《オルタナティブ》の中で、実現可能なものはどれか？

こうした問題を一人で考えることもできるが、より建設的（共生的《コンヴィヴィアル》であることは言うに及ばず）なのは人と話し合うことである。パブでもいいし、家族や友人とでもいい。宗教的な集まりでもいいし、読書会でもいい（最初に取り上げる本は『ザ・サークル』をおすすめする）。もちろんこれは、旧来の「有害な」アプローチに代えて新たに健全なアプローチを、という話ではない。トリン・モナハンも言うように、結局のところ、ケアとコントロールの対立は監視社会でも続く。[注45] 大事なことは、問題を意識し、それを個人的なトラブルとしてではなく社会的な課題にまで高めていくことだ。

監視国家や監視社会を超えた監視文化の現状を直視することも重要である。監視国家も監視社会も、手垢のついた概念となっている。監視文化を真剣に受け取るとはどういうことか。手始めに、監視がどのように機能しているか、ビッグデータが駆動する監視資本主義の文脈の中で監視はどのように作動しているか、見つめることだ。また、人々が監視をどのように経験しているのかに目を向けることも必須である。未来を政治経済から読み解くことはできないし、ましてや最新のテクノ・ガジェットやからくりから知ることはできない。監視を経験するあり方は極めて多様であるし、この多様性が差異をもたらす。そして究極的には、文化の深い源泉や人々の思考様式、人々の心の目指す方向や日常の日課の中で何がなされるかをめぐって、闘争となる。

監視の経験の受け取り方は、それを楽しむ人・遊ぶ人から、不満を持ち注意深く接する人、そして楽しいとは思わない脆弱な人まで広がっているだろう。それぞれの人がそれぞれの想像や実践を持っていることを理解されなくてはならない。またそのことが、いったい私たちはどのくらい、「監視に服従している（subjects to surveillance）」だけではなく「監視の主体（subjects of surveillance）」であるのか、判断するのに役立つ。

ただ監視文化を理解することは、人々が監視を経験しているだけでなく、自らそれに関与しているあり方を認識することでもある。これには二つの次元がある。監視は他者にも自分にも向けられるからだ。どのようなあり方が適切であり、人類の繁栄に貢献するのかが緊急の課題である。二〇世紀の監視理解が『一九八四年』というフィクションに深く影響を受けたとすれば、二一世紀においても現状を知るためにそのような「鏡《ミラー》」を掲げるだけの価値はあるだろう。たとえそれが「ブラック・ミラー」であっても。

　私たちの世界のありのままを知ることは重要なステップである。次に、物事が現在と同じように続くとは限らないということを、認識しなくてはならない。技術的な必然性といった教義は誤りである。テクノロジーは人間の営みであって、社会的に形作られてゆく。テクノロジーは「止められない神輿」だという風なことを言う人はおおむね、「抵抗を防ぎ人間の介入を否定する」側に利権を持つ人である。「共通善」や「人類の繁栄」を目指す別の選択肢《オルタナティブ》は追求する価値があると私は考える。「別の世界」は可能なのである。

　もし小説や映画が監視文化を映し出す鏡としてよく機能しているのであれば、この出現しつつある世界における私たちの役割や、恐怖や希望が向けられる先を評価するのに良い位置にいると言える。既に触れたことだが、監視文化がいかに目新しく、変化に関与しているように見えようとも、また、監視文化にまつわる問題がいかに馴染みのないものであっても、その中で活動することはむしろ、これまでとさほど変わるわけではなく、お馴染みのものであるだろう。それらは現実的、感覚的、実務的な回復を待っているのである。

謝辞

私がこの本の執筆に入れ込めば入れ込むほど、このような野心的なプロジェクトにはリスクがつきものであるということがわかってきた。私は日々の監視経験に関する、多数の学問的な業績をひとつにまとめようとした。そうすることで、「監視文化」を世に問えると考えたのだ。また、私は人々をジョージ・オーウェルから引き離したいと思っていた――私は母乳育児とその健康への貢献を信じる人なので、これを正しく読んでください！――そして現在にふさわしい他の作品、特にデイヴ・エガーズの『ザ・サークル』を読者に勧めたい。それに加えて、――監視のある側面は楽しかったり、無害に見えたりするかもしれないが――私は監視を、消費者資本主義、あるいは現在では「監視資本主義」、そして公安や警察などの行政による監視の強大な力と安全に切り離してはさしつかえがあることを示したい。

私が家族をはじめ、多くの方々からの援助を受けていることに対して、心から感謝をしている。私のパートナーのスーは、これまでの本の執筆に耐えてくれただけでなく、私が心が乱れた時でさえ《●》も忍耐と気品を持って接してくれた。彼女の行動は、古代ヘブライ語の「ヘセド」（不動の愛）という言葉でも表現できる。子供や孫など他の家族も、時折異議を申し立てながらも、このプロジェクトを我慢してくれた。子供や孫たちが希望を持って生きることができるように、変化を起こし、日々加速する変化を彼らの世代が理解して対応するための方法を提供したいと、私が願っていることを彼らは知っている。

私の学生と同僚たち、特にクイーンズ大学の学生と同僚たちは、彼らの批評とストーリーで私を励まし、課題を与えてくれた。特に大学院生は、私が当初想定していたよりも広い範囲で監視文化を考えさせてくれた。そしてこの本の草稿を読んでくださった方々、時には改稿したものまで読んでくださった方々には、言葉にできないほど感謝している。以下の方々に心からの感謝を。阿部潔、カースティー・ボール、マギー・バーグ、アモス・コーエン、パブロ・エステガン・ロドリゲス、ケヴィン・ハガティ、ゲイリー・マルクス、ルーカス・メルガソ、トリン・モナハン、マイク・ネリス、小笠原みどり、ブリタニー・シェイルズ、エミリー・スミス、ヴァル・スティーヴス、ジョン・トンプソン、ダニエル・トロティエ。Polity のメアリー・サビガーとエレン・マクドナルド＝クレイマーと二人の匿名の読者は、この本のいくつかの点において再考するよう促してくれた。彼らの洞察は貴重なものであったが、それをどのように使用したかはもちろん全て私の責任である。サーベイランス研究所のエミリー・スミスとジョアン・シェイプの安定感のあるサポートによって今までの努力をこのようなかたちにすることができた。ここ数年、何人かの親切な人々が私に監視文化について話すよう勧めてくれ、それが価値のある会話、批評的なコメント、そしてプロジェクトに対する励ましをもたらしてくれた。２０１０年になるが、トム・ローアーとアルバート・ミーハンがオークランド大学のサプライズ（SurPriSe）・プログラムで私に講演をさせてくれ、私は「フェイスブックと国土安全保障省」について論じた。２０１２年には、現在オーストラリア国立大学のギャビン・スミスが、ＡＢＣラジオおよびネット放送のための「Sydney Ideas」の講義に私を招待した。「監視文化の出現」という変奏が、「Media, Surveillance, Identity」（André Jansson、Miyase Christensen 編、ニューヨーク、Peter Lang、2014）に掲載されている。第3章の一部は、ジャック・チウが香港中文大学で開催されたカンファレンスに私を招待してくれたときに始まった。このカンファレンスは、「Frontiers in New Media Research」（Francis L. F. Lee, Louis Leung, Jack Linchuan Qiu and Donna S. C. Chu 編、ロンドン、Routledge、2012）に掲載されている。２０１３年にはTEDx Queen で「ソーシャルメディア監視」についてトークを、２０１４年にはニューヨーク市立大学ブルックリン校のウルフ研究所で『ザ・サークル』と監視文化」について講演し、後にそれらは第5章になった。２０１６年には、パブロ・エステガン・ロドリゲスがアルゼンチンのブエノスアイレスで行われたLAVITS（ラテンアメリカ監視研究ネットワーク）に招待され、「監視文化：デジタル近代《モダニティ》における利用、露出、および倫理」と題した講演をした。これは、International Journal of Communication 11（2017）に掲載されている。

著者

オンタリオ州キングストン

註

序章 「監視文化」の形成

1 G. Orwell, *Nineteen Eighty-Four* (London: Penguin, 1948), p. 5.

2 「監視文化」という言葉は初出ではないが、「監視国家」「監視社会」といった他の概念と区別した形での、それ自体の理論的研究は未だ不十分である。ウィリアム・ステイプルスは『監視文化』というタイトルの著作を刊行し、われわれの日常と監視との関わりの中で、「ポストモダン」の発展を追究している。ジョン・マグラスは、監視の遂行的《パフォーマティブ》な次元に焦点を当てた著書『ラヴィング・ビッグブラザー』の副題に「監視文化」という言葉を使っている。もしくは、特にカメラでの監視を扱ったジョナサン・フィンの洞察を思い起こしてほしい。公共空間にカメラが増えることで、監視が、「ものの見方、存在のありかた」になったと、フィンは考える。これらは「監視文化」を考える上でよいステップになる。W. Staples, *The Culture of Surveillance* (New York: St Martin's Press, 1997); J. McGrath, *Loving Big Brother: Surveillance Culture and Performance Space* (London: Routledge, 2004); J. Finn, 'Seeing surveillantly: surveillance as social practice', in A. Doyle, R. Lippert and D. Lyon, eds, *Eyes Everywhere: The Global Growth of Camera Surveillance* (London: Routledge, 2012).

3 例えば P. Marks, *Imagining Surveillance: Eutopian and Dystopian Literature and Film* (Edinburgh: Edinburgh University Press, 2015); G. T. Marx, *Windows into the Soul: Surveillance and Society in an Age of High Technology* (Chicago: University of Chicago Press, 2016) を参照。

4 Marks, *Imagining Surveillance*, p. 161.

5 例えば T. Monahan, 'Regulating belonging: surveillance, inequality and the cultural production of abjection', *Journal of Cultural Economy* 10.2 (2017): 199 を参照。

6 Marx, *Windows into the Soul*, p. 173.

7 後で論じるように、ミシェル・ド・セルトーが指摘し、アンドリュー・フィーンバーグのような著者が *Questioning Technology* (London Routledge,1999), pp.131-147. でそれを洗練させている。私の使う「利用者(user)」概念は、スマホやソーシャルメディア、インターネットに関わる人に脱個人化したアプローチをしようというものではない。この言葉は技術企業に対しても使われることがあり、それはもちろん承知しているが、英語ではこれに代わる言葉がなかなかない。

8 Dave Eggers, *The Circle* (Toronto: Knopf Canada, 2013).

9 D. Lyon, *Surveillance after Snowden* (Cambridge: Polity, 2015). デイヴィッド・ライアン『スノーデン・ショック――民主主義にひそむ監視の脅威』、田島泰彦＋大塚一美＋新津久美子 訳（岩波書店、二〇一六年）を参照。

10 R. Williams, *Culture and Society: 1780–1950* (London: Chatto & Windus, 1958).

11 R. Williams, *Marxism and Literature* (Oxford: Oxford University Press, 1977). レイモンド・ウィリアムズの用語を使う際、私は必ずしも、彼による使い方に同意しているわけではない。いずれにせよ、本書で使っているウィリアムズの文化概念は文化一般を指すものではなく、その要素が国民国家を超えて可視的であることを指し示している。

12 C. Kuner, *Transborder Data Flow Regulation and Data Privacy Law* (Oxford: Oxford University Press, 2014); V. Mosco, *To the Cloud: Big Data in a Turbulent World* (London: Routledge, 2014).

13 「アラブの春」においてソーシャルメディアが果たした役割については、多くの議論がある。G. Wolfsfeld, E. Segev and T. Sheafer, 'Social media and the Arab Spring: politics comes first', *International Journal of Press/Politics* 18.2 (2013): 115–37; H. Brown, E. Guskin and A. Mitchell 'The role of social media in the Arab uprisings', Pew Research Centre, 28 November 2012, at http://www.journalism.org/2012/11/28/ role-social-media-arab-uprisings/ など

14 例えば P. S. N. Lee, C. Y. K. So and L. Leung, 'Social media and Umbrella Movement: insurgent public sphere in formation', *Chinese Journal of Communication* 8.4 (2015): 356–75. を参照。

15 これに関しては、Joshua Meyrowitz, *No sense of Place:The Impact of Social Media on Social Behavior* (Oxford: Oxford University Press, 1986) を参照（新曜社から安川一訳『場所感の喪失（上）』として部分訳がある）。

16 「規律」は近代を分析する中心的な概念である。人々を訓練して規律やコードに従わせる過程を意味する。近代の軍隊や官僚組織の生命線である。

17 ここでビュンチュル・ハン (Byung-Chul Han) の考えは重要である。彼はパフォーマンス文化について著書 *The Burnout Society* (Stanford:Stanford University Press, 2015) で書いている。ハンにとって「パフォーマンス」とは、ミシェル・フーコーなどが分析した旧来の規律社会を置き換えるものである。

18 ジグムント・バウマンはこの点について、彼の最後の本の一つ *Strangers at Our Door* (Cambridge: Polity, 2016) で把握している。

19 K. Ball, A. Canhoto, E. Daniel, S. Dibb, M. Meadows and K. Spiller, *The Private Security State? Surveillance, Consumer Data and the War on Terror* (Copenhagen: Copenhagen Business School Press, 2015).

20 「ファイヴ・アイズ」とは、オーストラリア、カナダ、ニュージーランド、英国、米国の五か国で連携している国際諜報機関を指す。

21 この点で私は、K. Pike の古典的作品 *Language in Relation to a Unified Theory of the Strucure of Human Behavior*（The Hague:De Gruyter Mouton, 1967. 元は一九五四年の Summer Institute of Linguistics で公表された）に同意している。

22 C. Bennett, K. Haggerty, D. Lyon and V. Steeves, eds, *Transparent Lives: Surveillance in Canada*, New Transparency Project (Edmonton: Athabasca University Press, 2014); K. Haggerty and R. Ericson, 'The surveillant assemblage', *British Journal of Sociology* 51.4 (2000): 605–22; D. Lyon, *Surveillance Studies: An Overview* (Cambridge: Polity, 2007).

23 信用価値の歴史については、Josh Lauer, Creditworthy: *A History of Consumer Surveillance and Financial Identity in America* (New York : Columbia University Press, 2017) という優れた著作がある。

24 Lyon, *Surveillance after Snowden* を参照。

25 S. Zuboff, 'Big Other: surveillance capitalism and the prospects of an information civilization', *Journal of Information Technology* 30 (2015): 75–89, at https://papers.ssrn.com/sol3/papers.cfm?abstract_id=2594754.

26 D. Garland, *The Culture of Control: Crime and Social Order in Contemporary Society* (Chicago: University of Chicago Press, 2001).

27 D. Lyon, *Surveillance after September 11* (Cambridge: Polity, 2003).

28 G. Wolf, 'The data-driven life', *New York Times Magazine*, 28 April 2010, at http://www.nytimes.com/2010/05/02/magazine/02self-measurement-t.html?mcubz=3.

29 K. Crawford, J. Lingel and T. Karppi, 'Our metrics, ourselves: one hundred years of self-tracking from the weight scale to the wrist wearable device', *European Journal of Cultural Studies* 18.4–5 (2015): 479–96.

30 J. van Dijck, *The Culture of Connectivity: A Critical History of Social Media* (New York: Oxford University Press, 2013); J. van Dijck, 'Datafication, dataism and dataveillance: Big Data between scientific paradigm and ideology', *Surveillance & Society* 12.2 (2014): 197–208, at http://ojs.library.queensu.ca/ index.php/surveillance-and-society/article/view/datafication/datafic/. Such secular beliefs are part of what I call 'surveillance imaginaries'. See chapter 1.

31 S. Ledbetter, 'America's top fears 2015', blog, 13 October 2015, at https://blogs.chapman.edu/wilkinson/2015/10/13/americas-top-fears-2015/.

32 L. Rainie and M. Madden, 'Americans' privacy strategies post Snowden', Pew Research Center, 16 March 2015, at http://www.pewinternet.org/2015/03/16/americans-privacy- strategies-post-snowden/.

33 Z. Bauman and D. Lyon, *Liquid Surveillance: A Conversation* (Cambridge: Polity, 2013).

34 D. Lyon, ed., *Surveillance as Social Sorting: Privacy, Risk and Digital Discrimi-

nation (London: Routledge, 2003); D. Lyon, 'Everyday surveillance: personal data and social classification', *Information, Communication and Society* 5.1 (2002).

35 J. Ball, 'Angry Birds and "leaky" phone apps targeted by the NSA and GCHQ for user data', *The Guardian*, 27 January 2014, at https://www.theguardian.com/world/2014/jan/27/nsa-gchq-smartphone-app-angry-birds-personal-data.

36 メタデータとは、通信やウェブ検索の時間と場所、誰と誰がどのくらいの時間通信していたかといった断片的なデータを指す。公安機関はメタデータを個人データではないと定義しようとしているが、実際にはメタデータからでも多くのことが明らかとなる。メールやメッセージの文書そのものよりも、メタデータの方が多くを語ることさえある。

37 J. Lacan, 'The mirror-phase as formative of the function of the I', *New Left Review* 51 (1968): 63–77.

38 G. Sewell and B. Wilkinson, '"Someone to watch over me": surveillance, discipline and the just-in-time labour process', *Sociology* 26.2 (1992): 271–89.

39 K. Murnane, 'iRobot clarifies its position on how Roomba-created maps of people's homes will be used', *Forbes*, 1 August 2017, at https://www.forbes.com/sites/kevinmurnane/2017/08/01/ irobot-clarifies-their-position-on-how-roomba-created-maps- of-peoples-homes-will-be-used/#7ee973eb7d81/.

40 L. Floridi, ed., *The Onlife Manifesto: Being Human in a Hyperconnected Era* (Dordrecht: Springer, 2015).

41 E. Goffman, *The Presentation of Self in Everyday Life* (New York: Anchor, 1959).

42 *The Circle* (2017), feature film directed by James Ponsoldt and starring Emma Watson and Tom Hanks.

43 この考え方はエリック・ストッダートの著作の結論にある。Eric Stoddart, *Theological perspective on a Surveillance Society: Watching and Being Watched* (Farnham: Ashgate, 2011)。

第1章　文化の坩堝

1 Bauman and Lyon, *Liquid Surveillance*.

2 M. Madden and A. Smith, 'Reputation management and social media: introduction', Pew Research Center, 26 May 2010, athttp://www.pewinternet.org/2010/05/26/introduction-4/.

3 L. Sweeney, 'Simple demographics often identify people uniquely', Data Privacy Working Paper 3, Carnegie-Mellon University, 2000, at https://dataprivacylab.org/projects/identifiability/paper1.pdf.

4 例えば以下を参照。Z. Bauman, *Liquid Modernity* (Cambridge: Polity, 2000); Bauman and Lyon, *Liquid Surveillance*.

5 例えば D. Lyon, 'The border is everywhere: ID cards, surveillance and the Other', in E. Zureik and M. Salter, eds, *Global Surveillance and Policing* (London: Routledge, 2005) を参照。

6 D. Trottier, *Identity Problems in the Facebook Era* (London: Routledge, 2014) を参照。

7 'Data: getting to know you', *The Economist*, 11 September 2014, at http://www.economist.com/news/special-report/ 21615871-everything-people-do-online-avidly-followed- advertisers-and-third-party.

8 G. Deleuze, 'Postscript on the societies of control', *October* 59 (1992): 3–7.

9 Haggerty and Ericson, 'The surveillant assemblage'.

10 W. Staples, *Everyday Surveillance: Vigilance and Visibility in Postmodern Life* (Lanham: Rowman & Littlefield, 2014), p. 9.

11 J. Kantor and D. Streitfeld, 'Inside Amazon: wrestling big ideas in a bruising workplace', *New York Times*, 15 August 2015, at https://www.nytimes.com/2015/08/16/technology/inside-amazon-wrestling-big-ideas-in-a-bruising-workplace.html?_r=0.

12 S. Turkle, *Alone Together: Why We Expect More from Technology and Less from Each Other* (New York: Basic Books, 2012). シェリー・タークル『つながっ

ているのに孤独——人生を豊かにするはずのインターネットの正体』、渡会圭子訳（ダイヤモンド社、二〇一八年）

13 Bauman, *Strangers at Our Door*, p. 110.

14 N. Anand and R. L. Daft, 'What is the right organization design?', *Organizational Dynamics* 36.4 (2007): 329–44.

15 例えば R. Kitchin, *The Data Revolution: Big Data, Open Data, Data Infrastructures, and Their Consequences* (London: Sage, 2014) を参照。

16 D. Bigo, 'Security, a field left fallow', in M. Dillon and A. W. Neal, eds, *Foucault on Politics, Security and War* (London: Palgrave Macmillan, 2011), p. 109.

17 L. Wacquant, *Punishing the Poor: The Neoliberal Government of Social Insecurity* (Durham, NC: Duke University Press, 2009).

18 P. Virno, *A Grammar of the Multitude: For an Analysis of Contemporary Forms of Life*, trans. I. Bertoletti, J. Cascaito and A. Casson (Cambridge, MA: MIT Press, 2004) を参照。

19 McGrath, *Loving Big Brother*.

20 R. Hall, T. Monahan and J. Reeves, 'Surveillance and performance', *Surveillance & Society* 14.2 (2016): 154–67.

21 Bauman, *Strangers at Our Door*.

22 これもバウマンの戦術である。K. Tester, 'Reflections on reading Bauman', *Cultural Politics* 13.3 (2017).

23 D. Smith, *The Everyday World as Problematic: A Feminist Sociology* (Boston: Northwestern University Press, 1987).

24 The terms are de Certeau's.

25 J. Cohen, *Configuring the Networked Self: Law, Code and Play in Everyday Practice* (New Haven: Yale University Press, 2012).

26 N. K. Hayles, *How We Became Posthuman: Virtual Bodies in Cybernetics, Literature, and Informatics* (Chicago: University of Chicago Press, 1999).

27 E. Zureik, L. Harling Stalker, E. Smith, D. Lyon and Y. E. Chan, eds, *Surveillance, Privacy and the Globalization of Personal Information* (Kingston: McGill-Queen's University Press, 2010).

28 例えば Bauman and Lyon, *Liquid Surveillance*. ジグムント・バウマン＋デイヴィッド・ライアン『私たちが、すすんで監視し、監視される、この世界について』（青土社）を参照。

29 より詳しい議論については、D.Lyon, 'The emerging surveillance culture' in M. Christiansen and A. Jannsen, eds, *Media Surveillance and Identity: Social Perspectives* (Oxford: Peter Lang, 2014) を参照。

30 Lyon, *Surveillance after September 11*.

31 D. Murakami Wood and W. Webster, 'Living in surveillance societies: the normalisation of surveillance in Europe and the threat of Britain's bad example', *Journal of Contemporary European Research* 5.2 (2009): 259–73.

32 A. Albrechtslund, 'Online social networking as participatory surveillance', *First Monday* 13.3 (2008).

33 D. Trottier, *Social Media as Surveillance: Rethinking Visibility in a Converging World* (London: Ashgate, 2012), p. 2.

34 L. Pinto and S. Nemorin, 'Who's the boss? The elf on the shelf and the normalization of surveillance', *Our Schools, Our Selves* 25.2 (2014): 13–15, at https://www.policyalternatives.ca/publications/commentary/whos-boss.

35 監視の両義性は家庭という文脈でしばしば著しい形で現れる。「棚の上のエルフ」は、社会化としての監視がどのように機能するかを示す顕著な例だろう。ベビーベッドにカメラを付けるといった家庭内監視は、ケアとしての監視の例と言える。

36 C.Taylor, *Modern Social Imaginaies* (Durham,NC: Duke University Press, 2004), それを更新・加筆したものが、C. Taylor, *A Secular Age* (Cambridge, MA: Harvard University Press, 2007). リチャード・エリクソンも、*Crime in an Insecure World* (Cambridge: Polity 2007), pp.3-4.29-30 で、テイラーによる分析を建設的に使っている。

37 M. McCahill and R. Finn, *Surveillance, Capital and Resistance* (London: Routledge, 2014), p. 4.

38 T. Monahan, 'Surveillance as cultural practice', *Sociological Quarterly*, 52 (2011): 495–508.

39 K. Vanhemert, 'Weird tee-shirts designed to confuse Facebook's auto-tagging', *Wired*, 10 February 2013, at https://www.wired.com/2013/10/thwart-facebooks-creepy-auto-tagging-with- these-bizarre-t-shirts/#slideid-253281.

40 d. boyd, 'Making sense of privacy and publicity', paper presented at SXSW conference, 13 March 2010; version at http://www.danah.org/papers/talks/2010/SXSW2010.html/.

41 M. de Certeau, *The Practice of Everyday Life* (Berkeley: University of California Press, 1984), pp. xvii–xx.

42 J. B. Thompson, 'Shifting boundaries of public and private life', Theory, Culture & Society 28.4 (2011), 49-70. の中に、こうした問題に関する優れた議論がある。

43 J. Anderson and L. Rainie, 'Digital life in 2025', Pew Research Centre, 11 March 2014, at http://www.pewinternet. org/2014/03/11/digital-life-in-2025/.

44 e.g. Trottier, *Social Media as Surveillance.*

45 Taylor, *A Secular Age*, p. 179.

46 Taylor, *A Secular Age*, pp. 207–11

47 C. Calhoun, 'Nationalism and ethnicity', *Annual Review of Sociology* 19 (1993): 211–39.

48 G. Marx, *Undercover: Police Surveillance in America* (Berkeley: University of California Press, 1989); Lyon, *Surveillance Studies*, p. 185 を参照。

49 Monahan, 'Surveillance as cultural practice', 501.

50 Finn, 'Seeing surveillantly'.

51 Finn, 'Seeing Surveillantly', p.69. フィンは、レフ・マノヴィッチによる「デジタル映像は光化学による映像と、物質および技術面では大きく違うが、実際には類似している」という提案を引用している。高度に発達したデジタル技術はしばしば、旧来のアナログメディアと似た形で使われる。愛する人の肖像を取ったり、誕生日パーティーやバカンスといった大事なイベントを記録したり、といった点である。フィンはそれ以外に、監視するまなざしとして、広告、テレビ、ケータイでの撮影などを挙げている。

52 この抗議活動は二〇一〇年、オンタリオ州キングストンで起きた。ドキュメンタリー映画 Until the Cows Come Home (2014) at http:www.prisonfarmfilm.org/ を参照。

53 'Palestinians shoot back with video cameras', *Time*, at http://content.time.com/time/video/player/0,32068,77026694001_1 981400,00.html.

54 The series ran from 2011 to 2016.

55 de Certeau, *The Practice of Everyday Life.*

56 P. Bourdieu, *Outline of a Theory of Practice* (Cambridge: Cambridge University Press, 1977).

57 Monahan, 'Surveillance as cultural practice'.

58 de Certeau, *The Practice of Everyday Life*, p. xiv.

59 J. Gilliom, *Overseers of the Poor: Surveillance, Resistance and the Limits of Privacy* (Chicago: University of Chicago Press, 2001).

60 ミルトン・サントスはこのプロセスを「対抗合理性」と呼んでいる。L. Melgaco, 'Security and Surveillance in times of globalization: an appraisal of Milton Santos' theory', International Journal of E-Planning Research 2.4 (2013): 1-12. を参照。

61 M. Andrejevic, 'The work of watching one another: lateral surveillance, risk and governance', *Surveillance & Society* 2.4 (2005): 494.

62 Trottier, *Social Media as Surveillance*, ch. 1.

63 Trottier, *Social Media as Surveillance*, pp. 155–8.

64 Albrechtslund, 'Online social networking as participatory surveillance'.

65 This is discussed further in chapter 3.

66 J. Rule, *Private Lives and Public Surveillance* (London: Allen Lane, 1973).

67 階級、ジェンダー、人種の点から監視の経験が違うことを分析した研究は、当然のことながら多数存在するが、その中から三点だけ紹介する。階級については、Wacquant, *Punishing the Poor*。ジェンダーについては E. Van der Meulen and R. Heynen, eds, *Expanding the Gaze* (Toronto :Toronto University Press, 2016)。人種については S. Browne, *Dark Matters* (Durham, NC; Duke University Press, 2015)。

68 Zureik et al., *Surveillance, Privacy and the Globalization of Personal Information*.

69 W. Benjamin, 'Theses on the philosophy of history', in W. Benjamin, *Illuminations*, ed. H. Arendt (Boston: Houghton Mifflin Harcourt, 1968).

第Ⅱ章　利便性から服従へ

1 A. Schwarzschild, 'My (short) life as an airport security guard', *The Guardian*, 29 June 2017, at https://www.theguardian.com/ world/2017/jun/29/my-short-life-as-an-airport-security-guard.

2 A. Saulnier, 'Surveillance studies and the surveilled subject', PhD dissertation, Queen's University, Kingston, Ontario, 2016, p. 44.

3 T. Akseer, 'Understanding the impact of surveillance and security measures on Canadian Muslim men', PhD disser- tation, Queen's University, Kingston, Ontario, 2016.

4 J. Lacan, Écrits (New York: W. W. Norton, 2006).

5 Akseer, 'Understanding the impact of surveillance'.

6 N. Klein, *Shock Doctrine: The Rise of Disaster Capitalism* (New York: Metropolitan Books, 2007).

7 S. Mestrovic, *Anthony Giddens: The Last Modernist* (London: Routledge, 1998), p.78. 人文学に端を発する「情動論的転回」は社会科学へも反響が広がっている。

8 M. Gray, 'Urban surveillance and panopticism: will we recognize the facial recognition society?', *Surveillance & Society* 1.3 (2003), at http://ojs.library.queensu.ca/index.php/surveillance-and-society/article/view/3343/3305/ での議論を参照。

9 R. Meyer, 'Everything we know about Facebook's secret mood manipulation experiment', *The Atlantic*, 28 June 2014, at https://www.theatlantic.com/technology/archive/2014/06/everything-we-know-about-facebooks-secret-mood-manipulation-experiment/373648/; V. Goel, 'As data overflows online, researchers grapple with ethics', *New York Times*, 13 August 2013, at https://www.nytimes.com/2014/08/13/technology/the-boon-of-online-data-puts-social-science-in-a-quandary.html?_r=0/ を参照。

10 V. Steeves, 'Reclaiming the social value of privacy', in I. Kerr, V. Steeves and C. Lucock, eds, *Lessons from the Identity Trail* (Oxford: Oxford University Press, 2009), at http://www.idtrail.org/files/ID%20Trail%20Book/9780195372472_kerr_11.pdf.

11 A. Hochschild, *The Managed Heart: Commercialization of Human Feeling* (Berkeley: University of California Press, 2003), p. 212n; cited in L. Stark, 'The emotional context of information privacy', *Information Society* 32.1 (2016): pp. 14–27.

12 G. Smith, *Opening the Black Box: The Work of Watching* (London: Routledge, 2015).

13 Cohen, *Configuring the Networked Self*.

14 I. Altman, 'Privacy regulation: culturally universal or culturally specific?', *Journal of Social Issues* 33.3 (1977): 66–84. Christena Nippert-Eng uses the term boundary management in *Islands of Privacy* (Chicago: University of Chicago Press, 2010).

15 V. Steeves and P. Regan, 'Young people online and the social value of privacy', *Journal of Information, Communication, Ethics and Society* 12.4 (2014): 298–313.

16 K. Bolan, 'Ottawa team zooms in on passengers at airports coast to coast', *Ottawa Citizen*, 2 October 2006.

17 J. Sharkey, 'Whole-body scans pass first airport tests', *New York Times*, 6 April 2009.

18 J. Tibbetts, 'Airport officials make plans to conduct virtual strip searches', *Ottawa Citizen*, 6 May 2009.

19 Saulnier, 'Surveillance studies and the surveilled subject'.

20 R. Hall, *The Transparent Traveler: Performance and Culture of Airport Security* (Durham NC: Duke University Press, 2015).

21 M. Foucault, *"Society Must Be Defended": Lectures at the Collège de France, 1975–1976* (New York: Picador, 2003), p. 245.

22 Hall, *The Transparent Traveler*, p. 3.

23 J. Penney, 'Chilling effects: online surveillance and Wikipedia use', *Berkeley Technology Law Journal* 31.1 (2016): 119–82.

24 Penney, 'Chilling effects'.

25 D. Solove, 'A taxonomy of privacy', *University of Pennsylvania Law Review* 154.3 (2006).

26 PEN International, *Global Chilling: The Impact of Mass Surveillance on International Writers*, PEN American Center, 5 January 2015, p. 4, at https://www.pen.org/sites/default/files/globalchilling_2015.pdf.

27 PEN International, *Global Chilling*, pp. 8–9.

28 L. Rainie, 'The state of privacy in post-Snowden America', Pew Research Center, 21 September 2016, at http://www.pewresearch.org/fact-tank/2016/09/21/the-state-of-privacy-in-america/.

29 Akseer, 'Understanding the impact of surveillance', p. 118.

30 Akseer, Understanding the impact of surveillance', p. 114.

31 今日の監視においてはカフカの想像力が有用性であると、ダニエル・ソロヴは R. J. Rosen, 'Why should we even care if the government is collecting our data? *The Atlantic* 11 June 2013. で考えている。ＵＲＬは https://www.theatlantic.com/technology/archive/2013/06/why-should-we-even-care-if-the-government-is-collecting-our-data/276732/.

32 S. Dingman, 'Watchdog slams Ashley Madison over privacy failures', *Globe and Mail*, 23 August 2016, at https://www.theglobeandmail.com/report-on-business/ company-behind-ashley-madison-agrees-to-improve-security-after-massive-hack/article31508144/ を参照。

33 J. Ellenberg, 'What's even creepier than Target guessing that you're pregnant?', *Slate*, 9 June 2014, at http://www.slate.com/ blogs/how_not_to_be_wrong/2014/06/09/big_data_what_s_ even_creepier_than_target_guessing_that_you_re_pregnant. html/.

34 H. Tomlinson and R. Evans, 'Tesco stocks up on inside knowledge of shoppers' lives', *The Guardian*, 20 September 2005.

35 例えば S. Burnett, 'Tesco revamps loyalty program', Customer Insight Group, 20 September 2010, at http://www. customerinsightgroup.com/loyalty-blog/loyal-customers-in-britain-the-tesco-story/ を参照。

36 C. Duhigg, 'What does your credit card company know about you?', *New York Times*, 12 May 2009.

37 サミ・コルの元の研究は 'Consommation sous surveillance: l'exemple des cartes de fidélite", Faculte´ des sciences économiques et sociales, Universite´ de Genève, 2010.

38 M. Foucault, *A History of Sexuality*, vol. 1: *An Introduction* (New York: Vintage, 1978), p. 178.

39 人気となった報告'Foodflex from Safeway', 6 March 2008. を参照。ＵＲＬは https://www.popsugar.com/fitness/Foodflex-from-safeway-1096899/

40 Coll, 'Consommation sous surveillance' を参照。

41 こうした可能性を表す術語が「アフォーダンス」である。すなわち、利用者が人工物を使ってするであろうことや、問題となっているテクノロジーの物質的な限界を指す。スマホを使ってある場所から別の場所へと比喩的に移動することはできるが、実際に移動するには自転車その他何らかの乗り物が必要となる。他方、この言葉の用法を緩めるなら、テクノロジーの限界は、物質的な部分だけということになる。ある一つのサービスが停止すると、それを補うものも出てくるだろう。

42 P. Ganapati, 'Eye spy: filmmaker plans to install camera in his eye socket', *Wired*, 4 December 2008.

43 'About the project', at http://eyeborgproject.tv/ を参照。

44 P. J. Watson, 'Houston Police chief wants surveillance cameras in private homes', Information Liberation 16 February 2006, at www.informationliberation.com/?id=6506/ を参照。こうした考えは、一九九〇年代英国という文脈においてスティーヴン・グラハムが示唆した、「ＣＣＴＶカメラは第五のユーティリティである」という意見と近い。

45 S. Rosenbloom, 'I spy; doesn't everyone?', *New York Times*, 7 September 2006.

46 ブリュッセル自由大学のブラジル人教授であるルカス・メルガコ氏からの個人的な情報。

47 K. Zetter, 'To tag or not to tag', *Wired*, 5 September 2008, at www.wired.com/politics/security/news/2005/08/68271/.

48 聖書「ローマ人への手紙」13:4。その前の部分は現代語では、「神による権威は、あなたが何かを使って得ようとする時には脅威でしかない」となる。

49 他の個所で書いたが、監視に大いに依存している権力主義的国家も存在する。ここでのポイントは、企業による消費者監視は、監視を通じた規則の確立（統治可能性）という点でより精妙かつ効果的、ということである。

50 この後の部分まで含めて典拠は、T. Coulson, 'How a frightening world shapes Canadians' values', *Globe and Mail,27* December 2016, at http://www.theglobeandmail.com/opinion/how-a-frightening-world-shapes-canadians-values/article33424279/ に記されている、二〇一六年にカナダで行われたエンヴィロニクス社の世論調査である。

51 O. Gandy, *Coming to Terms with Chance: Engaging Rational Discrimination and Cumulative Disadvantage* (London: Ashgate, 2009).

52 Lyon, *Surveillance after September 11* を参照。

53 J. Bronskill, 'Ottawa compensates and apologizes to three Canadians tortured in Syria', *Toronto Star*, 17 March 2017, at https://www.thestar.com/news/canada/2017/03/17/ottawa-compensates-and-apologizes-to-three-canadians-tortured-in-syria.html.

第三章　物珍しいものが当たり前に

1 D. Muoio, 'Nest could be working on a smart crib that can tell you why your baby is crying', *Business Insider*, 30 June 2016, at http://www.businessinsider.com/ google-patents-smart-crib-2016-6/ を参照。

2 T. Leaver, 'Intimate surveillance: normalizing parental monitoring and mediation of infants online', *Social Media + Society* (April–June 2017): 1–10, at http://journals.sagepub. com/doi/full/10.1177/2056305117707192

3 A. Smith, 'US smartphone use in 2015', Pew Research Center, 1 April 2015. を参照。ＵＲＬは http://www.pewinternet.org/2015/04/01/us-smartphone-use-in-2015/。

4 M. Dodge and R. Kitchin, *Code/Space* (Cambridge, MA: MIT Press, 2011), p. 58.

5 K. Sears, 'Alexa and the dawn of so-what surveillance', *Seattle Weekly*, 29 March 2017, at http://www.seattleweekly.com/ news/alexa-and-the-dawn-of-so-what-surveillance/.

6 S. Degli Esposti, 'When Big Data meets dataveillance', *Surveillance & Society* 12.2 (2014): 209–25, at 222.

7 A. Ellerbrok, 'Playful biometrics: controversial technology through the lens of play', *Sociological Quarterly* 52 (2011): 528–47.

8 ホイジンガ『ホモ・ルーデンス』。これを思い出させてくれたパブロ・エステバン・ロドリゲスに感謝する。

9 D. Lyon, *Identifying Citizens: ID Cards as Surveillance*, (Cambridge: Polity, 2009) デイヴィッド・ライアン『膨張する監視社会』、田畑暁生訳（青土社、二〇一〇年）。

10 Ellerbrok, 'Playful biometrics', 533.

11 S. Perez, 'Facebook Moments launches in the EU & Canada without facial recognition', TechCrunch, 10 May 2016, at https://techcrunch.com/2016/05/10/facebook-moments-launches-in-the-eu-canada-without-facial-recognition/ を参照。

12 フェイスブックに対して苦言を呈する CIPPIC (Canadian Internet Policy & Public Interest Clinic) について言及している電子プライバシー情報センターの議論を参照。ＵＲＬは、https://epic.org/privacy/facebook/EPIC_FB_FR_FTC_Complaint_06_10_11.pdf。

13 Ellerbrok, 'Playful biometrics', 542. She describes this as 'enacting subjectivities of categorical dominance'.

14 これについては C. Campbell, 'The desire for the new: its nature and social location as presented in theories of fashion and modern consumerism', in R. Silverstone and E. Hirsch, eds, *Consuming Technologies: Media and Information in Domestic Spaces* (New York: Routledge, 1992), pp. 48–66 が議論している。

15 A. Huxley, *Music at Night & Other Essays* (London: Chatto & Windus, 1931).

16 C. McGoogan, 'Elon Musk: Tesla's Autopilot is twice as good as humans', *Telegraph*, 25 April 2016, at http://www.telegraph.co.uk/technology/2016/04/25/elon-musk-teslas-autopilot-makes-accidents-50pc-less-likely/

17 M. Andrejevic and M. Burdon, 'Defining the sensor society', *Television & New Media* 16.1 (2015): 19–36.

18 D. Glancy, 'Privacy in autonomous vehicles', *Santa Clara Law Review* 52.4 (2012), at http://digitalcommons.law.scu.edu/cgi/ viewcontent.cgi?article=2728&context=lawreview.

19 R. Neate, 'Uber faces FTC complaint over plan to track customers' locations and contacts', *The Guardian*, 22 June 2015, at https://www.theguardian.com/technology/2015/jun/22/uber-ftc-privacy-customer-location-contacts.

20 J. Jones, 'How Steve Jobs made the world more beautiful', *The Guardian*, 6 October 2011, at https://www.theguardian.com/ technology/2011/oct/06/steve-jobs-world-more-beautiful/.

21 D. Lupton, *Digital Sociology* (London: Routledge, 2015), p. 166.

22 H. Shaw, D. A. Ellis, L. R. Kendrick, F. Zeigler and R. Wiseman, 'Predicting smartphone operating system from personality and individual differences', *Cyberpsychology, Behaviour and Social Networking* 19.12 (1016): 727–32.

23 Pew Research Center, 'Millennials: Confident. Connected. Open to change', 24 February 2010, at http://www. pewsocialtrends.org/2010/02/24/millennials-confident-connected- open-to-change/.

24 J. W. Woodard, 'Critical notes on the culture lag concept', *Social Forces* 12.3 (1934): 388–98; W. F. Ogburn, 'Cultural lag as theory', *Sociology & Social Research* 41.3 (1957).

25 Smith, 'US smartphone use in 2015', p. 1.

26 N. Thrift, *Knowing Capitalism* (London: Sage, 2005).

27 「監視資本主義」はショシャナ・ズボフが作った用語。Zuboff, 'Big Other' を参照。

28 ブラジルの地理学者ミルトン・サントスは、新しいテクノロジーが領土の代わりとなり、自然とテクノロジーを区別するのが困難になるほどであると主張している。

29 M. Weiser, cited in L. Hallnäs and J. Redström, 'From use to presence: on the expressions and aesthetics of everyday compu- tational things', *ACM Transactions on Computer-Human Interaction* 9.2 (2002): 106–24, at http://dl.acm.org/citation. cfm?id=513665&CFID=976170369&CFTOKEN=84714787.

30 A. Borgmann, *Holding onto Reality: The Nature of Information at the Turn of the Millennium* (Chicago: University of Chicago Press, 1995).

31 S. Mattern, 'A city is not a computer', *Places*, February 2017, at https://placesjournal.org/article/a-city-is-not-a-computer/?gclid=EAIaIQobChMI7Oecs7KT1QIVklt-Ch1vZAMPEAAYAiAAEgLRNfD_BwE/ を参照。

32 R. Arbes and C. Bethea, 'Songdo, South Korea: city of the future?', *The Atlantic*, 27 September 2014, at http://www.theatlantic.com/international/archive/2014/09/songdo-south-korea-the-city-of-the-future/380849/.

33 こうしたセンサについてはもちろん、他の多くの場所でも論じられている。例えば、A. M. Kenner, 'Securing the elderly body', *Surveillance & Society* 5.3 (2008), at https://pdfs.semantic-scholar.org/814b/2e87380f-29d9ae4612a62aff67fab5244d07.pdf を参照。

34 P. L. O'Connell, 'Korea's high-tech utopia, where everything is observed', *New York Times*, 5 October 2005, at http://www.nytimes.com/2005/10/05/technology/techspecial/koreas-hightech-utopia-where-everything-is-observed.html?mcubz=3.

35 Arbes and Bethea, 'Songdo, South Korea: city of the future?'.

36 N. K. Hayles, 'RFID: Human agency and meaning in information-intensive

environments', *Theory, Culture and Society* 26.2–3 (2009): 47–72.

37 Mattern, 'A city is not a computer'.

38 'NEDAP: Santander, a role model for smart cities', Nedap Mobility Solutions, 2017, at http://www.nedapmobility. com/on-street-parking/cases/nedap-santander-a-role-model- for-smart-cities/ を参照。

39 R. Kitchin, 'The real-time city? Big data and smart urbanism', *GeoJournal* 79 (2014): 1–14.

40 S. Richardson and D. Mackinnon, *Left to Their Own Devices? Privacy Implications of Wearable Technology in Canadian Workplaces* (Kingston, Ontario: Surveillance Studies Centre, Queen's University, 2017).

41 Richardson and Mackinnon, *Left to Their Own Devices?* p. 7.

42 D. Lupton, 'Personal data practices in the age of lively data', in J. Daniels, K. Gregory and T. McMillan Cottom, eds, *Digital Sociologies* (Bristol: Policy Press, 2016).

43 Andrejevic and Burdon, 'Defining the sensor society'.

44 F. Pasquale, *The Black Box Society* (Cambridge, MA: Harvard University Press, 2015), p. 14.

45 J. Angwin, J. Larson, S. Mattu and L. Kirchner, 'Machine bias: there's software used across the country to predict future criminals. And it's biased against blacks', ProPublica, 23 May 2016, at https://www.propublica.org/article/ machine-bias-risk-assessments-in-criminal-sentencing/

46 J. Cheney-Lippold, *We Are Data: Algorithms and the Making of Our Digital Selves* (New York: New York University Press, 2017).

47 A. Rouvroy and B. Stiegler, 'The digital regime of truth: from the algorithmic governmentality to a new rule of law', *La Deleuziana: Online Journal of Philosophy* 3 (2016): 6–27, at 9, at http://www.ladeleuziana.org/wp-content/uploads/2016/12/ Rouvroy-Stiegler_eng.pdf.

48 P. Bourdieu, *Distinction: A Social Critique of the Judgement of Taste* (Cambridge MA: Harvard University Press, 1984).

49 R. Burrows and N. Gane, 'Geodemographics, software and class', *Sociology* 40.5 (2006): 793–812.

50 この点についてはライアン『9・11以後の監視』で指摘した。

51 Z. Bauman, *Community: Seeking Security in an Insecure World* (Cambridge: Polity, 2000).

52 Lyon, *Surveillance as Social Sorting* を参照。

53 J. Turow and N. Draper, 'Advertising's new surveillance ecosystem', in K. Ball, K. Haggerty and D. Lyon, eds, *The Routledge Handbook of Surveillance Studies* (London: Routledge, 2012). See also J. Turow, *The Aisles Have Eyes: How Retailers Track Your Shopping, Strip Your Privacy and Define Your Power* (New Haven: Yale University Press, 2017).

54 D. Murakami Wood, ed., *A Report on the Surveillance Society: For the Information Commissioner by the Surveillance Studies Network* (Wilmslow, UK: Office of the Information Commissioner, 2006).

55 例えば A. Rosenblat, T. Kneese and d. boyd, 'Networked employment discrimination', Data & Society Working Paper, 8 October 2014, at https://www.datasociety.net/pubs/fow/EmploymentDiscrimination.pdf. A similar picture emerges in the South African context; see S. Singh, 'Social sorting as "social transformation": credit scoring and the reproduction of populations as risks in South Africa', *Security Dialogue* 46.4 (2015): 365–83 を参照。

56 N. Pleace, 'Workless people and surveillant mashups: social policy and data-sharing in the UK', *Information, Communication and Society* 10.6 (2007): 943–60 を参照。

57 P. Lewis, 'Surveillance cameras in Birmingham track Muslims' every move', *The Guardian*, 4 June 2010, at www.guardian.co.uk/ uk/2010/jun/04/surveillance-cameras-birmingham-muslims/.

58 Gandy, *Coming to Terms with Chance* を参照。

59 A. Albrechtslund and P. Lauritsen, 'Spaces of everyday surveillance: unfolding an analytical concept of participation', *Geoforum* 49 (2013): 310–16.

60 J. Cohen, 'The surveillance-innovation complex: the irony of the participatory turn', in D. Barney, G. Coleman, C. Ross, J. Sterne and T. Tembeck, eds, *The*

Participatory Condition (Minneapolis: University of Minnesota Press, 2016).

第四章　オンラインからオンライフへ

1　A. Calhoun, 'I can find out so much about you', Salon, 19 January 2011, at http://www.salon.com/2011/01/19/what_i_ can_find_online/.

2　A. Marwick, *Status Update: Celebrity, Publicity and Branding in the Social Media Age* (New Haven: Yale University Press, 2013) を参照。

3　McGrath, *Loving Big Brother*.

4　H. Koskela, 'Webcams, TV shows and mobile phones: empowering exhibitionism', *Surveillance & Society* 2.2–3 (2004): 199–215.

5　A. Albrechtslund and L. Dubbeld, 'The plays and arts of surveillance: understanding surveillance as entertainment', *Surveillance & Society* 3.2–3 (2005): 216–21.

6　Albrechtslund, 'Online social networking as participatory surveillance'.

7　J. Cohen, J. (2016) 'The surveillance-innovation complex: the irony of the participatory turn', in D. Barney, D., G. Coleman, G., C. Ross, C., J. Sterne, J. and T. Tembek, T. eds. *The Participatory Condition in the Digital* Age. Minneapolis: University of Minnesota Press.

8　Haggerty and Ericson, 'The surveillant assemblage', esp. pp. 608–9.

9　ジグムント・バウマンによる流動的な近代《リキッド・モダニティ》の分析は、ハガティとエリクソンによる研究と共鳴するところがある。バウマン＋ライアン『私たちが、すすんで監視し、監視される、この世界について』を参照。

10　Haggerty and Ericson, 'The surveillant assemblage', p. 610.

11　M. Poster, *The Mode of Information: Post-structuralism and Social Contexts* (Chicago: University of Chicago Press, 1990), マーク・ポスター『情報様式論』(岩波書店)。

12　G. Deleuze and F. Guattari, *Anti-Oedipus: Capitalism and Schizophrenia* (Minneapolis: University of Minnesota Press, 1983), p. 26. ドゥルーズ&ガタリ『アンチ・オイディプス』(河出書房新社)。

13　B. Harcourt, *Exposed: Desire and Disobedience in the Digital Age* (Cambridge, MA: Harvard University Press, 2015).

14　Deleuze and Guattari, cited by Harcourt, *Exposed*, p. 51.

15　Harcourt, *Exposed*, p. 52.

16　例えば C. Epstein, 'Surveillance, privacy and the making of the modern subject: habeas what kind of corpus?', *Body &* Society 22.2 (2016): 28–57; and C. Epstein, 'Theorizing agency in Hobbes's wake: the rational actor, the self, or the speaking subject', *International Organization* 76 (2013): 287–316 を参照。

17　A. Hochschild, *The Outsourced Self: Intimate Life in Market Times* (New York: Metropolitan Books, 2012).

18　R. Sennett, *The Fall of Public Man* (New York: Knopf, 1977). リチャード・セネット『公共性の喪失』(晶文社)。

19　This is also an important theme in C. Taylor, *The Sources of the Self* (Cambridge, MA: Harvard University Press, 1989). チャールズ・テイラー『自我の源泉』(名古屋大学出版会)。

20　McGrath, *Loving Big Brother*.

21　Meyrowitz, *No Sense of Place*. ジョシュア・メイロウィッツ『場所感の喪失（上）』(新曜社)。

22　Goffman, *The Presentation of Self in Everyday Life*. E・ゴッフマン『行為と演技』(誠信書房)。

23　M. McLuhan, *Understanding Media: The Extensions of Man* (Toronto: McGraw-Hill, 1964). マーシャル・マクルーハン『メディア論』(みすず書房)。

24　メイロウィッツらの研究には、テクノロジーが機械的、決定論的に「影響」を与えるという雰囲気があり、それは私の取る方法ではない。ただ、私の信ずる提案をする前に、重要な論者たちの意見を振り返っておくことは、分析の質を上げるために有益である。

25　J. Meyrowitz, 'We liked to watch: television as progenitor of the surveillance society', *Annals of the American Academy of Political and Social Science* 625.1 (2009): 32–48.

26 J. R. Magill, *Sincerity* (New York: W. W. Norton, 2013).

27 Z. Bauman and K. Tester, *Conversations with Zygmunt Bauman* (Cambridge: Polity, 2001).

28 Bauman and Lyon, *Liquid Surveillance*. バウマン＋ライアン『私たちが、すすんで監視し、監視される、この世界について』（青土社）。

29 バウマンによればこれは、社会的形態（個人の選択を制限する構造、慣例を守る組織、許容される行為のパターン）が長く同じにとどまらず、捨てられる前に溶けてゆくことを指す。*Liquid Times* (Cambridge: Polity, 2007), p.1.

30 伝統的な監視のように「少数者が多数者を観察する」あり方と、テレビ視聴者が出演者を見たりセレブを見たりする「多数者が少数者を観察する」こととの区別を、トマス・マシーセンは「パノプティコン対シノプティコン」という言葉で表している。Thomas Mathiesen 'The Viewer Society: Foucault's panopticon revisited', Theoretical Criminology,1.2 (1997). David Lyon,'9/11,synoptycon and scopophilia: watching and being watched' in K.Haggerty and R.Ericson,eds,The New Politics of Surveillance and Visibility (Toronto: Toronto University Press,2006). も参照。

31 J. Lynch, 'Applying for citizenship? US citizenship and immigration wants to be your "friend"', Electronic Frontier Foundation, 12 October 2010, at https://www.eff.org/ deeplinks/2010/10/applying-citizenship-u-s-citizenship-and. See also e.g. K. Ball and L. Snider, eds, *The Surveillance-Industrial Complex* (London: Routledge, 2012).

32 Facebook privacy policy, see www.facebook.com/policy.php/.

33 Office of the Privacy Commissioner of Canada, 'Privacy Commissioner completes Facebook review', news release, 22 September 2010, at https://www.priv.gc.ca/en/opc-news/news-and-announcements/2010/nr-c_100922/.

34 J. Cheng, 'Govt relies on Facebook "narcissism" to spot fake marriages, fraud', Ars Technica, 13 October 2010, at http://arstechnica.com/tech-policy/news/2010/10/govt-takes-advantage-of-facebook-narcissism-to-check-on-users.ars/.

35 'Google Analytics versus Facebook conversion tracking', at https://support.yotpo.com/en/article/google-analytics-versus-facebook-conversion-tracking. を参照。

36 A. Giddens, *The Nation-State and Violence*, vol. 2 of *A Contemporary Critique of Historical Materialism* (Cambridge: Polity, 1985).

37 Penney, 'Chilling effects'.

38 Rule, *Private Lives, Public Surveillance*; J. Rule, *Privacy in Peril* (New York: Oxford University Press, 2007), p. 163.

39 M. Stone, 'Silicon Valley CEOs just want a little privacy', *Slate*, 18 May 2015, at http://www.slate.com/blogs/business_insider/2015/05/18/tech_billionaires_and_privacy_why_facebook_s_mark_zuckerberg_is_spending.html/.

40 A. Marwick, 'The public domain: social surveillance in everyday life', *Surveillance & Society* 9.4 (2012): 378–93.

41 d. boyd, 'Networked privacy', *Surveillance & Society* 10.3–4 (2012): 348–50.

42 V. Steeves, 'Swimming in the fishbowl: young people, identity, and surveillance in networked spaces', in I. van der Ploeg and J. Pridmore, eds, *Digitizing Identities* (London: Routledge, 2016), pp. 125–39.

43 Steeves, 'Swimming in the fishbowl', p. 131.

44 Marwick, 'The public domain', p. 379.

45 A. Marwick and d. boyd, 'I tweet honestly, I tweet passionately: Twitter users, context collapse, and the imagined audience', *New Media & Society* 13.1 (2011): 114–33.

46 Marwick, 'The public domain', p. 390.

47 V. Steeves and J. Bailey, 'Living in the mirror: understanding young women's experiences with online social networking', in E. van der Meulen and R. Heynen, R. eds, *Expanding the Gaze: Gender and the Politics of Surveillance* (Toronto: University of Toronto Press, 2016).

48 'Social media surveillance in Canada, the US and the UK' (July 2012) was a survey commissioned by the Surveillance Studies Centre at Queen's University, Kingston, Ontario, and constructed by the Vision Critical (Canada) division of

the polling company Angus Reid Global.

49 Trottier, *Social Media as Surveillance*.

50 Trottier, *Social Media as Surveillance*, p. 53, citing de Certeau, *The Practice of Everyday Life*.

51 C. Fuchs, *Social Media: A Critical Introduction* (London: Sage, 2017); M. Andrejevic, *Infoglut: How Too Much Information Is Changing the Way We Think and Know* (London: Routledge, 2013) を参照。

52 M. J. Kwok Choon, 'La déconnexion temporaire à Facebook: entre le FOMO et l'intériorisation douce du contrôle social', *tic et sociéte´* 10.1 (2016): 1–19 を参照。

53 「ゲーミフィケーション」（ゲーム化）は、最近の他の造語と同じように、醜く、かつ現実に追従している。

54 R. Burrows, 'Living with the h-index? Metric assemblages in the contemporary academy', *Sociological Review* 60.2 (2012): 355–72. See also M. Berg and B. Seeber, *The Slow Professor: Challenging the Culture of Speed in the Academy* (Toronto: University of Toronto Press, 2016).

55 J. Whitson, 'Gaming the quantified self', *Surveillance & Society* 11.1–2 (2013): 163–76, at http://ojs.library.queensu.ca/index.php/surveillance-and-society/article/view/gaming/0.

56 J. R. Whitson and B. Simon, eds, 'Surveillance, games and play', special issue, *Surveillance & Society* 12.3 (2014), at http://ojs.library.queensu.ca/index.php/surveillance-and-society/issue/view/games/ を参照。

57 ウィットソンは「自己のケア」という概念を、ミシェル・フーコーの著書『性の歴史』から引いている。

58 生産性を上げるために、従業員にウェアラブル・デバイスの装着を奨励している雇用者もいる。Richardson and Mackinnon, *Left to their own Devices?* を参照。

59 ウィットソンは M. Pantzer and E.Shove, 'Metering everyday life'（草稿）を引用している。ＵＲＬは http://www.lancaster.ac.uk/staff/shove/choreography/meteringdraft.pdf/

60 A. Dizic, 'Can gaming at work make you more productive', Capital, 8 July 2016, at http://www.bbc.com/capital/story/ 20160707-can-gaming-at-work-make-you-more-productive/.

61 H. Koskela and L. Mäkinen, 'Ludic encounters: understanding surveillance through game metaphors', *Information, Communication and Society* 19.11 (2016): 1523–38.

62 Koskela and Mäkinen, 'Ludic encounters', p. 1535.

63 Cohen, 'The surveillance-innovation complex', pp. 4–5.

64 当然のことながら、「自己」は決して自動的に生成されるものではない。例えば、チャールズ・テイラー『自我の源泉』、監視に関連してはデイヴィッド・ライアン『膨張する監視社会』を参照。

65 Cohen, 'The surveillance-innovation complex', p. 5

66 McGrath, *Loving Big Brother*, p. vii.

67 K. Tester, 'Review of McGrath's *Loving Big Brother*', *Media, Culture & Society* 27.6 (2005): 961–3.

68 d. boyd, *It's Complicated: The Social Lives of Networked Teens* (New Haven: Yale University Press, 2015).

69 Cheng, 'Govt relies on Facebook "narcissism"'.

70 クリストファー・ラッシュ『ナルシシズムの時代』（ナツメ社）。

71 K. Ball, 'Exposure: exploring the subject of surveillance', *Information, Communication and Society* 12.5 (2009): 639–57.

72 Ball, 'Exposure', p. 641.

73 G. T. Marx, 'Soft surveillance: the growth of mandatory volunteerism in collecting personal information – 'Hey buddy can you spare a DNA', in T. Monahan, ed., *Surveillance and Security: Technological Politics and Power in Everyday Life* (London: Routledge, 2007).

74 F. Furedi, *Therapy Culture: Cultivating Vulnerability in an Uncertain Age* (London: Routledge, 2004).

75 J. Dean, 'Publicity's secret', *Political Theory* 29.5 (2001): 624–50.

76 J. Dean, *Publicity's Secret: How Technoculture Capitalizes on Democracy* (Ithaca:

Cornell University Press, 2002).

77 Hochschild, *The Outsourced Self*, p. 11.

78 Andrejevic, *Infoglut*, p. 50.

79 See H. Wilks, 'I outsourced my social media presence to a virtual assistant for 24 hours', *Motherboard*, 30 May 2016, at https://motherboard.vice.com/en_us/article/i-let-a-robot-take-over-my-social-media-for-48-hours/.

80 K. Raynes-Goldie, 'Aliases, creeping and wall-cleaning: understanding privacy in the age of Facebook', *First Monday* 15.1–4 (2010) を参照。

81 H. Nissenbaum, 'Privacy as contextual integrity', *Washington Law Review* 79.1 (2004): 119–58; H. Nissenbaum, 'A contextual approach to privacy online', *Daedalus* 140.4 (2011): 32–48.

82 H. Nissenbaum, *Privacy in Context: Technology, Policy and the Integrity of Social Life* (Stanford: Stanford University Press, 2009).

83 H. Kennedy, D. Elgesem and C. Miguel, 'On fairness: user perspectives on social media data mining', *Convergence* (2015): 1–19.

84 Kennedy, Elgesem and Miguel, 'On fairness', 16.

第五章　完全な透明性

1 M. Foucault, *Power/Knowledge* (New York: Pantheon, 1980), p. 152.

2 『ザ・サークル』は映画化もされている。ベイリー役のトム・ハンクスが良い演技をしているが、映画全体として、小説中のビッグデータ監視やオンラインへの真摯で魅力的な批判を、十分に表現できていない。

3 Marx, *Windows in the Soul*, p. 173.

4 '100 best companies to work for, 2017', *Fortune*, at http://fortune.com/best-companies/.

5 Q. Hardy, 'Webcams see all (tortoise, watch your back)', *New York Times*, 7 January 2014, at http://www.nytimes.com/2014/01/08/technology/webcams-see-all-tortoise-watch-your-back.html?nl=todaysheadlines&emc=edit_th_20140108&_r=0/.

6 Dodge and Kitchin, *Code/Space*, discuss 'logjects', see chapter 3.

7 J. Trop, 'The next data privacy battle may be waged inside your car', *New York Times*, 10 January 2014, at https://www. nytimes.com/2014/01/11/business/the-next-privacy-battle- may-be-waged-inside-your-car.html?mcubz=3.

8 J. O'Grady, 'Bluetooth "Tile" allows you to find lost keys, bikes, dogs, anything really', ZDNet, 21 June 2013, at http://www.zdnet.com/article/bluetooth-tile-allows-you-to-find-lost-keys-bikes-dogs-anything-really/.

9 M. Zuckerberg, 'From Facebook, answering privacy concerns with new settings', *Washington Post*, 24 May 2010, at http://www.washingtonpost.com/wp-dyn/content/article/2010/05/23/AR2010052303828.html?tid=a_inl/.

10 他者を点数化してランク付けするのは、チャーリー・ブルッカーの「ブラック・ミラー」でも不穏なテーマとなっている。この番組はイギリスのチャンネル4で二〇一一年に開始し、現在はネットフリックスで視聴することができる。

11 Eggers, *The Circle*, p. 485.

12 「コミュニケーションをコントロールすること」が、プライバシーを理解する鍵であるとする論者がいる。

13 Nippert-Eng, *Islands of Privacy*, p. 6.

14 Marwick, 'The public domain'.

15 Andrejevic, 'The work of watching one another'; Albrechtslund, 'Online social networking as participatory surveillance'.

16 Marwick, *Status Update*, p. 220.

17 Marwick, *Status Update*, p. 222.

18 Marwick and boyd, 'I tweet honestly, I tweet passionately'.

19 Marwick, 'The public domain', 380.

20 Marwick, 'The public domain', 382.

21 Eggers, *The Circle*, p. 491.

22 Eggers, *The Circle*, p. 95.

23 M. Atwood, 'When privacy is theft', *New York Review of Books*, 21 November

2013, at http://www.nybooks.com/articles/archives/2013/nov/21/eggers-circle-when-privacy-is-theft/.

24 Bennett, Haggerty, Lyon and Steeves, *Transparent Lives*.

25 D. Brin, *The Transparent Society: Will Technology Force Us to Choose between Privacy and Freedom?* (Cambridge, MA: Perseus, 1998).

26 V. Meyer-Schönberger, *Delete: The Virtue of Forgetting in the Digital Age* (Princeton: Princeton University Press, 2009).

27 Marwick, *Status Update*, p. 27.

28 Marwick, *Status Update*, pp. 110–11.

29 D. Eggers, 'US writers must take a stand on NSA surveillance', *The Guardian*, 19 December 2013, at http://www.theguardian.com/books/2013/dec/19/dave-eggers-us-writers-take-stand-nsa-surveillance/.

30 Atwood, 'When privacy is theft'.

31 B. Morais, 'Sharing is caring', *New Yorker*, 30 October 2013 を参照。

32 Eggers, *The Circle*, p. 296.

33 A. Brighenti, 'Democracy and its visibilities', in K. Haggerty and M. Samatas, eds, *Surveillance and Democracy* (London: Routledge, 2007), p. 240.

34 cf. Cohen, *Configuring the Networked Self*.

35 Stoddart, *Theological Perspectives on a Surveillance Society*, p. 158.

36 Andrejevic, *Infoglut*, p.34. アンドレジェヴィックが同書で論じているように、ビッグデータはそれだけにとどまらない。これについてはDavid Lyon, 'Surveillance, Snowden and Big Data: capacities, consequencies, critique', Big Data & Society 1.1 (2014) でも議論した。ビッグデータはしばしば、Volume（大量性）、Velocity（高速性）、Variety（多様性）という「三つのVで始まる単語」で語られるが、もう一つ「Vulnerability」（脆弱性）という「失われたV」があると私も考えている。'The Missing V of Big Data' in P.Albanese and L. Tepperman eds, Reading Sociology, 3rd edn (Oxford: Oxford University Press, 2017) を参照。

37 Andrejevic, *Infoglut*.

38 Ball, 'Exposure', 641.

39 Marx, 'Soft surveillance'.

40 Z. Bauman, 'Solidarity: a word in search of flesh', *Eurozine*, 8 May 2013, at http://www.eurozine.com/articles/2013-05-08-bauman-en.html/.

41 Zuboff, 'Big Other'.

42 Gallup, 'Work and workplace', at http://www.gallup.com/poll/1720/work-work-place.aspx%20/.

43 Dean, 'Publicity's secret', 641

44 J. Bentham, *The Works* (London, 1843), vol. 4, p. 39.

45 Bauman, *Liquid Modernity*, p. 15.

46 Bauman, *Liquid Modernity*, p. 6.

47 D. Lyon, 'Bauman's sociology of hope', *Cultural Politics* 13.3 (2017) も参照。

48 Atwood, 'When privacy is theft'.

49 e.g. *The Handmaid's Tale* and the MaddAddam trilogy are four such.

50 Bauman and Lyon, *Liquid Surveillance*.

51 Bauman, *Liquid Modernity*, p. 11.

52 R. Levitas and L. Sargisson, 'Utopia in dark times', in R. Baccolini and T. Moylan, eds, *Dark Horizons: Science Fiction and the Dystopian Imagination* (New York: Routledge, 2003), p. 26.

53 R. Levitas, *The Concept of Utopia* (Oxford: Peter Lang, 2010), p. 8.

54 Stoddart, *Theological Perspectives on a Surveillance Society*.

55 Cohen, *Configuring the Networked Self*, p. 223.

56 N. Wolterstorff, *Journey towards Justice: Personal Encounters in the Global South* (Grand Rapids, MI: Baker Academic, 2013), p. 117.

第六章　隠れた希望

1 エガーズの小説『ザ・サークル』を題材に選んだことに関して、批判があり得ることにも私自身気付いてはいる。例えば、言葉とある種の文学を特権化し、デジタルなもの一般やとりわけ監視を理解するための他の大衆文化様式を無視しているのではないか、など。ユーチューブの動画、オンラインゲーム、ソーシャルメディア、映画、ドラマ、音楽、多くのアート形式がそれぞれ監視に取り組み、社会文化的理解や批評のために資するところがあるのかもしれない。いくつかについては言及したが、私自身の知識や能力についての限界も認めなくてはならない。

2　関連した分析として Byung-Chul Han, *The Transparency Society* (Stanford: Stanford University Press, 2015), p. 2 を参照。

3　Finn, 'Seeing surveillantly', 79.

4　L. Cohen, 'Anthem', from his album *The Future* (1992).

5　これはC・ライト・ミルズが、社会学的想像力の役割を説明した、もはや古典となったフレーズである。ミルズ『社会学的想像力』（紀伊国屋書店）。

6　この議論はすでに第三章で、サラ・デグリ・エスポティの研究に関連して述べた。

7　N. Mirzoeff, *The Right to Look: A Counterhistory of Visuality* (Durham NC: Duke University Press, 2011).

8　Mirzoeff, *The Right to Look*, p. 1.

9　K. Hawkins, 'Browsing the performative: a search for sincerity', *Art & Education* (2012).

10　A. Oram, 'What sociologist Erving Goffman could tell us about social networking and internet identity', Radar, 26 October 2009, at http://radar.oreilly.com/2009/10/what-sociologist-erving-goffma.html/ を参照。

11　A. Brighenti, *Visibility in Social Theory and Social Research* (London: Palgrave Macmillan, 2010).

12　A. Brighenti, 'Visibility – a category for the social sciences', *Current Sociology* 55.3 (2007): 323–42.

13　Stoddart, *Theological Perspectives on a Surveillance Society*, p. 158.

14　ここで私は「戦略的」という言葉を日常語として使っており、ド・セルトーの使っているような技術的な意味ではない。

15　R. Mortier, H. Haddadi, T. Henderson, D. McAuley and J. Crowcroft, 'Human–data interaction: the human face of the data-driven society', Social Science Research Network, 1 October 2014, at http://ssrn.com/abstract=2508051.

16　R. Silverstone, 'The sociology of mediation and communication', in C. Calhoun, C. Rojek and B. Turner, eds, *The Sage Handbook of Sociology* (London: Sage, 2005), p. 201.

17　E. Levinas, *Totality and Infinity* (Pittsburgh: Duquesne University Press, 1985), p. 53.

18　C. Calhoun, 'The infrastructure of modernity: indirect social relationships, information technology, and social integration', in H. Haferkamp and N. J. Smelser, eds, *Social Change and Modernity* (Berkeley: University of California Press, 1992).

19　S. Turkle, 'Part Two: Networked', in Turkle, *Alone Together*.

20　シェリー・タークルは一九八四年に『セカンド・セルフ』（邦訳は『インティメイト・マシン』講談社）を出し、その次にはより慎重な『ライフ・オン・ザ・スクリーン』（邦訳は『接続された心』NHK出版）を出版、二〇一一年に『アローン・トゥギャザー』（邦訳は『つながっているのに孤独』ダイヤモンド社）を出している。

21　C. Taylor, 'The politics of recognition', in A. Gutmann, ed., *Multiculturalism: Examining the Politics of Recognition* (Princeton: Princeton University Press, 1994), pp. 25–73.

22　例えば R. De Rosa, 'The Five Stars Movement in the Italian political scenario', *JeDEM* 5.2 (2013): 128–40 を参照。

23　C. J. Bennett, 'Trends in voter surveillance in Western societies: privacy intrusions and democratic implications', *Surveillance & Society* 13.3–4 (2015): 370–84.

24　E. Balibar, *Citizen Subject* (New York: Fordham, 2016); E. Isin and E. Ruppert, *Being Digital Citizens* (London: Rowman & Littlefield, 2015).

25　N. Fraser and A. Honneth, *Redistribution or Recognition: A Philosophical-Political Exchange* (London: Verso, 2003), p. 32.

26　L. Dencik, A. Hintz and J. Cable, 'Towards data justice? The ambiguity of anti-surveillance resistance in political activism', *Big Data & Society*, 24 November 2016, at http://journals.sagepub.com/doi/full/10.1177/2053951716679678 を参照。

27　H. Kennedy and G. Moss, 'Known or knowing publics? Social media data mining and the question of public agency', *Big Data & Society* (July–December 2015), at http://journals.sagepub.com/doi/pdf/10.1177/2053951715611145 を参照。

28　H. Kennedy, D. Elgesem and C. Miguel, 'On fairness: user perspectives on social media data mining', *Convergence* 23.3 (2015): 270–88.

29　H. Nissenbaum, *Privacy in Context: Technology, Policy and the Integrity of Social Life* (Palo Alto: Stanford University Press, 2010), p. 3.

30　Dencik, Hintz and Cable, 'Towards data justice?', 1–12.

31　Dencik, Hintz and Cable, 'Towards data justice?'; M. Aouragh, S. Gürses, J. Rocha and F. Snelting, 'Let's first get things done! On division of labour and techno-political practices of delegation in times of crisis', *Fibreculture Journal* 26 (2015): 208–35.

32　例えば Cohen, *Configuring the Networked Self*, or S. Barocas and A. D. Selbst, 'Big Data's disparate impact', *California Law Review* 104.3 (2016): 671–732 を参照。

33　Nissenbaum, 'Privacy as contextual integrity'. The fuller treatment is in Nissenbaum, *Privacy in Context*.

34　E. Ruppert, E. Isin and D. Bigo, *Data Politics: Worlds, Subjects, Rights* (London: Routledge, forthcoming).

35　C. Bennett, *The Privacy Advocates: Resisting the Spread of Surveillance* (Cambridge, MA: MIT Press, 2008).

36　Bernard Harcourt also refers to some of these in the final three chapter of his book *Exposed*.

37　D. Broeders, E. Schrijvers, B. van der Sloot, R. van Brakel, J. de Hoog and E. Ballin, 'Big Data and security policies: towards a framework for regulating the phases of analytics and use of Big Data', *Computer Law and Security Review* 33.3 (2017): 309–23.

38　Lyon, *Surveillance after Snowden*, ch. 5.

39　例えば D. Wright et al., 'Questioning surveillance', *Computer Law and Security Review* 31.2 (2015): 280–92 を参照。

40　例えば D. Lyon, 'Big Data vulnerabilities: social sorting on steroids', in K. Veel et al., eds, *Uncertain Archives* (forthcoming) を参照。

41　Z. Bauman, *Liquid Fear* (Cambridge: Polity, 2006), p. 75.

42　デンマークの哲学者セーレン・キルケゴールはかつて、希望を「可能なものへの情熱」と定義した（『畏れとおののき』一八六三年、ペンネーム「沈黙のヨハンネス」名義）。彼はもちろん、「可能」ということを、倫理的に責任があるということで考えていた。

43　イギリス学士院と王立協会の、データ・ガバナンスに関する共同報告では、鍵となる基準は人類の繁栄につながるかどうかである。'Data management and use: governance in the 21st century' (2017), at https://royalsociety.org/-/media/policy/projects/data-governance/data-management-governance.pdf を参照。

44　R. Levitas, *Utopia as Method: The Imaginary Reconstitution of Society* (London: Palgrave Macmillan, 2013).

45　Monahan, 'Surveillance as cultural practice'.

主要参考文献

- Albrechtslund, A., 'Online social networking as participatory surveillance', *First Monday* 13.3 (2008).
- Albrechtslund, A. and Lauritsen, P., 'Spaces of everyday surveillance: unfolding an analytical concept of participation', *Geoforum* 49 (2013): 310–16.
- Andrejevic, M., 'The work of watching one another: lateral surveillance, risk and governance', *Surveillance & Society* 2.4 (2005).
- Andrejevic, M., *Infoglut*. London: Routledge, 2013.
- Andrejevic, M. and Burdon, M., 'Defining the sensor society', *Television & New Media* 16.1 (2015): 19–36.
- Ball, K., 'Exposure: exploring the subject of surveillance', *Information, Communication and Society* 12.5 (2009): 639–57.
- Bauman, Z. and Lyon, D., *Liquid Surveillance: A Conversation*. Cambridge: Polity, 2013. ジグムント・バウマン＋デイヴィッド・ライアン『私たちが、すすんで監視し、監視される、この世界について――リキッド・サーベイランスをめぐる7章』、伊藤茂 訳（青土社、二〇一三年）
- Bennett, C., Haggerty, K., Lyon, D. and Steeves, V., eds, *Transparent Lives: Surveillance in Canada*. New Transparency Project. Edmonton: Athabasca University Press, 2014.
- Borgmann, A., *Holding onto Reality: The Nature of Information at the Turn of the Millennium*. Chicago: University of Chicago Press, 1995.
- Bourdieu, P., *Distinction: A Social Critique of the Judgement of Taste*. Cambridge, MA: Harvard University Press, 1984. ピエール・ブルデュー『ディスタンクシオン――社会的判断力批判』（1・2）、石井洋二郎 訳（藤原書店、一九九〇年）
- boyd, d., 'Networked privacy', *Surveillance & Society* 10.3–4 (2012): 348–50.
- boyd, d., *It's Complicated: The Social Lives of Networked Teens*. New Haven: Yale University Press, 2015. ダナ・ボイド『つながりっぱなしの日常を生きる――ソーシャルメディアが若者にもたらしたもの』、野中モモ 訳（草思社、二〇一四年）
- Brighenti, A., 'Democracy and its visibilities', in K. Haggerty and M. Samatas, eds, *Surveillance and Democracy*. London: Routledge, 2007.
- Brighenti, A., *Visibility in Social Theory and Social Research*. London: Palgrave Macmillan, 2010.
- Cheney-Lippold, J., *We Are Data: Algorithms and the Making of Our Digital Selves*. New York: New York University Press, 2017. ジョン・チェニー＝リッポルド『WE ARE DATA――アルゴリズムが「私」を決める』、高取芳彦 訳（日経BP社、二〇一八年）
- Cohen, J. *Configuring the Networked Self: Law, Code and Play in Everyday Practice*. New Haven: Yale University Press, 2012.
- Cohen, J., 'The surveillance-innovation complex: the irony of the participatory turn', in D. Barney, G. Coleman, C. Ross, J. Stern and T. Tembeck, eds, *The Participatory Condition*. Minneapolis: University of Minnesota Press, 2016.
- Dean, J., *Publicity's Secret: How Technoculture Capitalizes on Democracy*. Ithaca: Cornell University Press, 2002.
- de Certeau, M., *The Practice of Everyday Life*. Berkeley: University of California Press, 1984. ミシェル・ド・セルトー『日常的実践のポイエティーク』、山田登世子 訳（国文社、一九八七年）
- Degli Esposti, S., 'When Big Data meets dataveillance', *Surveillance & Society* 12.2 (2014): 209–25.
- Dencik, L., Hintz, A. and Cable, J., 'Towards data justice? The ambiguity of anti-surveillance resistance in political activism', *Big Data & Society* (2016).
- Eggers, D., *The Circle*. Toronto: Knopf Canada, 2013. デイヴ・エガーズ『ザ・サークル』（上・下）、吉田恭子 訳（ハヤカワ文庫、二〇一七年）
- Ellerbrok, A., 'Playful biometrics: controversial technology through the lens of play', *Sociological Quarterly* 52 (2011): 528–47.
- Epstein, C., 'Surveillance, privacy and the making of the modern subject: habeas

what kind of corpus?', *Body & Society* 22.2 (2016): 28–57.

- Feenberg, A., *Questioning Technology*. London: Routledge, 1999. アンドリュー・フィーンバーグ『技術への問い』直江清隆 訳（岩波書店、二〇〇四年）
- Finn, J., 'Seeing surveillantly: surveillance as social practice', in A. Doyle, R. Lippert and D. Lyon, eds, *Eyes Everywhere: The Global Growth of Camera Surveillance*. London: Routledge, 2012.
- Fuchs, C., *Social Media: A Critical Introduction*. London: Sage, 2017.
- Gandy, O., *Coming to Terms with Chance: Engaging Rational Discrimination and Cumulative Disadvantage*. London: Ashgate, 2010.
- Haggerty, K. and Ericson, R., 'The surveillant assemblage', *British Journal of Sociology* 51.4 (2000).
- Hall, R., *The Transparent Traveler: Performance and Culture of Airport Security*. Durham NC: Duke University Press, 2015.
- Hall, R., Monahan, T. and Reeves, J., 'Surveillance and Performance', *Surveillance & Society* 14.2 (2016): 154–67.
- Hallnäs, L. and Redström, J., 'From use to presence: on the expressions and aesthetics of everyday computational things', *ACM Transactions on Computer-Human Interaction* 9.2 (2002): 106–24.
- Han, B.-C., *The Burnout Society*. Stanford: Stanford University Press, 2015.
- Harcourt, B., *Exposed: Desire and Disobedience in the Digital Age*. Cambridge, MA: Harvard University Press, 2015.
- Hayles, N. K., 'RFID: human agency and meaning in information-intensive environments', *Theory, Culture and Society* 26.2–3 (2009): 47–72.
- Hochschild, A., *The Outsourced Self: Intimate Life in Market Times*. New York: Metropolitan Books, 2012.
- Isin, E. and Ruppert, E., *Being Digital Citizens*. London: Rowman & Littlefield, 2015.
- Kennedy, H., Elgesem, D. and Miguel, C., 'On fairness: user perspectives on social media data mining', *Convergence* (2015): 1–19.
- Kitchin, R., 'The real-time city? Big Data and smart urbanism', *GeoJournal* 79 (2014): 1–14.
- Koskela, H., 'Webcams, TV shows and mobile phones: empowering exhibitionism', *Surveillance & Society* 2.2–3 (2004): 199–215.
- Koskela, H. and Mäkinen, L., 'Ludic encounters: understanding surveillance through game metaphors', *Information, Communication and Society* 19.11 (2016): 1523–38.
- Leaver, T., 'Intimate surveillance: normalizing parental monitoring and mediation of infants online', *Social Media & Society* (April–June 2017): 1–10.
- Levitas, R., *Utopia as Method: The Imaginary Reconstitution of Society*. London: Palgrave Macmillan, 2013.
- Lupton, D., *Digital Sociology*. London: Routledge, 2015.
- Lupton, D., 'Personal data practices in the age of lively data', in J. Daniels, K. Gregory and T. McMillan Cottom, eds, *Digital Sociologies*. Bristol: Policy Press, 2016.
- Lyon, D., '9/11, synopticon and scopophilia: watching and being watched', in K. Haggerty and R. Ericson, eds, *The New Politics of Surveillance and* Visibility. Toronto: University of Toronto Press, 1997.
- Lyon, D., *Surveillance Studies: An Overview*. Cambridge: Polity, 2007. デイヴィッド・ライアン『監視スタディーズ――「見ること」「見られること」の社会理論』田島泰彦＋小笠原みどり 訳（岩波書店、二〇一一年）
- Lyon, D., 'The emerging surveillance culture', in M. Christiansen and A. Jannsen, eds, *Media, Surveillance and Identity. Social Perspectives*. Oxford: Peter Lang, 2014.
- Lyon, D., 'Surveillance, Snowden and Big Data: capacities, consequences, critique', *Big Data & Society* 1.1 (2014).
- Marks,P., *Imagining Surveillance: Eutopian and Dystopian Literature and Film*. Edinburgh: Edinburgh University Press, 2015.
- Marwick, A., 'The public domain: social surveillance in everyday life', *Surveillance & Society* 9.4 (2012): 378–93.

- Marwick, A., *Status Update: Celebrity, Publicity and Branding in the Social Media Age.* New Haven: Yale University Press, 2015.
- Marwick, A. and boyd, d., 'I tweet honestly, I tweet passionately: Twitter users, context collapse, and the imagined audience', *New Media & Society*, 13.1 (2011): 114–33.
- Marx, G. T., 'Soft surveillance: the growth of mandatory volunteerism in collecting personal information – 'Hey buddy can you spare a DNA', in T. Monahan, ed., *Surveillance and Security: Technological Politics and Power in Everyday Life.* London: Routledge, 2007.
- Marx, G. T., *Windows into the Soul: Surveillance and Society in an Age of High Technology.* Chicago: University of Chicago Press, 2016.
- Mathiesen, T., 'The viewer society: Foucault's panopticon revisited', *Theoretical Criminology* 1.2 (1997).
- McGrath, J., *Loving Big Brother: Surveillance Culture and Performance Space.* London: Routledge, 2004.
- Meyrowitz, J., 'We liked to watch: television as progenitor of the surveillance society', *Annals of the American Academy of Political and Social Science* 625.1 (2009): 32–48.
- Mirzoeff, N., *The Right to Look: A Counterhistory of Visuality.* Durham NC: Duke University Press, 2011.
- Monahan, T., 'Surveillance as cultural practice', *Sociological Quarterly*, 52 (2011): 495–508.
- Monahan, T., 'Regulating belonging: surveillance, inequality and the cultural production of abjection', *Journal of Cultural Economy* 10.2 (2017).
- Murakami Wood, D., ed., *A Report on the Surveillance Society: For the Information Commissioner by the Surveillance Studies Network.* Wilmslow, UK: Office of the Information Commissioner, 2006.
- Nippert-Eng, C., *Islands of Privacy.* University of Chicago Press, 2010.
- Nissenbaum, H., *Privacy in Context: Technology, Policy and the Integrity of Social Life.* Palo Alto: Stanford University Press, 2010.
- Pasquale, F., *The Black Box Society.* Cambridge MA: Harvard University Press, 2015.
- Penney, J., 'Chilling effects: online surveillance and Wikipedia use', *Berkeley Technology Law Journal* 31.1 (2016): 119–82.
- Richardson, S. and Mackinnon, D., *Left to Their Own Devices? Privacy Implications of Wearable Technology in Canadian Workplaces.* Kingston, Ontario: Surveillance Studies Centre, Queen's University, 2017.
- Rouvroy, A. and Stiegler, B., 'The digital regime of truth: from the algorithmic governmentality to a new rule of law', *La Deleuziana: Online Journal of Philosophy* 3 (2016).
- Singh, S., 'Social sorting as "social transformation": credit scoring and the reproduction of populations as risks in South Africa', *Security Dialogue* 46.4 (2015): 365–83
- Smith, G., *Opening the Black Box: The Work of Watching.* London: Routledge, 2015.
- Stark, L., 'The emotional context of information privacy', *Information Society* 32.1 (2016): 14–27.
- Steeves, V., 'Reclaiming the social value of privacy', in I. Kerr, V. Steeves and C. Lucock, eds, *Lessons from the Identity Trail.* Oxford: Oxford University Press, 2009.
- Steeves, V., 'Swimming in the fishbowl: young people, identity, and surveillance in networked spaces', in I. van der Ploeg and J. Pridmore, eds, *Digitizing Identities.* London: Routledge, 2016.
- Steeves, V. and Bailey, J.. 'Living in the mirror: understanding young women's experiences with online social networking', in E. van der Meulen and R. Heynen, eds, *Expanding the Gaze: Gender and the Politics of Surveillance.* Toronto: University of Toronto Press, 2016.
- Steeves, V. and Regan, P., 'Young people online and the social value of privacy', *Journal of Information, Communication, Ethics and Society* 12.4 (2014): 298–313.

- Stoddart, E., *Theological Perspectives on a Surveillance Society: Watching and Being Watched*. Farnham: Ashgate, 2011.
- Taylor, C., 'The politics of recognition', in A. Gutmann, ed., *Multiculturalism: Examining the Politics of Recognition*. Princeton: Princeton University Press, 1994.
- Taylor, C., *Modern Social Imaginaries*. Durham NC: Duke University Press, 2004. チャールズ・テイラー『近代――想像された社会の系譜』、上野成利 訳（岩波書店、二〇一一年）
- Thrift, N., *Knowing Capitalism*. London: Sage, 2005.
- Trottier, D., *Social Media as Surveillance: Rethinking Visibility in a Converging World*. London: Ashgate, 2012.
- Turkle, S., *Alone Together: Why We Expect More from Technology and Less from Each Other*. New York: Basic Books, 2012. シェリー・タークル『つながっているのに孤独――人生を豊かにするはずのインターネットの正体』、渡会圭子 訳（ダイヤモンド社、二〇一八年）
- Turow, J., *The Aisles Have Eyes: How Retailers Track Your Shopping, Strip Your Privacy and Define Your Power*. New Haven: Yale University Press, 2017.
- van Dijck, J., *The Culture of Connectivity: A Critical History of Social Media*. New York: Oxford University Press, 2013.
- Whitson, J., 'Gaming the quantified self', *Surveillance & Society* 11.1–2 (2013): 163–76.
- Whitson, J. R. and Simon, B., 'Surveillance, gaming and play', *Surveillance & Society* 12.3 (2014).
- Williams, R., *Culture and Society: 1780–1950*. London: Chatto & Windus, 1958. レイモンド・ウィリアムズ『文化と社会』、若松繁信＋長谷川光昭 訳（ミネルヴァ書房、二〇〇八年）
- Williams, R., *Marxism and Literature*. Oxford: Oxford University Press, 1977.
- Zuboff, S., 'Big Other: surveillance capitalism and the prospects of an information civilization', *Journal of Information Technology* 30 (2015): 75–89.

訳者あとがき

本書はDavid Lyon *The Culture of Surveillance*, Polity, 2018. の翻訳である。著者デイヴィッド・ライアン教授は、監視社会研究の第一人者として、日本でも読書子に広く知られているだろう。代表作の『監視社会』をはじめ、『9・11以降の監視』『スノーデン・ショック』『膨張する監視社会』『監視スタディーズ』など、主要な著作は既に邦訳もされている。

そのライアンが監視研究に新たなページを切り開いたのが本書と言える。詳しくは本文に譲るが、「監視国家」「監視社会」から「監視文化」へ、簡単に言えば、国家や組織（企業）が主導して監視を行う時代から、一般の人々が自ら監視に関与する時代へ、というのが、本書の問題意識である。

しかしこうした「態度変更」は、唐突になされたものではない。本書でも主要な役割を果たしているジグムント・バウマンとの対談形式の共著『私たちが、すすんで監視し、監視される、この世界において』（原書は二〇一三年）において既に、「監視者」対「私たち」という二項対立図式ではもはや現実を捉えられないという現状認識が、キーワード（でありかつ、同書の原題）「リキッド・

サーベイランス」に託して語られている。

ところで、本書と同じ青土社から昨年（二〇一八年）末に刊行された大黒岳彦『ヴァーチャル社会の〈哲学〉』の第五章では、「ライアンは多作ではあるが、記述に重複が多く、また論点を網羅しようとする余り却って議論の焦点が拡散して総花的となり、一つの論点を掘り下げるというよりは、多数の論点の連関や軽重が顧みられない儘、単にそれらをディスクリプティヴに列挙する傾向が顕著である。時系列的に著作を通覧しても、一作毎に論点が深まって行くというよりは分岐することでむしろ混迷の度を増している」（p.218）と、相当辛辣な批判がされている。私はライアンの記述が「混迷の度を増している」とは全く思わないが、大黒氏の言うことにも一理程度はある。ライアンは常に、動きの激しい監視社会、監視文化に目を向けており、本書にも多数の事実、そして、多数の研究が紹介されている。私も監視についての研究にはなるべく目を通すように努力はしているが、全く追いつかない。しかし、さすが「第一人者」のライアンは、その研究書・論文の多くをフォローし、単に列挙するだけではなく、自らの認識の枠組みへと取り込み、そのブラッシュアップに活かしている。

ライアン教授が二〇一二年に関西学院大学の招きで来日された時、直接にその謦咳に接して感じたのは、現実を改善するために研究に取り組んでいるその真摯な研究姿勢だった。であるからこそ、現実社会の動きに対応した記述が増すのである。そうした姿勢は本書の記述からもうかがえると思うが、それがともすると、理論的な彫琢がなおざりにされているのではないかとの印象を与えるのかもしれない。

もっとも私自身も、本書の内容に完全に合意しているわけではない。オーウェル『一九八四年』

や「パノプティコン」に代えてエガーズ『ザ・サークル』を、というのが本書の主張の一つだが（ライアンだけでなく、「ポスト・パノプティコン」は監視研究の潮流ともなっている）、『ザ・サークル』が現代を描いた名作の一つであることは同意しても、『一九八四年』や、概念装置としての「パノプティコン」の価値はそう簡単に落ちるものではないと私は思っている。

　文書の隠蔽や改竄の多発する日本政治や、大統領が嘘を撒き散らしそれを指摘されても「オルタナティブ・ファクト」などと言い募る米国政治の現状を見ると、むしろ権力側に透明性を求める動きをさらに強める必要があるのではないかとさえ感じられる。「完全な透明性」に問題があるのはエガーズやライアンが指摘する通りだろうが、それを強調し過ぎるのはいかがなものだろうか。ソーシャルメディア等による「一般の人が行う監視」が増え、ソーシャルメディアを国家や組織（企業等）が思い通りに動かしているわけでもないだろうが、架空人格によるボットがツイッターで政治的主張を垂れ流して影響を与えたり、また、過酷さを増す世界の中で「強きにつく」人々がＳＮＳを使って現実を変えようとする人々を叩くなど、結果的に権力を持った側に有利な「ゲーム」が展開していることは疑えないのではなかろうか。『膨張する監視社会』の訳者あとがきでも書いたが、政治家や高級官僚にはライフログ装置を取り付けて、そのすべての行動・言動を記録しておき、一定期間が過ぎたら公開するくらいのことをしないと、ライアンのいう「別の選択肢《オルタナティヴ》」も現実のものとはならないのではないか？

　ともあれ、様々な議論を誘発するという点でも、本書は監視を考える上での必読文献と言っていい。ライアンも「結論を出しているのではない」と強調している。読んで大いに語り合うべき本なのではなかろうか。

この翻訳は青土社の篠原一平氏のおすすめによるものである。もちろん二つ返事で飛びついた。引用文献で邦訳のあるものはなるべく参照したが、文脈上必ずしも既訳に全て従っているわけではないことはご容赦いただきたい。私生活で忙しいことが重なり、当初の予定から多少遅れてしまったことを、丁寧な編集作業を行ってくださった篠原氏、および本書の潜在的な読者の方々にお詫びしたい。

二〇一九年四月

田畑暁生

索　引

さ行

な行

は行

ま行

や行

●著訳者紹介

著者紹介

デイヴィッド・ライアン（David Lyon）

1948年生まれ。カナダのクイーンズ大学教授（社会学）。同大サーベイランス・スタディーズ・センターのディレクター。ブラッドフォード大学にて学士号、博士号取得（社会科学・歴史）。著書に『監視社会』、『私たちが、すすんで監視し、監視される、この世界について――リキッド・サーベイランスをめぐる7章』（共著）、『膨張する監視社会――個人識別システムの進化とリスク』（いずれも青土社）、『監視スタディーズ――「見ること」「見られること」の社会理論』、『スノーデン・ショック――民主主義にひそむ監視の脅威』（ともに岩波書店）、『9・11以後の監視――〈監視社会〉と〈自由〉』（明石書店）ほか。

訳者紹介

田畑 暁生（たばた あけお）

1965年、東京生まれ。東京大学経済学部卒業。東京大学大学院（社会情報学）修了。現在、神戸大学人間発達環境学研究科教授。

主な翻訳書に、デイヴィッド・ライアン『膨張する監視社会――個人識別システムの進化とリスク』、アレクサンダー・ハラヴェ『ネット検索革命』（ともに青土社）などがある。

監視文化の誕生

社会に監視される時代から、ひとびとが進んで監視する時代へ

2019年4月26日　第一刷印刷
2019年5月15日　第一刷発行

著者　デイヴィッド・ライアン
訳者　田畑暁生

発行者　清水一人
発行所　青土社
〒101-0051　東京都千代田区神田神保町1-29 市瀬ビル
［電話］03-3291-9831（編集）03-3294-7829（営業）
［振替］00190-7-192955

印刷・製本　ディグ
装幀　松田行正

ISBN978-4-7917-7162-2　Printed in Japan